U0597576

● 税务干部及财会人员岗位技能培训教材

纳税服务

主　编　丁园园

副主编　谢　琦

上海财经大学出版社

图书在版编目(CIP)数据

纳税服务/丁园园主编 . —上海:上海财经大学出版社,2022.10
(税务干部及财会人员岗位技能培训教材)
ISBN 978-7-5642-4073-8/F・4073

Ⅰ.①纳… Ⅱ.①丁… Ⅲ.①税收管理-中国-干部培训-教材
Ⅳ.①F812.423

中国版本图书馆 CIP 数据核字(2022)第 182131 号

□ 责任编辑　施春杰
□ 封面设计　张克瑶

纳 税 服 务

丁园园　主　编

谢　琦　副主编

上海财经大学出版社出版发行
(上海市中山北一路 369 号　邮编 200083)
网　　址:http://www.sufep.com
电子邮箱:webmaster @ sufep.com
全国新华书店经销
上海新文印刷厂有限公司印刷装订
2022 年 10 月第 1 版　2022 年 10 月第 1 次印刷

787mm×1092mm　1/16　20.5 印张　400 千字
定价:55.00 元

编审委员会

主　编　丁园园

副主编　谢　琦

策　划　王学勤

参　编　吴国荣（第一、二、十章）

　　　　丁园园（第三、六、七、八、九章）

　　　　李丽琴（第四、五章）

　　　　周祖良（第十一、十二章）

主　审　沈建良

审　核　王学勤　周祖良　王　平　屠建鸿　谢　琦

　　　　张　学　吴国荣　丁园园　李丽琴

前　言

为深入贯彻落实《2018—2022年全国税务系统干部教育培训规划》的要求和数字人事相关制度的规定，引导纳税缴费服务相关岗位税务干部针对性地开展学习，提高业务能力，我们结合税费工作实际，组织编写了《纳税服务》。本书参考《全国税务机关纳税服务规范(3.0版)》和《"最多跑一次"办事指南》，结合最新出台的税费政策和工作实际，对纳税缴费服务应知应会知识和业务办理进行了系统阐述，旨在为税务干部学习和工作提供良好的学习培训资源。

本书体例清晰，繁简适度，紧扣纳税缴费服务工作实际，具有以下特点：一是紧贴岗位需求，注重从纳税缴费实际工作出发，侧重提升税务干部解决实际问题的能力。二是紧跟最新政策，全书根据2022年最新政策编写，以便税务干部及时掌握最新适用的税费政策。三是学练紧密结合，编者为每个章节编写了配套习题，便于读者及时检验学习成效，快速巩固学习成果。

由于时间及能力所限，书中难免有不妥之处，敬请读者批评指正。

教材编委会

2022 年 8 月

目 录

第一章

纳税服务概述

第一节　纳税服务基础理论

知识点1：纳税服务的概念

纳税服务是指税务机关依据税收法律、行政法规的规定，在税收征收、管理、检查和实施税收法律救济过程中，向纳税人提供的服务事项和措施。

这是狭义的纳税服务概念，是《国家税务总局关于印发〈纳税服务工作规范（试行）〉的通知》（国税发〔2005〕165号）的定义。广义的纳税服务还包括政府及其相关部门、专业服务机构、其他组织或个人为帮助纳税人履行纳税义务、维护合法权益而提供的服务。

知识点2：纳税服务与税收征管的关系

（1）税收征管与纳税服务是相互依存的。税收征管，是通过对纳税人税收经济活动实施的专业管理，督促纳税人依法履行纳税义务；纳税服务，是通过在征纳互动中实施的服务性活动，帮助纳税人顺利完成纳税职责。两者都需要征纳双方的积极参与，都需要征纳双方以税收法律、法规为重要依据，都是以实现税收职能作用的最大化为根本目标，并同时存在于具体的税收行政行为之中，两者均依存于对方的具体实施之中，相互依存，不可或缺。

（2）税收征管与纳税服务是辩证统一的。税收征管是基础，它决定着纳税服务的发展方向，而纳税服务反作用于税收征管，对税收征管有着不可替代的促进作用。一方面税务部门的主要职责是组织税收收入，要实现这一目标根本就是要加强税收征管；另一方面税务部门通过优化纳税服务，纳税人的税收权利得到了维护，纳税遵从度得到了提升，自然就会促进税收征管质量的提高和税务机关征收成本的降低。

（3）税收征管与纳税服务是互相促进的。税收征管可以引导纳税人向着主动、依法、诚信纳税的方向进行转变，提升纳税服务的有效性；纳税服务可以降低纳税人的税收遵从成本，实现减轻税收征管压力和负担的工作目标。

知识点3：纳税服务在现代税收管理体系中的作用

（1）实行服务管理联动，合力促进纳税遵从。现代税收管理由税务机关对纳税人在自我评定阶段提供税收服务和以风险管理为导向进行的税收管理执法组成，两者共同作用的目标是提升纳税人的遵从意识和遵从能力。

（2）促进纳税还权还责，把握服务供给尺度。一方面坚持满足合理需求的服务，另一方面要引导还权还责于纳税人的税收共治服务。

（3）推进办税便利化改革，助力分类分级管理。按照纳税人分类分级管理的工作要求通过业务制度创新对传统模式进行改造甚至重塑，从简政放权的"减法"出发，做好纳税服务的"乘法"。

知识点4：税收遵从理论

税收遵从是纳税人基于对国家税法价值的认同或自身利益的权衡而表现出的主动服从税法的态度。

纳税人遵从行为有两种基本类型：①原生性税收遵从，是指纳税人能够自觉、及时、正确地履行纳税义务。根据纳税人的主观动机又可以分为两种类型：一是主动性遵从，即纳税人基于对国家税法价值的认同而遵从。二是被动性遵从，即有些纳税人不认同或不完全认同国家税法价值，但权衡利弊，认为遵从比不遵从对其有利。②原生性税收不遵从，是指纳税人不能自觉、及时、正确地履行纳税义务。根据纳税人的主观动机又可以分为两种类型：一是无知性不遵从，即纳税人认同国家税法价值，或者基于利益权衡决定遵从税法，但由于欠缺税法、纳税申报等相关知识而导致没有及时、正确申报并缴纳应缴的各项税收。二是故意性不遵从，纳税人不但主观上不愿意遵从税法，客观上也存在不履行纳税义务的行为。按其性质又可分为自私性税收不遵从和对抗性税收不遵从两种，前者是指纳税人不能正确认识和处理私人利益与公共利益之间的关系，不愿意为实现公共利益而承受税收负担；后者表现为纳税人明目张胆地拒绝纳税，与政府对抗。

为消除税收不遵从行为，在税收征管中可以采取针对性的措施：一是纳税服务，对无知性不遵从行为，通过加强税法宣传以及纳税申报技术的辅导改变纳税人的无知状态；二是税收管理，对故意性不遵从行为，通过基础管理、税源监控，堵塞漏洞，发现线索，对尚未构成违法的及时督促纠正；三是税收检查，对因故意性不遵从行为构成违法的纳税人,通过税收检查手段给予严厉惩罚,同时对存在故意性不遵从动机的纳税人起到威慑作用;四是税收救济,通过税务行政复议、行政诉讼排除税务具体行政行为对相对人合法权益的侵害,解决税收争议,制止和矫正违法或不当的税收行政侵权行为,从而使相对人的合法权益获得补救。

知识点5:新公共管理理论

通过改革政府管理方式,再造行政工作流程,促进管理效率提升,是各国政府共同的努力方向。为此,有些国家提出了"无缝隙政府""整体政府"的理论。我国各地政府针对中国实际也进行了类似的实践探索,并成功进行了"最多跑一次"等改革。

1994年,美国弗吉尼亚大学拉塞尔·林登教授首次提出无缝隙政府理论,其含义是指政府整合所有的部门、人员和其他资源,以单一的界面,为公众提供优质高效的信息和服务。无缝隙政府目的是要突破传统的部门界线和功能分割的局面,所以也称"无界线政府"。英国学者佩里·希克斯在1997年出版的《整体性政府》中首次提出"整体性治理"这一概念,他通过跨越功能化组织的边界去解决选民最为关注的棘手难题,是对传统的官僚制和新公共管理所倡导的工具理性的重新定位,强调用协调和整合来提高公共管理的效率和价值。

"无缝隙政府"与"整体政府"理论虽然名称不同,实则异曲同工,其治理模式都是采用交互的、协作的和一体化的管理方式与技术,促使各种公共管理主体在共同的管理活动中协调一致,达到功能整合,消除排斥的政策情境,有效利用稀缺资源,为公民提供无缝隙服务。

2016年底,浙江省首次提出"最多跑一次"改革。所称"最多跑一次",是指自然人、法人和非法人组织向行政机关申请办理一件事,申请材料齐全、符合法定形式的,从提出申请到收到办理结果全程只需一次上门或者零上门。2018年5月,中共中央办公厅、国务院办公厅印发《关于深入推进审批服务便民化的指导意见》,把"浙江省'最多跑一次'经验做法"作为典型经验之一向全国全面推广。

知识点6:客户关系管理理论

客户关系管理的宗旨在于"以客户为中心",对税务机关而言,即"以纳税人为中心"。根据客户关系管理理论,税务部门提高纳税服务水平应从以下四方面入手:首先,必须对服务对象即纳税人进行细分;其次,要明确纳税人的真正需求;再次,在客户细分和需求细分的基础上采取有针对性的服务行动;最后,要将纳税人满意度纳入纳税服务工作绩效考核的标准,并将其前置到工作目标设定之中。

第二节 纳税服务发展历程与现状

知识点 1:纳税服务发展历程

(1)纳税服务概念的引入和确立(1990—2001年)。2001年修订的《中华人民共和国税收征收管理法》,将纳税服务确定为税务机关的法定职责,纳税服务由原来的税务人员职业道德范畴上升到法律范畴。

(2)纳税服务工作起步(2002—2007年)。2005年10月,《国家税务总局关于印发〈纳税服务工作规范(试行)〉的通知》(国税发〔2005〕165号),首次在官方文件中明确定义了纳税服务的概念。文件还首次全面阐述了纳税服务的内容,规定了办税服务厅、12366纳税服务热线和税务网站各自的职责。

(3)纳税服务逐步发展和完善(2008年至今)。①2008年7月,国家税务总局设立了专为纳税人服务的司局级机构——纳税服务司,负责组织、管理、协调全国范围内的纳税服务工作。②2014年10月1日,《全国县级税务机关纳税服务规范(1.0版)》开始实施。2015年3月1日起,覆盖省、市、县三级的《全国税务机关纳税服务规范(2.0版)》在全国推行。2019年11月1日,《全国税务机关纳税服务规范》(3.0版)开始实施。

知识点 2:纳税服务的内容

纳税服务的内容包括税法宣传、纳税咨询、办税服务、权益保护、信用管理和社会协作六个方面。

知识点 3:进一步深化税收征管改革的主要目标

到2022年,在税务执法规范性、税费服务便捷性、税务监管精准性上取得重要进展。到2023年,基本建成"无风险不打扰、有违法要追究、全过程强智控"的税务执法新体系,实现从经验式执法向科学精确执法转变;基本建成"线下服务无死角、线上服务不打烊、定制服务广覆盖"的税费服务新体系,实现从无差别服务向精细化、智能化、个性化服务转变;基本建成以"双随机、一公开"监管和"互联网+监管"为基本手段、以重点监管为补充、以"信用+风险"监管为基础的税务监管新体系,实现从"以票管税"向"以数治税"分类精准监管转变。到2025年,深化税收征管制度改革取得显著成效,基本建成功能强大的智慧税务,形成国内一流的智能化行政应用系统,全方位提高税务执法、服务、监管能力。

知识点4：纳税服务改革的内容

（1）确保税费优惠政策直达快享。2021年实现征管操作办法与税费优惠政策同步发布、同步解读，增强政策落实的及时性、确定性、一致性。进一步精简享受优惠政策办理流程和手续，持续扩大"自行判别、自行申报、事后监管"范围，确保便利操作、快速享受、有效监管。2022年实现依法运用大数据精准推送优惠政策信息，促进市场主体充分享受政策红利。

（2）切实减轻办税缴费负担。积极通过信息系统采集数据，加强部门间数据共享，着力减少纳税人缴费人重复报送。全面推行税务证明事项告知承诺制，拓展容缺办理事项，持续扩大涉税资料由事前报送改为留存备查的范围。

（3）全面改进办税缴费方式。2021年基本实现企业税费事项能网上办理，个人税费事项能掌上办理。2022年建成全国统一规范的电子税务局，不断拓展"非接触式""不见面"办税缴费服务。逐步改变以表单为载体的传统申报模式，2023年基本实现信息系统自动提取数据、自动计算税额、自动预填申报，纳税人缴费人确认或补正后即可线上提交。

（4）持续压减纳税缴费次数和时间。落实《优化营商环境条例》，对标国际先进水平，大力推进税（费）种综合申报，依法简并部分税种征期，减少申报次数和时间。扩大部门间数据共享范围，加快企业出口退税事项全环节办理速度，2022年税务部门办理正常出口退税的平均时间压缩至6个工作日以内，对高信用级别企业进一步缩短办理时间。

（5）积极推行智能型个性化服务。全面改造提升12366税费服务平台，加快推动向以24小时智能咨询为主转变，2022年基本实现全国咨询"一线通答"。运用税收大数据智能分析识别纳税人缴费人的实际体验、个性需求等，精准提供线上服务。持续优化线下服务，更好满足特殊人员、特殊事项的服务需求。

（6）维护纳税人缴费人合法权益。完善纳税人缴费人权利救济和税费争议解决机制，畅通诉求有效收集、快速响应和及时反馈渠道。探索实施大企业税收事先裁定并建立健全相关制度。健全纳税人缴费人个人信息保护等制度，依法加强税费数据查询权限和留痕等管理，严格保护纳税人缴费人及扣缴义务人的商业秘密、个人隐私等，严防个人信息泄露和滥用等。税务机关和税务人员违反有关法律法规规定、因疏于监管造成重大损失的，依法严肃追究责任。

第三节　营商环境与服务创新发展

知识点 1:优化营商环境之《优化营商环境条例》

2019 年 10 月 23 日,国务院总理李克强签署国务院令,公布《优化营商环境条例》,自 2020 年 1 月 1 日起施行。

知识点 2:优化营商环境之世界银行与纳税有关的营商环境指标

(1)纳税次数,是指样本企业在一年内纳税和缴费次数的总和,涉及增值税、企业所得税、个人所得税、社保和公积金等税费。

(2)纳税时间,是评估样本企业在一年内缴纳增值税、企业所得税、个人所得税和社会保险费及公积金的时间总和,包括准备、申报和缴纳三个环节。

(3)总税收和缴费率,是指样本企业一年内负担的税费总额占企业商业利润的份额,反映企业的税费成本。企业负担的税费总额包括企业所得税、由雇主承担的社会保险及住房公积金部分、土地增值税、房产税等,不包括由公司扣缴但不负担的税费(例如个人所得税和由个人缴纳的社保部分、可转嫁的增值税等)。商业利润是税前净利,即企业负担所有税费前的利润。

(4)报税后流程指数,衡量企业在纳税申报之后发生以下两种特定事项所需要花费的时间:①增值税留抵退税,是指企业就增值税留抵税额,向税务机关申请退税和获得退税全过程消耗的时间,具体包括申请增值税退税时间、获得增值税退税时间。②企业所得税更正申报,是指企业由于企业所得税计算错误、少缴税款,向税务机关提出更正申报,以及如果由此引发税务审计、配合完成税务审计所需时间。

知识点 3:优化营商环境之简化税费优惠办理手续

《国家税务总局浙江省税务局等十三部门关于贯彻落实纳税缴费便利化改革优化税收营商环境若干措施的通知》(浙税发〔2020〕89 号)指出:①2021 年底前,优化纳税人缴费人税费优惠享受方式,结合长三角一体化扩大税收优惠备案改备查范围工作,加快推进增值税、土地增值税、个人所得税等税种取消优惠备案,除依法需要核准的事项外,全面推行"自行判别、申报享受、资料留存备查"的税费优惠享受方式,率先在全国实现优惠享受"零备案"。②加大部门协同和信息共享,人社、医保、财政、税务等部门联合确定企业划型标准和社保费优惠减免名单,减免单位在申报缴费环节实现"自动识别""自动计算""自动生成""自动享受",让符合条件的缴费单位在申报时"零审批""零手续""零证明"享受减免政策。

知识点 4：优化营商环境之提高增值税留抵退税政策落实效率

《国家税务总局浙江省税务局等十三部门关于贯彻落实纳税缴费便利化改革优化税收营商环境若干措施的通知》(浙税发〔2020〕89号)指出：①依托电子税务局实现增值税留抵退税全流程电子化办理,加快审核进度,提高退税效率。②充分运用浙江省个体工商户和其他类型纳税人纳税信用评价结果,确保各类市场主体充分享受增值税留抵退税政策。③各级财政、税务和国库部门密切合作,畅通电子退税渠道,全省符合条件的纳税人在提交申请后平均5个工作日内收到退税款,确保减税红利直达纳税人。

知识点 5：优化营商环境之加快出口业务各环节事项办理速度

《国家税务总局浙江省税务局等十三部门关于贯彻落实纳税缴费便利化改革优化税收营商环境若干措施的通知》(浙税发〔2020〕89号)指出：①为纳税人提供标准版"单一窗口"出口退税平台、"互联网＋便捷退税"等多元化申报渠道。②在全国率先探索开展备案单证数字化试点,为推行无纸化单证备案探路先行,争取形成成熟的可复制推广经验。③商务、人民银行、海关、税务等部门强化协作配合,扩大出口报关单、企业订单、销售退税、融资等数据共享范围,帮助出口企业加快办理速度,压缩单证收集整理时间。④2021年底前,完成全省出口企业正常退税平均办理时间不超过5个工作日,进一步提速纳税信用A、B级纳税人办理时限。

知识点 6：优化营商环境之拓展税费综合申报范围

《国家税务总局浙江省税务局等十三部门关于贯彻落实纳税缴费便利化改革优化税收营商环境若干措施的通知》(浙税发〔2020〕89号)指出：①进一步落实城镇土地使用税、从价计征房产税合并申报。②推广应用主税附加税(费)"一表集成"申报功能,纳税人通过填写综合申报表,实现主税及附加税(费)一并申报。③推行"五税合一"综合申报,纳税人在申报城镇土地使用税、房产税、印花税(按次申报的除外)、土地增值税四个税种和企业所得税(预缴)时,可通过电子税务局进行综合申报。落实财产行为税一体化申报,研究推进申报表简并优化,减少纳税次数。④进一步简并纳税人财务会计报表报送次数,除税务总局另有规定外,原按月报送财务会计报表的浙江省纳税人原则上实行按季度报送,切实减轻纳税人办税负担,要求2021年1季度完成。⑤探索推进税种要素申报,逐步扩大申报表免填数据项范围,实现部分申报表由系统自动生成,由纳税人确认后完成报送。

知识点 7:优化营商环境之压减纳税缴费时间和纳税次数

《国家税务总局浙江省税务局等十三部门关于贯彻落实纳税缴费便利化改革优化税收营商环境若干措施的通知》(浙税发〔2020〕89 号)指出:①对标政府数字化转型工作要求,加大部门间数据共享力度,实现数据交换的实时性,通过直接取消、数据查询、部门核验、证明告知承诺等方式进一步优化纳税缴费流程,精简报送资料,依托材料和文书电子化推送,实现纳税缴费无纸化。②推进纳税缴费民生事项窗口、网上、掌上三端"一证通办"。③税务、人社、建设、医保等部门共同推进社会保险参保缴费等跨部门"一件事"集成联办,深入实施浙江省优化营商环境"10＋N"便利化行动,提升纳税缴费便利化水平。④以"领跑者"为标杆,持续提升纳税缴费事项即办率、承诺时限压缩比等"互联网＋政务服务"能力水平。⑤开发电子税务局第三方平台接口,推广财务报表数据转换软件,探索推进财务报表转换申报表工作,实现一键报税。⑥2021 年底前,在线上线下多元化、多渠道缴税基础上,拓展支付宝、微信支付、云闪付等移动支付缴费方式,实现指尖缴税(费)、触手可及。⑦2020 年底前,纳税缴费时间压减至 110 小时以内。⑧2022 年底前,纳税缴费时间压减至 90 小时以内,促进营商环境持续改善。

知识点 8:服务创新发展之"便民办税春风行动"

2014 年以来,以党的群众教育实践活动为背景,国家税务总局连续 9 年开展"便民办税春风行动",从着力解决服务意识、简政放权、办事效率、规范执法等方面存在的问题,实现了紧盯问题,突破瓶颈,不断优化服务,切实减轻纳税人办税负担的工作目标。

2022 年"便民办税春风行动"的主题是"智慧税务助发展·惠企利民稳增长",首批推出 5 大类 20 项 80 条便民办税缴费措施。行动内容包括"诉求响应更及时""智慧办理更便捷""分类服务更精细""执法监管更公正""税收共治更聚力"五个方面。

知识点 9:服务创新发展之"互联网＋税务"行动计划

行动目标:推动互联网创新成果与税收工作深度融合,着力打造全天候、全方位、全覆盖、全流程、全联通的智慧税务生态系统,促进纳税服务进一步便捷普惠、税收征管进一步提质增效、税收执法进一步规范透明、协作发展进一步开放包容。到 2020年,形成线上线下融合、前台后台贯通、统一规范高效的电子税务局,为税收现代化奠定坚实基础,为服务国家治理提供重要保障。

重点行动:紧扣互联网发展特点,挖掘互联网与税收工作融合发展潜力,总结各地互联网应用探索经验,吸纳各方面的创意创新,重点推进"互联网＋税务"5 大板块、20项行动。

知识点 10:服务创新发展之税务系统"放管服"改革

(1)总体要求:全国税务系统要深入学习贯彻习近平总书记系列重要讲话精神和党中央治国理政新理念新思想新战略,认真落实党中央、国务院关于优化营商环境和深化"放管服"改革系列部署,结合开展深化国税、地税征管体制改革和金税三期全面上线等改革"回头看",坚持问题导向、集成导向、目标导向,对焦纳税人需求和基层税务干部期盼,继续加大税务系统简政放权力度,一体化推进办税便利化改革,创新事中事后监管方式,充分释放税收信息化潜能,推动税务系统"放管服"改革提质升级,进一步优化税收环境,提升税收治理能力和服务水平。

(2)主要任务:①进一步深化简政放权;②切实创新监管方式;③不断优化纳税服务;④持续改进税收执法;⑤统筹升级信息系统。

知识点 11:服务创新发展之推行办税事项"最多跑一次"改革

办税事项"最多跑一次",是指纳税人办理《办税事项"最多跑一次"清单》(以下简称《清单》)范围内事项,在资料完整且符合法定受理条件的前提下,最多只需要到税务机关跑一次。

对《清单》所列办税事项,各地税务机关应全面实现"最多跑一次"。各省税务机关可通过推行网上办税、邮寄配送、上门办税等多种方式,在税务总局《清单》的基础上增列"最多跑一次"办税事项,形成本省税务局的办税事项"最多跑一次"清单并向社会公告实施。

在推进办税事项"最多跑一次"改革的同时,各省税务机关应积极落实税务总局深化"放管服"的要求,大力推进网上办税,最大限度地让纳税人办税"多走网路,少走马路"。

知识点 12:服务创新发展之推行税务证明事项告知承诺制

自 2021 年 7 月 1 日起,在全国范围内对 6 项税务证明事项实行告知承诺制。

对实行告知承诺制的税务证明事项,纳税人可以自主选择是否适用告知承诺制办理。

选择适用告知承诺制办理的,税务机关以书面形式(含电子文本)将证明义务、证明内容、承诺方式以及不实承诺的法律责任一次性告知纳税人,纳税人书面承诺已经符合告知的相关要求并愿意承担不实承诺的法律责任,税务机关不再索要该事项需要的证明材料,并依据纳税人书面承诺办理相关税务事项。

纳税人不选择适用告知承诺制的,应当提供该事项需要的证明材料。

纳税人对承诺的真实性承担法律责任。税务机关在事中核查时发现核查情况与纳税人承诺不一致的,应要求纳税人提供相关佐证材料后再予办理。对在事中事后核查或者日常监管中发现承诺不实的,税务机关依法责令限期改正、进行处理处罚,并按照有关规定作出虚假承诺行为认定;涉嫌犯罪的,依法移送司法机关追究刑事责任。

知识点 13:服务创新发展之积极拓展"非接触式"办税缴费服务

为深入贯彻习近平总书记关于新冠肺炎疫情防控的一系列重要指示批示精神,全面落实党中央、国务院部署,税务部门积极拓展"非接触式"办税缴费事项,在为纳税人、缴费人提供安全、高效、便利服务的同时,切实降低疫情传播风险。

按照"尽可能网上办"的原则,税务总局共梳理了 185 个涉税缴费事项可在网上办理。并制作了"非接触式"网上办税缴费事项清单和相关问题解答。

在此基础上,税务部门还将进一步依托电子税务局、手机 APP、微信公众号、邮寄、传真、电子邮件等,不断拓宽"非接触式"办税缴费渠道,更好地为纳税人、缴费人服务。

第四节 纳税服务社会协作

知识点 1:纳税服务社会协作体系

包括涉税专业服务机构提供的服务和其他社会协作组织提供的涉税服务。涉税专业服务是指涉税专业服务机构接受委托,利用专业知识和技能,就涉税事项向委托人提供的税务代理等服务;其他社会协作纳税服务包括其他政府组织、社会组织、传播媒体和税收志愿者等组织和个人为纳税人提供的涉税服务。

知识点 2:深化拓展精诚共治格局

(1)健全税费共治制度体系。完善税费征缴协作机制,制定税费共治保障办法。各级党委、政府要加强对税费共治工作的领导,协调督促有关单位落实税费征缴协作措施,强化纳税申报、税费优惠、委托代征、缴款入库、强制执行、破产注销、违法查处、争议救济等环节的税费执法协作。

(2)持续加强部门协作。建立健全税务部门与相关部门常态化制度化数据共享协调机制,拓展部门之间数据共享的深度与广度。加强情报交换、信息通报、执法联动,积极推进跨部门协同监管。加大公安户籍、自然资源、交通运输、社保参保、特殊群体就业、房屋交易网签备案、不动产登记、建设工程、技术转让合同、对外投资、土地违法查处、个人所得税专项附加扣除、财政补贴和财政票据、车船登记等相关涉税涉费信息对税务部门的开放共享程度,依法保障涉税涉费信息获取。税务、人民银行、银保监等部门要深入开展银税互动、助力解决小微企业融资难融资贵问题。自然资源、建设、税务、市场监管等部门要加强在不动产交易、股权转让、非税征收等方面的征管协作。

（3）持续加强社会协同。加快税收融入基层治理体系建设,将基础税源管理和纳税服务纳入网格化管理清单。落实普法责任制,将税法普及纳入地方法治教育基地建设内容,加强青少年普法教育。加强协税护税组织建设。积极发挥涉税专业服务组织作用,支持第三方按市场化原则为纳税人提供个性化服务,加强对涉税中介组织的执业监管和行业监管。

（4）强化税收司法保障。深化法院与税务部门税费征缴协作,力争在涉税财产处置、破产数据共享、申请参与受偿等领域取得数字化协作新突破。完善警税联合办案机制,健全案件移送制度。公安部门要加强涉税犯罪查办人员力量,做实派驻税务联络机制。对重特大涉税违法案件或需要紧急控制的涉税违法案件,公安部门要提前介入。对涉税违法犯罪问题突出的行业或领域,公安和税务部门要联合开展整治,形成打击合力。检察机关发现负有税务监管相关职责的行政机关不依法履责的,应依法提出检察建议。

知识点3：涉税专业服务监管之涉税专业服务机构

涉税专业服务机构是指税务师事务所和从事涉税专业服务的会计师事务所、律师事务所、代理记账机构、税务代理公司、财税类咨询公司等机构。

知识点4：涉税专业服务监管之涉税专业服务机构的从业范围

（1）涉税专业服务机构可以从事下列涉税业务：纳税申报代理、一般税务咨询、专业税务顾问、税收策划、涉税鉴证、纳税情况审查、其他税务事项代理、其他涉税服务。

（2）专业税务顾问、税收策划、涉税鉴证、纳税情况审查应当由具有税务师事务所、会计师事务所、律师事务所资质的涉税专业服务机构从事。

知识点5：涉税专业服务监管之实名制管理

税务机关对涉税专业服务机构及其从事涉税服务人员进行实名制管理。涉税专业服务机构应当向税务机关提供机构和从事涉税服务人员的姓名、身份证号、专业资格证书编号、业务委托协议等实名信息。

知识点6：涉税专业服务监管之信用管理

涉税专业服务机构及其涉税服务人员有下列情形之一的,由税务机关责令限期改正或予以约谈;逾期不改正的,由税务机关降低信用等级或纳入信用记录,暂停受理所代理的涉税业务(暂停时间不超过六个月);情节严重的,由税务机关纳入涉税服务失信名单,予以公告并向社会信用平台推送,其所代理的涉税业务,税务机关不予受理:

(1)使用税务师事务所名称未办理行政登记的;

(2)未按照办税实名制要求提供涉税专业服务机构和从事涉税服务人员实名信息的;

(3)未按照业务信息采集要求报送从事涉税专业服务有关情况的;

(4)报送信息与实际不符的;

(5)拒不配合税务机关检查、调查的;

(6)其他违反税务机关监管规定的行为。

税务师事务所有前款第一项情形且逾期不改正的,省税务机关应当提请市场监管部门吊销其营业执照。

知识点7:涉税专业服务监管之约谈

税务机关需要采取约谈方式的,应当事先向当事人送达《税务事项通知书》,通知当事人约谈的时间、地点和事由。当事人到达约谈场所后,应当由两名以上税务人员同时在场进行约谈。约谈人员应当对约谈过程做好记录,可视情况进行音像记录。

知识点8:涉税专业服务监管之行政责任

涉税专业服务机构及其涉税服务人员有下列情形之一的,由税务机关列为重点监管对象,降低信用等级或纳入信用记录,暂停受理所代理的涉税业务(暂停时间不超过六个月);情节较重的,由税务机关纳入涉税服务失信名单,予以公告并向社会信用平台推送,其所代理的涉税业务,税务机关不予受理;情节严重的,其中,税务师事务所由省税务机关宣布《税务师事务所行政登记证书》无效,提请市场监管部门吊销其营业执照,提请全国税务师行业协会取消税务师职业资格证书登记、收回其职业资格证书并向社会公告,其他涉税服务机构及其从事涉税服务人员由税务机关提请其他行业主管部门及行业协会予以相应处理:

(1)违反税收法律、行政法规,造成委托人未缴或者少缴税款,按照《中华人民共和国税收征收管理法》及其实施细则相关规定被处罚的;

(2)未按涉税专业服务相关业务规范执业,出具虚假意见的;

(3)采取隐瞒、欺诈、贿赂、串通、回扣等不正当竞争手段承揽业务,损害委托人或他人利益的;

(4)利用服务之便,谋取不正当利益的;

（5）以税务机关和税务人员的名义敲诈纳税人、扣缴义务人的；

（6）向税务机关工作人员行贿或者指使、诱导委托人行贿的；

（7）其他违反税收法律法规的行为。

知识点9：严禁违规插手涉税中介经营活动

（1）税务人员严禁有以下行为：①直接开办或者投资入股涉税中介，在涉税中介挂名、兼职（任职）或者出借（出租）注册税务师等资格证书，以任何理由强行安置配偶、子女及其配偶在涉税中介机构就业；②强制、指定或者变相强制、变相指定纳税人接受涉税中介服务；③以任何名目在涉税中介报销费用、领取补贴（补助）或以其他形式取得经济利益；④利用税收征管权、检查权、执法权、政策解释权和行政监管权，与中介机构合谋作出有关资格认定、税收解释或决定，使纳税人不缴税、少缴税或减免退抵税，非法获取利益；⑤其他违反规定插手涉税中介经营活动的行为。

（2）开展打击涉税"黑中介"专项整治，禁止涉税中介在办税服务场所发名片、揽业务等行为。

（3）针对第三方借减税降费服务巧立名目乱收费行为，重点排查是否仍存在第三方平台违反自愿原则强制纳税人购买增值服务；是否存在服务单位借销售税控专用设备或维护服务之机违规捆绑销售设备、软件、其他商品；是否存在第三方利用垄断地位乱收费谋取不正当利益；等等。规范第三方在办税服务厅的技术服务和保障行为。

知识点10：其他社会协作管理

（1）《国家税务总局关于进一步动员社会力量深入开展税收志愿服务的指导意见》（税总发〔2021〕15号）指出，根据税收重点工作以及日常税费服务需要，可开展以下税收志愿服务活动：①在办税缴费服务场所提供辅助性服务；②在12366热线、税务网站等线上渠道提供咨询服务；③通过纳税人学堂、"进园区、进校园、进社区"等形式开展公益性宣传活动；④上门为老年人、行动不便者等特殊困难群体提供办税缴费帮扶服务；⑤参加办税缴费服务体验活动，提出改进意见；⑥其他税收志愿服务。

（2）《国家税务总局关于进一步动员社会力量深入开展税收志愿服务的指导意见》（税总发〔2021〕15号）指出，要加强税收志愿服务宣传引导，广泛动员涉税专业服务机构及其从业人员、涉税行业协会、大专院校学生等社会力量注册成为税收志愿者，遵循"自愿、无偿、平等、诚信、合法"的原则，参与税收志愿服务活动。

（3）《国家税务总局关于进一步动员社会力量深入开展税收志愿服务的指导意见》（税总发〔2021〕15号）指出，在开展税收志愿服务项目发布和志愿者招募工作过程中，特殊情况下，可结合紧急工作需要增设临时性志愿服务项目。也可根据项目特点，面向涉税行业协会、大专院校等实施定向招募。

 本章习题

一、单项选择题

1. 针对不同的纳税遵从类型,税务机关应该采取不同的对策,对于"不想遵从,但如果重视的话,也会遵从"的纳税人,税务机关的正确对策是(   )。

A. 诉诸法律　　　　　　　　　　B. 观察并制止

C. 协助遵从　　　　　　　　　　D. 使遵从更容易

答案: B

解析:《纳税服务·高级》(全国税务系统干部教育培训系列教材·业务能力试用版)。

2. 2016年底,浙江省首次提出"最多跑一次"改革。这一做法与外国的哪种纳税服务理论最为接近?(   )

A. 企业家政府理论　　　　　　　B. "整体政府"理论

C. 新公共服务理论　　　　　　　D. 客户关系管理理论

答案: B

解析:《纳税服务·高级》(全国税务系统干部教育培训系列教材·业务能力试用版)。

3. (   ),国家税务总局设立了专为纳税人服务的司局级机构——纳税服务司,负责组织、管理、协调全国范围内的纳税服务工作。

A. 2002年8月　　　　　　　　　B. 2008年7月

C. 2014年10月　　　　　　　　　D. 2015年12月

答案: B

解析:《纳税服务·初级》(全国税务系统干部教育培训系列教材·业务能力试用版)。

4.《关于进一步深化税收征管改革的意见》要求,2022年税务部门办理正常出口退税的平均时间压缩至(   )工作日以内,对高信用级别企业进一步缩短办理时间。

A. 3个　　　　　　　　　　　　B. 5个

C. 6个　　　　　　　　　　　　D. 7个

答案: C

解析: 加快企业出口退税事项全环节办理速度,2022年税务部门办理正常出口退税的平均时间压缩至6个工作日以内,对高信用级别企业进一步缩短办理时间。

5.《国家税务总局浙江省税务局等十三部门关于贯彻落实纳税缴费便利化改革优化

税收营商环境若干措施的通知》(浙税发〔2020〕89号)要求:2022年底前,纳税缴费时间压减至(　　)以内,促进营商环境持续改善。

A. 120 小时

B. 110 小时

C. 100 小时

D. 90 小时

答案:D

解析:2020年底前,纳税缴费时间压减至110小时以内;2022年底前,纳税缴费时间压减至90小时以内,促进营商环境持续改善。

6. 2022年"便民办税春风行动"的主题是(　　)。

A. "智慧税务助发展·惠企利民稳增长" B. "优化执法服务·办好惠民实事"

C. "新税务·新服务" D. "战疫情促发展服务全面小康"

答案:A

解析:根据《国家税务总局关于开展2022年"我为纳税人缴费人办实事暨便民办税春风行动"的意见》(税总纳服发〔2022〕5号)的规定。

7. 自2021年7月1日起,在全国范围内对(　　)税务证明事项实行告知承诺制。

A. 5 项

B. 6 项

C. 7 项

D. 8 项

答案:B

解析:根据《国家税务总局关于部分税务证明事项实行告知承诺制进一步优化纳税服务的公告》(国家税务总局公告2021年第21号)的规定。

8. 对选择适用告知承诺制办理业务的纳税人,税务机关在事中核查时发现核查情况与纳税人承诺不一致的,应采取的措施是(　　)。

A. 要求纳税人提供相关佐证材料后再予办理

B. 责令限期改正、进行处理处罚

C. 按照有关规定作出虚假承诺行为认定

D. 依法移送司法机关追究刑事责任

答案:A

解析:根据《国家税务总局关于部分税务证明事项实行告知承诺制 进一步优化纳税服务的公告》(国家税务总局公告2021年第21号)的规定。

9. 税务师事务所合伙人或者股东由税务师、注册会计师、律师担任,税务师占比应高于(　　),国家税务总局另有规定的除外。

A. 百分之三十

B. 百分之五十

C. 百分之六十

D. 百分之七十

答案:B

解析:根据《涉税专业服务监管办法(试行)》(国家税务总局公告2017年第13号)的

规定。

10. 某县税务局在检查中发现某会计师事务所未按照办税实名制要求提供从事涉税服务人员的实名信息,应(   )。

A. 责令限期改正或予以约谈   B. 降低信用等级或纳入信用记录

C. 暂停受理所代理的涉税业务   D. 纳入涉税服务失信名录

答案:A

解析:根据《涉税专业服务监管办法(试行)》(国家税务总局公告 2017 年第 13 号)的规定。

二、多项选择题

1. 下列关于纳税服务的认识正确的有(   )。

A. 广义的纳税服务是指政府为全体纳税人提供的公共服务

B. 纳税服务是税务机关向纳税人提供的服务事项和措施

C. 纳税服务是税务机关的法定职责

D. 纳税服务具有服务业的部分特征

答案:BCD

解析:根据《纳税服务·高级》(全国税务系统干部教育培训系列教材·业务能力试用版)的规定,广义的纳税服务是政府及其相关部门、专业服务机构、其他组织或个人(志愿者)为帮助纳税人履行纳税义务、维护合法权益而提供的服务。

2. 下列关于纳税服务与税收征管的关系说法正确的有(   )。

A. 税收征管与纳税服务是辩证统一的

B. 纳税服务是基础,它决定着税收征管的发展方向

C. 组织税收收入主要依赖加强税收征管,纳税服务起辅助性作用

D. 税收征管与纳税服务是互相促进的

答案:AD

解析:根据《纳税服务》(全国税务系统干部教育培训系列教材·业务能力 2017 年版)。纳税服务与税收征管的关系:(1)税收征管与纳税服务是相互依存的;(2)税收征管与纳税服务是辩证统一的;(3)税收征管与纳税服务是互相促进的。

3. 纳税服务在现代税收管理体系中的作用包括(   )。

A. 实行服务管理联动,合力促进纳税遵从

B. 促进纳税还权还责,把握服务供给尺度

C. 规范征纳双方行为,构建良好税收秩序

D. 推进办税便利化改革,助力分类分级管理

答案:ABD

解析：根据《纳税服务》(全国税务系统干部教育培训系列教材·业务能力 2017 年版)的规定,纳税服务在现代税收管理体系中的作用:实行服务管理联动,合力促进纳税遵从;促进纳税还权还责,把握服务供给尺度;推进办税便利化改革,助力分类分级管理。

4. 下列属于纳税服务内容的有(　　　　)。

A. 税法宣传
B. 权益保护
C. 税收统计
D. 信用管理

答案：ABD

解析：根据《纳税服务·初级》(全国税务系统干部教育培训系列教材·业务能力试用版)的规定,纳税服务内容包括税法宣传、纳税咨询、办税服务、权益保护、信用管理和社会协作六个方面。

5. 世界银行与纳税有关的营商环境指标中,报税后流程指数衡量企业在纳税申报之后发生以下两种特定事项所需要花费的时间(　　　　)。

A. 增值税留抵退税
B. 增值税加计抵减
C. 企业所得税更正申报
D. 出口退税

答案：AC

解析：根据《世界银行营商环境评价指标体系》的规定,报税后流程指数:衡量企业在纳税申报之后发生以下两种特定事项所需要花费的时间:(1)增值税留抵退税。(2)企业所得税更正申报。

6.《关于进一步深化税收征管改革的意见》指出,到 2023 年基本建成(　　　　)的税费服务新体系,实现无差别服务向精细化、智能化、个性化服务转变。

A. 线下服务无死角
B. 线上服务不打烊
C. 定制服务广覆盖
D. 全程服务无缝隙

答案：ABC

解析：到 2023 年,基本建成"线下服务无死角、线上服务不打烊、定制服务广覆盖"的税费服务新体系,实现从无差别服务向精细化、智能化、个性化服务转变。

7.《关于进一步深化税收征管改革的意见》要求,逐步改变以表单为载体的传统申报模式,2023 年基本实现信息系统(　　　　),纳税人缴费人确认或补正后即可线上提交。

A. 自动提取数据
B. 自动计算税额
C. 自动预填申报
D. 自动缴纳税款

答案：ABC

解析：逐步改变以表单为载体的传统申报模式,2023 年基本实现信息系统自动提取数据、自动计算税额、自动预填申报,纳税人缴费人确认或补正后即可线上提交。

8.《国家税务总局浙江省税务局等十三部门关于贯彻落实纳税缴费便利化改革优化税收营商环境若干措施的通知》(浙税发〔2020〕89 号)指出:加大部门协同和信息共享,人社、医保、财政、税务等部门联合确定企业划型标准和社保费优惠减免名单,让符合条件的缴费单位在申报时( )享受减免政策。

A."零审批"   B."零备案"

C."零手续"   D."零证明"

答案:ACD

解析:加大部门协同和信息共享,人社、医保、财政、税务等部门联合确定企业划型标准和社保费优惠减免名单,让符合条件的缴费单位在申报时"零审批""零手续""零证明"享受减免政策。

9. 国家税务总局决定自 2021 年 7 月 1 日起,在全国范围内对部分税务证明事项实行告知承诺制,这些事项包括( )。

A. 出生医学证明   B. 家庭住房情况书面查询结果

C. 分支机构审计报告   D. 参加社会保险证明

答案:ABC

解析:根据《国家税务总局关于部分税务证明事项实行告知承诺制 进一步优化纳税服务的公告》(国家税务总局公告 2021 年第 21 号)的规定。

10. 代理记账机构不得从事( )业务。

A. 纳税申报代理   B. 专业税务顾问

C. 税收策划   D. 涉税鉴证

答案:BCD

解析:根据《涉税专业服务监管办法(试行)》(国家税务总局公告 2017 年第 13 号)第五条的规定,专业税务顾问、税收策划和涉税鉴证应当由具有税务师事务所、会计师事务所、律师事务所资质的涉税专业服务机构从事,相关文书应由税务师、注册会计师、律师签字,并承担相应的责任。

三、判断题

1. 2016 年底,浙江省首次提出"最多跑一次"改革。所称"最多跑一次",是指自然人、法人和非法人组织向行政机关申请办理一件事,申请材料齐全、符合法定形式的,从提出申请到收到办理结果全程只需一次上门或者零上门。( )

答案:正确

解析:根据《浙江省保障"最多跑一次"改革规定》。

2. 客户关系管理的宗旨在于"以客户为中心",对税务机关而言,即"以纳税人为中心"。( )

答案:正确

解析:《纳税服务·高级》(全国税务系统干部教育培训系列教材·业务能力试用版)。

3. 2015年3月,《全国县级税务机关纳税服务规范(1.0版)》在全国范围内实施。( )

答案:错误

解析:2014年10月,《全国县级税务机关纳税服务规范(1.0版)》在全国范围内实施。2015年3月1日起,覆盖省、市、县三级的《全国税务机关纳税服务规范(2.0版)》在全国推行。

4. 世界银行与纳税有关的营商环境指标中,总税收和缴费率是指样本企业一年内负担的税费总额占企业营业收入的份额,反映企业的税费成本。( )

答案:错误

解析:世界银行与纳税有关的营商环境指标中,总税收和缴费率是指样本企业一年内负担的税费总额占企业商业利润的份额,反映企业的税费成本。

5. 世界银行与纳税有关的营商环境指标中,纳税时间是评估样本企业在一年内缴纳增值税、企业所得税、个人所得税和社会保险费及公积金的时间总和,包括申报和缴纳两个环节。( )

答案:错误

解析:世界银行与纳税有关的营商环境指标中,纳税时间是评估样本企业在一年内缴纳增值税、企业所得税、个人所得税和社会保险费及公积金的时间总和,包括准备、申报和缴纳三个环节。

6. 对于实行告知承诺制的税务证明事项,申请人可自主选择是否采用告知承诺制方式办理。( )

答案:正确

解析:根据《国家税务总局关于部分税务证明事项实行告知承诺制 进一步优化纳税服务的公告》(国家税务总局公告2021年第21号)的规定。

7. 实行税务证明事项告知承诺制,对符合书面承诺要求的申请人,税务机关不再索要有关证明,并依据书面承诺办理相关税务事项。( )

答案:正确

解析:根据《国家税务总局关于部分税务证明事项实行告知承诺制 进一步优化纳税服务的公告》(国家税务总局公告2021年第21号)的规定。

8.《国家税务总局浙江省税务局等十三部门关于贯彻落实纳税缴费便利化改革优化税收营商环境若干措施的通知》(浙税发〔2020〕89号)要求:税务、人社、建设、医保等部门共同推进社会保险参保缴费等跨部门"一个窗口"集成联办,深入实施浙江省优化营商环境"10+N"便利化行动,提升纳税缴费便利化水平。( )

答案:错误

解析:税务、人社、建设、医保等部门共同推进社会保险参保缴费等跨部门"一件事"

集成联办,深入实施浙江省优化营商环境"10＋N"便利化行动,提升纳税缴费便利化水平。

9. 税务机关应当对税务师事务所实施行政登记管理。未经行政登记不得使用"税务师事务所"名称,不能享有税务师事务所的合法权益。( )

答案:正确

解析:根据《国家税务总局关于发布〈税务师事务所行政登记规程(试行)〉的公告》(国家税务总局公告2017年第31号)的规定。

10. 税务师事务所办理商事登记后,应当向所在地税务机关办理行政登记。( )

答案:错误

解析:税务师事务所办理商事登记后,应当向省税务机关办理行政登记。

第二章

信息报告

第一节 信息报告概述

知识点 1:信息报告概述

信息报告,是指纳税人、扣缴义务人、缴费人根据法律、法规的规定,向税务机关报告基础信息、制度信息、跨区域涉税信息、资格信息等内容的一项法定制度,是税务机关实施税收管理的基础工作,也是纳税人、扣缴义务人、缴费人依法履行义务的法定手续。

知识点 2:信息报告类适用"首违不罚"的事项

根据上海市、江苏省、浙江省、安徽省、宁波市五地税务局共同制定的《长江三角洲区域税务轻微违法行为"首违不罚"清单》规定,"纳税人未按照规定的期限申报办理税务登记、变更或者注销登记;扣缴义务人未按照规定办理扣缴税款登记;纳税人未按照规定将财务、会计制度或者财务、会计处理办法和会计核算软件报送税务机关备查;纳税人未按照规定将其全部银行账号向税务机关报告;境内机构或个人发包工程作业或劳务项目,未按规定向主管税务机关报告有关事项"共五项税务违法行为,如果属于初次违法,且在税务机关发现前主动改正或者在税务机关责令限期改正期限内改正,可以不予行政处罚。

第二节 基础信息报告

知识点 1:一照一码户信息确认

(1)已实行"多证合一、一照一码"登记模式的纳税人,首次办理涉税事宜时,对税务机关依据市场监督管理等部门共享信息制作的《"多证合一"登记信息确认表》进行确认,对其中不全的信息进行补充,对不准确的信息进行更正。

(2)纳税人使用符合电子签名法规定条件的电子签名,与手写签名或者盖章具有同等法律效力。

(3)新设立的企业、农民专业合作社完成一照一码户登记信息确认后,其加载统一社会信用代码的营业执照可代替税务登记证使用,不再另行发放税务登记证件。

(4)《国家税务总局关于进一步简化企业开办涉税事项办理程序压缩办理时间的通知》(税总发〔2019〕126号)指出,2020年6月底前,企业开办涉税事项办理全部实现一套资料、一窗受理、一次提交、一次办结。进一步压缩企业开办首次办税时申领增值税发票时间,有条件的地区可以压缩至1个工作日内。

(5)《国家税务总局关于进一步简化企业开办涉税事项办理程序压缩办理时间的通知》(税总发〔2019〕126号)指出,各地税务机关通过改造电子税务局等系统,将企业开办涉税事项实行一套资料、一次提交、一次采集、一次办结。①纳税人新办企业时根据自身不同情况依申请办理的涉税事项包括:信息确认、发票票种核定、增值税一般纳税人登记、增值税专用发票最高开票限额审批、增值税税控系统专用设备初始发行(含税务UKey发放)、发票领用6个事项。②对开办首次申领发票涉及相关事项,纳税人可通过一次填报和确认《新办纳税人涉税事项综合申请表》办理。③企业现场办理开办涉税事项,若暂时无法提供企业印章,符合以下条件的,税务机关予以容缺办理:由其法定代表人办理时,已实名采集认证并承诺后续补齐的;由办税人员办理时,办税人员已实名采集认证,经法定代表人线上实名采集认证、授予办税人员办税权限的,或者提供法定代表人授权委托书的。企业30日内未补充提供印章的,税务机关将其行为纳入信用记录,对其实施风险管理并严格办理发票领用。

知识点2:个体工商户信息确认

(1)个体工商户首次办理涉税事宜时,对税务机关依据外部信息交换系统获取的登记表单信息及其他税务管理信息进行确认。

(2)纳税人参照《国家税务总局关于进一步简化企业开办涉税事项办理程序压缩办理时间的通知》(税总发〔2019〕126号)适用企业开办涉税事项办理程序的,实行一套资料、一次提交、一次采集、一次办结。

知识点3:一照一码户信息变更

(1)一照一码户市场监管等部门登记信息发生变更的,向市场监督管理等部门申报办理变更登记。税务机关接收市场监管等部门变更信息,经纳税人确认后更新系统内的对应信息,纳税人无须再向税务机关办理变更登记。

（2）一照一码户生产经营地、财务负责人等非市场监管等部门登记信息发生变化时,向主管税务机关申报办理变更。

（3）被调查企业在税务机关实施特别纳税调查调整期间,申请变更经营地址的,税务机关在调查结案前原则上不予办理变更手续。

知识点4：两证整合个体工商户信息变更

两证整合个体工商户信息发生变化的,应向市场监督管理部门申报信息变更。税务机关根据市场监管部门传递的变更信息或者在后续日常管理过程中发现的变更信息,经纳税人确认后进行税务登记信息变更。经纳税人申请,也可由税务机关发起变更。其中,纳税人名称、纳税人识别号、业主姓名、经营范围不能由税务机关发起。

知识点5：纳税人（扣缴义务人）身份信息报告

不适用"一照一码""两证整合"的纳税人,满足以下情形的应办理纳税人（扣缴义务人）身份信息报告：

（1）取得统一社会信用代码,但批准部门为除市场监督管理部门之外其他有关部门批准设立的(如社会团体、律师事务所等)。

（2）因经营地址变更等原因,注销后恢复开业的。

（3）有独立的生产经营权、在财务上独立核算并定期向发包人或者出租人上交承包费或租金的承包承租人。

（4）在中华人民共和国境内承包建筑、安装、装配、勘探工程和提供劳务的境外企业。

（5）从事生产、经营的纳税人,应经有关部门批准设立但未经有关部门批准的。

（6）非境内注册居民企业收到居民身份认定书的。

（7）根据税收法律、行政法规的规定负有扣缴税款义务的扣缴义务人,应当办理扣缴税款登记的。

上述纳税人（扣缴义务人）身份信息发生变化的也通过本事项办理。

知识点6：自然人自主报告身份信息

（1）以自然人名义纳税的中国公民、华侨、外籍人员和港、澳、台地区人员,可以由本人自主向税务机关报告身份信息。自然人纳税人应向税务机关报告与纳税有关的基本信息,其中包括本人基本身份信息、身份属性信息、相关基础信息、家庭信息、财产信息以及其他基础信息。

（2）纳税人有中国公民身份号码的,首次报送信息并完成实名身份验证,以中国公民身份号码为纳税人识别号;没有中国公民身份号码的,首次报送信息并完成实名身份信息验证,由税务机关赋予纳税人识别号。

（3）同一自然人存在同时使用多个身份证件的情况,如自然人报送了错误的身份证件、中国大陆居民同时使用居民身份证和其他身份证件、外籍人员同时持有多种证件或先后持有不同号的护照,不同的身份证件在系统建立不同的税收档案。

知识点7:扣缴义务人报告自然人身份信息

扣缴义务人首次向纳税人支付所得时,应当按照纳税人提供的纳税人识别号等基础信息,于次月扣缴申报时向税务机关报送身份信息;扣缴义务人对纳税人向其报告的相关基础信息变化情况,应当于次月扣缴申报时向税务机关报送变更信息;被投资单位发生个人股东变动或者个人股东所持股权变动的,应当在次月15日内向主管税务机关报送股东变动信息。

知识点8:解除相关人员关联关系

主张身份证件被冒用于登记注册的法定代表人,根据登记机关登记信息的变化情况,更改该法定代表人与纳税人的关联关系。主张身份证件被冒用的财务负责人和其他办税人员,根据其出具的个人声明、公安机关接报案回执等相关资料,解除其与纳税人的关联关系,包括正常、非正常、非正常注销、注销等状态纳税人。主张本人身份信息被其他单位或个人违法使用办理虚假纳税申报的自然人纳税人,可向税务机关进行检举。

知识点9:税务证件增补发

纳税人、扣缴义务人发生遗失、损毁税务登记证件的情况,应向税务机关申报办理税务证件增补发事项。

税务登记证件包括但不限于税务登记证(正、副本)、临时税务登记证(正、副本)、扣缴税款登记证件等,其他税务证件包括但不限于发票领用簿等。

第三节　制度信息报告

知识点1:存款账户账号报告

从事生产、经营的纳税人应当自开立基本存款账户或者其他存款账户之日起15

日内,向主管税务机关书面报告其全部账号;发生变化的,应当自变化之日起15日内,向主管税务机关书面报告。

知识点2:财务会计制度及核算软件备案报告

从事生产、经营的纳税人应当自领取税务登记证件起15日内,将其财务、会计制度或者财务、会计处理办法等信息报送税务机关备案。纳税人使用计算记账的,还应在使用前将会计电算化系统的会计核算软件、使用说明书及有关资料报送主管税务机关备案。

知识点3:银税三方(委托)划缴协议

纳税人需要使用电子缴税系统缴纳税费的,可以与税务机关、开户银行签署委托银行代缴税款三方协议或委托划转税款协议(简称授权(委托)划缴协议或三方协议),实现使用电子缴税系统缴纳税费、滞纳金和罚款。该协议适用于所有纳税人(缴费人)缴纳的各类税费。

本项业务可以线上签约,对与浙江省税务局开通网上电子三方协议验证功能、支持三方协议线上签约快捷通道的银行,在税务端登记录入三方协议后,无须再打印纸质协议送银行端进行签约录入,直接在税务端发起协议验证即可完成快捷签约。

第四节　跨区域信息报告

知识点1:跨区域涉税事项报告

纳税人跨省(自治区、直辖市和计划单列市)临时从事生产经营活动的,向机构所在地的税务机关填报《跨区域涉税事项报告表》。

知识点2:跨区域涉税事项报验

纳税人首次在经营地办理涉税事宜时,应向经营地税务机关报验跨区域涉税事项,按跨区域经营合同执行期限作为有效期限。纳税人跨区域经营合同延期的,可以选择在经营地或机构所在地的税务机关办理报验管理有效期限延期手续。异地不动产转让和租赁业务不适用跨区域涉税事项制度规定。

知识点3:跨区域涉税事项信息反馈

纳税人跨区域经营活动结束后,应当结清经营地税务机关的应纳税款以及其他涉税事项,向经营地税务机关填报《经营地涉税事项反馈表》。经营地的税务机关核对《经营地涉税事项反馈表》后,及时将相关信息反馈给机构所在地的税务机关。纳税人不需要另行向机构所在地的税务机关反馈。

第五节 资格信息报告

知识点 1:增值税一般纳税人登记

(1)增值税纳税人年应税销售额超过财政部、国家税务总局规定的小规模纳税人标准的,除特殊规定外,应当办理一般纳税人登记。年应税销售额未超过规定标准的纳税人,会计核算健全、能够提供准确税务资料的,可以办理一般纳税人登记。

(2)年应税销售额是指纳税人在连续不超过 12 个月或四个季度的经营期内累计应征增值税销售额,包括纳税申报销售额、稽查查补销售额、纳税评估调整销售额。

(3)财政部、国家税务总局规定的增值税小规模纳税人标准为年应征增值税销售额 500 万元及以下。

(4)纳税人应在年应税销售额超过规定标准的月份(季度)所属申报期结束后 15 日内办理增值税一般纳税人登记或者选择按照小规模纳税人纳税的手续;未按规定时限办理的,应在收到《税务事项通知书》后 5 日内向主管税务机关办理相关手续;逾期未办理的,自通知时限期满的次月起按销售额依照增值税税率计算应纳税额,不得抵扣进项税额,直至办理相关手续为止。

(5)可不办理增值税一般纳税人登记的特殊规定是指:应税销售额超过规定标准的自然人不办理增值税一般纳税人登记;非企业性单位、年应税销售额超过规定标准且不经常发生应税行为的单位和个体工商户,可选择按照小规模纳税人纳税。

(6)从事成品油销售的加油站、航空运输企业、电信企业总机构及其分支机构,一律由主管税务机关登记为增值税一般纳税人。

知识点 2:选择按小规模纳税人纳税的情况说明

非企业性单位及年应税销售额超过财政部、国家税务总局规定的增值税小规模纳税人标准且不经常发生应税行为的单位和个体工商户,可向主管税务机关提交书面说明,选择按照小规模纳税人纳税。

知识点 3:货物运输业小规模纳税人异地代开增值税专用发票备案

(1)货物运输业小规模纳税人在境内提供公路或内河货物运输服务,需要开具增值税专用发票的,可在税务登记地、货物起运地、货物到达地或运输业务承揽地(含互联网物流平台所在地)中任何一地,就近向税务机关申请代开增值税专用发票,并按照代开专用发票上注明的税额向该税务机关全额缴纳增值税。纳税人应当将营运资质和营运机动车、船舶信息向主管税务机关备案。

(2)申请代开增值税专用发票货物运输业小规模纳税人,应符合以下条件:①在中华人民共和国境内提供公路或内河货物运输服务,并办理了税务登记(包括临时税务登记)。②提供公路货物运输服务的(以 4.5 吨及以下普通货运车辆从事普通道路货物运输经营的除外),取得《中华人民共和国道路运输经营许可证》和《中华人民共和国道路运输证》;提供内河货物运输服务的,取得《国内水路运输经营许可证》和《船舶营业运输证》。③在税务登记地主管税务机关按增值税小规模纳税人管理。

知识点 4:增值税适用加计抵减政策声明

(1)自 2019 年 4 月 1 日至 2021 年 12 月 31 日,允许生产、生活性服务业纳税人按照当期可抵扣进项税额加计 10%,抵减应纳税额。纳税人在年度首次确认适用 10% 加计抵减政策时,应向主管税务机关提交《适用加计抵减政策的声明》。

生产、生活性服务业纳税人,是指提供邮政服务、电信服务、现代服务、生活服务取得的销售额占全部销售额的比重超过 50% 的纳税人。

(2)自 2019 年 10 月 1 日至 2021 年 12 月 31 日,允许生活性服务业纳税人按照当期可抵扣进项税额加计 15%,抵减应纳税额。纳税人在年度首次确认适用 15% 加计抵减政策时,应向主管税务机关提交《适用 15% 加计抵减政策的声明》。

生活性服务业纳税人,是指提供生活服务取得的销售额占全部销售额的比重超过 50% 的纳税人。

(3)加计抵减政策适用所称"销售额",包括纳税申报销售额、稽查查补销售额、纳税评估调整销售额。其中,纳税申报销售额包括一般计税方法销售额,简易计税方法销售额,免税销售额,税务机关代开发票销售额,免、抵、退办法出口销售额,即征即退项目销售额。稽查查补销售额和纳税评估调整销售额,计入查补或评估调整当期销售额确定适用加计抵减政策;适用增值税差额征收政策的,以差额后的销售额确定适用加计抵减政策。

(4)适用加计抵减政策的纳税人,同时兼营邮政服务、电信服务、现代服务、生活服务的,应按照四项服务中收入占比最高的业务在《适用加计抵减政策的声明》中勾选确定所属行业。

知识点 5:农产品增值税进项税额扣除标准备案

(1)纳入农产品增值税进项税额核定扣除试点范围的纳税人,购进农产品直接销售、购进农产品用于生产经营且不构成货物实体扣除标准的核定采取备案制。

试点纳税人购进农产品直接销售、购进农产品用于生产经营且不构成货物实体的,应在申报缴纳税款时向主管税务机关备案。

符合农产品增值税进项税额核定扣除条件的纳税人,增值税进项税额按照《农产品增值税进项税额核定扣除试点实施办法》的规定抵扣。

(2)自2019年4月1日起,纳税人购进农产品,原适用10%扣除率的,扣除率调整为9%。纳税人购进用于生产或者委托加工13%税率货物的农产品,按照10%的扣除率计算进项税额。

(3)试点纳税人购进农产品直接销售的,农产品增值税进项税额按照以下方法核定扣除:当期允许抵扣农产品增值税进项税额=当期销售农产品数量/(1-损耗率)×农产品平均购买单价×扣除率/(1+扣除率),损耗率=损耗数量/购进数量。

试点纳税人购进农产品用于生产经营且不构成货物实体的(包括包装物、辅助材料、燃料、低值易耗品等),增值税进项税额按照以下方法核定扣除:当期允许抵扣农产品增值税进项税额=当期耗用农产品数量×农产品平均购买单价×扣除率/(1+扣除率)。

知识点6:软件产品增值税即征即退进项分摊方式资料报送与信息报告

增值税一般纳税人在销售软件产品的同时销售其他货物或者应税劳务的,对于无法划分的进项税额,应按照实际成本或销售收入比例确定软件产品应分摊的进项税额;对专用于软件产品开发生产设备及工具的进项税额,不得进行分摊。纳税人应将选定的分摊方式报主管税务机关备案,并自备案之日起一年内不得变更。

专用于软件产品开发生产的设备及工具,包括但不限于用于软件设计的计算机设备、读写打印器具设备、工具软件、软件平台和测试设备。

第六节 特殊事项信息报告

知识点1:欠税人处置不动产或大额资产报告

欠缴税款数额较大(5万元以上)的纳税人在对其不动产或者大额资产进行转让、出租、出借、提供担保等处分之前,应当向税务机关报告。

知识点2:纳税人合并分立情况报告

纳税人有合并、分立情形的,应当向税务机关报告,并依法缴清税款。纳税人合并时未缴清税款的,由合并后的纳税人继续履行未履行的纳税义务;纳税人分立时未缴清税款的,分立后的纳税人对未履行的纳税义务承担连带责任。

知识点 3:停业登记

(1)实行定期定额征收的个体工商户或比照定期定额户进行管理的个人独资企业发生停业的,应当在停业前向税务机关书面提出停业报告;纳税人停业期满不能及时恢复生产经营的,应当在停业期满前到主管税务机关办理延长停业报告。

(2)纳税人在停业期间发生纳税义务的,应当按照税收法律、行政法规的规定申报缴纳税款。

(3)纳税人在申报办理停业登记时,应如实填写停业复业报告书,说明停业理由、停业期限、停业前的纳税情况和发票的领、用、存情况,并结清应纳税款、滞纳金、罚款。

(4)纳税人的停业期限不得超过一年。

知识点 4:复业登记

纳税人按申报停业登记时的停业期限准期复业的,应当在停业到期前向主管税务机关申报办理复业登记;纳税人提前复业的,应当在恢复生产经营之前向主管税务机关申报办理复业登记。纳税人停业期满不能及时恢复生产经营的,应当在停业期满前到税务机关办理延长停业登记;不申请延长停业的,视为已恢复生产经营,税务机关将纳入正常管理,并按核定税额按期征收税款。

知识点 5:个人所得税递延纳税报告

(1)非上市公司授予本公司员工股权激励,员工选择递延纳税的,非上市公司应于股票(权)期权行权、限制性股票解禁、股权奖励获得之次月 15 日内,向主管税务机关备案。

(2)上市公司授予个人的股票期权、限制性股票和股权奖励,经向主管税务机关备案,个人可自股票期权行权、限制性股票解禁或取得股权奖励之日起,在不超过 12 个月的期限内缴纳个人所得税。

(3)个人以技术成果投资入股到境内居民企业,被投资企业支付的对价全部为股票(权)的,个人选择递延纳税的,被投资公司应于取得技术成果并支付股权之次月 15 日内,向主管税务机关备案。

(4)个人因非上市公司实施股权激励或技术成果投资入股,取得的股票(权),实行递延纳税期间,扣缴义务人应于每个纳税年度终了后 30 日内,向主管税务机关报送年度报告表。

(5)建立年金计划的企事业单位应在建立年金计划的次月15日内,向所在地主管税务机关报告企业年金、职业年金情况。年金方案、受托人、托管人发生变化的,应于发生变化的次月15日内重新报告。

企业年金,是指根据《企业年金试行办法》的规定,企业及其职工在依法参加基本养老保险的基础上,自愿建立的补充养老保险制度。所称职业年金,是指根据《事业单位职业年金试行办法》的规定,事业单位及其工作人员在依法参加基本养老保险的基础上,建立的补充养老保险制度。

知识点6:科技成果转化暂不征收个人所得税备案

科研机构、高等学校转化职务科技成果以股份或出资比例等股权形式给予个人奖励,获奖人在取得股份、出资比例时,暂不缴纳个人所得税;取得按股份、出资比例分红或转让股权、出资比例所得时,应依法缴纳个人所得税。

将职务科技成果转化为股份、投资比例的科研机构、高等学校或者获奖人员,应在授(获)奖的次月15日内向主管税务机关备案,报送《科技成果转化暂不征收个人所得税备案表》。技术成果价值评估报告、股权奖励文件及其他证明材料由奖励单位留存备查。享受此项政策的科技人员必须是科研机构和高等学校的在编正式职工。

知识点7:个人所得税分期缴纳报告

(1)个人以非货币性资产投资一次性缴税有困难,选择自发生应税行为之日起不超过5个公历年度内(含)分期缴纳的,应当于取得被投资企业股权之日的次月15日内向主管税务机关报告。

(2)中小高新技术企业以未分配利润、盈余公积、资本公积向个人股东转增股本时,个人股东一次缴纳个人所得税确有困难的,可自行制订分期缴税计划,由企业向主管税务机关办理报告备案,在不超过5个公历年度内(含)分期缴纳。

(3)高新技术企业转化科技成果,给予本企业相关技术人员的股权奖励,个人一次缴纳税款有困难的,可自行制订分期缴税计划,由企业向主管税务机关办理报告备案,在不超过5个公历年度内(含)分期缴纳。

知识点8:个人所得税抵扣情况报告

(1)天使投资个人采取股权投资方式直接投资于初创科技型企业满2年的,可以按照投资额的70%抵扣转让该初创科技型企业股权取得的应纳税所得额;当期不足抵扣的,可以在以后取得转让该初创科技型企业股权的应纳税所得额时结转抵扣。天使投资个人应于投资满24个月的次月15日内,与初创科技型企业共同向初创科技型企业主管税务机关办理个人所得税投资抵扣备案。天使投资个人投资的初创科技型企业注销清算的,应及时持《天使投资个人所得税投资抵扣备案表》到主管税务机关办理情况登记。

(2)有限合伙制创业投资企业采取股权投资方式直接投资于初创科技型企业满2年的,其个人合伙人可以按照对初创科技型企业投资额的70%抵扣个人合伙人从有限合伙制创业投资企业分得的经营所得。有限合伙制创业投资企业应在投资满2年的年度终了3个月内,向主管税务机关办理个人所得税投资抵扣备案。

(3)享受投资抵扣税收政策的投资,仅限于通过向被投资初创科技型企业直接支付现金方式取得的股权投资,不包括受让其他股东的存量股权。

知识点9:合伙制创业投资企业单一投资基金核算方式报告

(1)符合《创业投资企业管理暂行办法》(发展改革委等10部门令第39号)或者《私募投资基金监督管理暂行办法》(证监会令第105号)有关规定完成备案且规范运作的合伙制创业投资企业(基金),可以选择按单一投资基金核算或者按创投企业年度所得整体核算两种方式之一,对其个人合伙人来源于创投企业的所得计算个人所得税应纳税额。上述合伙制创投企业选择按单一投资基金核算的,应当在完成备案的30日内,就其核算方式向主管税务机关报告备案。

(2)创投企业选择按单一投资基金核算或按创投企业年度所得整体核算后,3年内不能变更。创投企业选择一种核算方式满3年需要调整的,应当在满3年的次年1月31日前,重新向主管税务机关备案。

知识点10:企业所得税汇总纳税信息报告

(1)居民企业总机构应依照税收法律、法规、规章及其他有关规定,在规定的纳税期限内,将其所有二级及以下分支机构(包括不就地分摊缴纳企业所得税的二级分支机构)信息报其所在地主管税务机关备案。分支机构(包括不就地分摊缴纳企业所得税的二级分支机构)应依照税收法律、法规、规章及其他有关规定,在规定的纳税期限内,将其总机构、上级分支机构和下属分支机构信息报其所在地主管税务机关备案。

居民企业总机构及分支机构报送的信息包括:总机构、所有上下级分支机构及下属分支机构的名称、层级、地址、邮编、纳税人识别号及企业所得税主管税务机关名称、地址和邮编。

(2)非居民企业汇总纳税的各机构、场所应在首次办理汇总缴纳企业所得税申报时,向所在地主管税务机关报送全部机构、场所等信息。

汇总纳税的非居民企业各机构、场所报送的信息包括:主要机构、场所名称及纳税人识别号;全部被汇总机构、场所名称及纳税人识别号;符合汇总缴纳企业所得税条件的财务会计核算制度安排。

知识点 11:核定征收企业所得税重大变化报告

(1)核定征收企业所得税的居民企业生产经营范围、主营业务发生重大变化,或者应纳税所得额或应纳税额增减变化达到 20% 的,应及时向税务机关报告,申报调整已确定的应纳税额或应税所得率。

(2)实行应税所得率方式核定征收企业所得税的纳税人,经营多业的,无论其经营项目是否单独核算,均由税务机关根据其主营项目确定适用的应税所得率。主营项目应为纳税人所有经营项目中,收入总额或者成本(费用)支出额或者耗用原材料、燃料、动力数量所占比重最大的项目。

知识点 12:财产和行为税税源信息报告

(1)纳税人申报城镇土地使用税、房产税、车船税、印花税、资源税、耕地占用税、契税、土地增值税、环境保护税、烟叶税纳税前,应通过财产和行为税税源信息报告维护应税信息。纳税人以上税种应税信息发生变化的,应通过财产和行为税税源信息报告进行维护。

(2)自 2021 年 6 月 1 日起,纳税人申报缴纳城镇土地使用税、房产税、车船税、印花税、耕地占用税、资源税、土地增值税、契税、环境保护税、烟叶税中一个或多个税种时,使用《财产和行为税纳税申报表》。纳税人新增税源或税源变化时,需先填报《财产和行为税税源明细表》。

知识点 13:税收统计调查数据采集

被调查企业向税务机关提供税收、财务、经营等第一手数据,为国家推进税制改革和研究制定财税政策提供重要依据。

税收统计调查数据采集范围包括:税收资料调查企业数据采集、企业集团数据采集、重点税源企业数据采集、消费税涉税信息采集等。其中,重点税源企业数据采集是指经认定为重点税源企业的纳税人需要定期向税务机关报送涉税数据,形成信息表、税收表、财务表(季报)、主要产品用于税收表、调查问卷(季报)五种报表资料。成品油消费税涉税信息采集是指每年度 5 月底之前,主管税务机关应就成品油消费税税目采集消费税纳税人信息和消费税货物信息,便于总局对全国消费税涉税信息进行统计分析和供各级税务局做消费税纳税评估、税收核查等应用,以便及时掌握消费税税源变化情况,评估分析消费税税收政策执行效应,为消费税税收政策调整提供数据支持。

第七节 出口退(免)税备案报告

知识点1:出口退(免)税企业备案信息报告

出口退(免)税企业备案信息报告事项是指享受出口退(免)税政策的出口企业,在申报出口退(免)税前向主管税务机关申请办理出口退(免)税企业备案以及后续的备案变更、备案撤回事项。具体包括:出口退(免)税备案、生产企业委托代办退税备案、外贸综合服务企业代办退税备案。

(1)出口退(免)税备案。出口企业或其他单位首次向税务机关申报出口退(免)税,应向主管税务机关办理出口退(免)税备案。

出口企业或其他单位备案登记的内容发生变更的,需自变更之日起30日内办理备案变更,需清税注销或撤回备案的应向主管税务机关申请办理撤回出口退(免)税备案手续。

经营融资租赁货物出口业务的企业应在首份融资租赁合同签订之日起30日内,向主管税务机关办理经营融资租赁退税备案手续。融资租赁业务出租方退税备案内容变更或撤回的,须向主管税务机关办理备案变更或备案撤回手续。

出口企业进行首次启运港退(免)税申报时,即视为出口企业完成启运港退(免)税备案。

横琴、平潭区内从区外购买货物的企业、区内水电气企业适用增值税和消费税退税政策的,应当向主管税务机关办理出口退(免)税备案手续。

退税代理机构首次申报境外旅客离境退税结算时,应先向主管税务机关办理退税代理机构备案。

(2)生产企业委托代办退税备案。符合条件的生产企业在已办理出口退(免)税备案后,首次委托外贸综合服务企业代办退税前,应当向主管税务机关办理委托代办出口退税备案。

委托代办退税的生产企业的《代办退税情况备案表》中的内容发生变更的,委托代办退税的生产企业应自变更之日起30日内,向主管税务机关申请办理备案内容的变更。

委托外贸综合服务企业代办退税的转登记纳税人,应在综服企业主管税务机关按规定向综服企业结清该转登记纳税人的代办退税款后,按照规定办理委托代办退税备案撤回。

生产企业办理撤回委托代办退税备案事项的,应在综服企业主管税务机关按规定向综服企业结清该生产企业的代办退税款后办理。

委托代办退税的生产企业办理撤回出口退(免)税备案事项的,应按规定先办理撤回委托代办退税备案事项。

(3)外贸综合服务企业代办退税备案。符合条件的外贸综合服务企业办理出口退(免)税备案后,在为每户生产企业首次代办退税前,应当向主管税务机关办理代办退税备案。

外贸综合服务企业的《代办退税情况备案表》中的内容发生变更的,外贸综合服务企业应自变更之日起 30 日内,向主管税务机关申请办理备案内容的变更。

知识点 2:退税商店资格信息报告

退税商店资格信息报告事项是指在落实境外旅客购物离境退税政策中,向境外旅客销售离境可申请退税物品的企业,向主管税务机关申请退税商店资格备案。

申请办理退税商店备案企业应满足以下条件:

(1)具有增值税一般纳税人资格;

(2)纳税信用级别在 B 级以上;

(3)同意安装、使用离境退税管理系统,并保证系统应当具备的运行条件,能够及时、准确地向主管税务机关报送相关信息;

(4)已经安装并使用增值税发票系统升级版;

(5)同意单独设置退税物品销售明细账,并准确核算。

退税商店备案资料所载内容发生变化的,应自有关变更之日起 10 日内向主管税务机关办理变更手续。

知识点 3:其他出口退(免)税备案

其他出口退(免)税备案事项是指出口企业为申报出口退(免)税或其他涉税业务而向税务机关申请办理的备案以及后续变更。本事项具体包括:集团公司成员企业备案、免税品经营企业销售货物退税备案、边贸代理出口备案。

(1)集团公司成员企业备案。需要认定为可按收购视同自产货物申报免抵退税的集团公司,集团公司总部需向集团公司总部所在地的主管税务机关申请办理集团公司成员企业备案手续。

集团公司成员企业备案内容发生变更的,集团公司总部应向主管税务机关报送相关资料,重新办理备案。

集团公司成员企业备案不需要单独撤回,该备案信息随着集团公司总部出口退(免)税备案的撤回而失效。

（2）免税品经营企业销售货物退税备案。免税品经营企业享受销售货物退税政策的,应向主管税务机关申请备案。

如企业的经营范围发生变化,应在变化之日后的首个增值税纳税申报期内进行备案变更。

（3）边贸代理出口备案。从事以边境小额贸易方式代理外国企业、外国自然人报关出口货物业务的企业,需在货物报关出口之日(以出口货物报关单上的出口日期为准)次月起至次年 4 月 30 日前的增值税纳税申报期内,向主管税务机关申请办理边贸代理报关出口备案手续。

出口企业以边境小额贸易方式代理外国企业、外国自然人出口的货物,按规定已备案的,不属于增值税应税范围,其仅就代理费收入进行增值税申报。

知识点 4:出口企业退(免)税权放弃与恢复报告

出口企业退(免)税权放弃与恢复报告事项包括出口货物劳务放弃退(免)税备案、出口货物劳务放弃免税权备案、放弃适用增值税零税率备案和恢复适用出口退(免)税政策声明。

（1）出口企业可以放弃全部适用退(免)税政策出口货物劳务的退(免)税,并选择适用增值税免税政策或征税政策。放弃适用退(免)税政策的出口企业,应向主管税务机关办理备案手续。自备案次日起 36 个月内,其出口的适用增值税退(免)税政策的出口货物劳务,适用增值税免税政策或征税政策。

（2）适用增值税免税政策的出口货物劳务,出口企业或其他单位如果放弃免税,实行按内销货物征税的,应向主管税务机关办理备案手续。自备案次月起执行征税政策,36 个月内不得变更。

（3）增值税零税率应税服务提供者提供适用增值税零税率的应税服务,如果放弃适用增值税零税率,选择免税或按规定缴纳增值税的,应向主管税务机关办理备案手续。自备案次月 1 日起 36 个月内,该企业提供的增值税零税率应税服务,不得申报增值税退(免)税。

（4）符合以下规定的纳税人,可在增值税税率或出口退税率发生变化之日起(自 2019 年 4 月 1 日起恢复适用出口退(免)税政策的,自 2020 年 3 月 1 日起)的任意增值税纳税申报期内,按照现行规定申报出口退(免)税,同时一并提交《恢复适用出口退(免)税政策声明》:

①已放弃适用出口退(免)税政策未满 36 个月的纳税人,在出口货物劳务的增值税税率或出口退税率发生变化后,可以向主管税务机关声明,对其自发生变化之日起的全部出口货物劳务,恢复适用出口退(免)税政策。

②出口货物劳务的增值税税率或出口退税率在 2020 年 3 月 1 日前发生变化的,已放弃适用出口退(免)税政策的纳税人,无论是否已恢复退(免)税,均可以向主管税务机关声明,对其自 2019 年 4 月 1 日起的全部出口货物劳务,恢复适用出口退(免)税政策。

第八节　国际税收涉税情况报告

知识点 1:境内机构和个人发包工程作业或劳务项目备案

(1)境内机构和个人向非居民发包工程作业或劳务项目的,应当自项目合同签订之日起 30 日内,向主管税务机关办理合同备案或劳务项目报告。

境内机构和个人发包工程作业或劳务项目变更的,发包方或劳务受让方应于项目合同变更之日起 10 日内向主管税务机关办理变更报告。

(2)境内机构和个人向非居民发包工程作业或劳务项目,经税务机关指定为扣缴义务人的,应办理扣缴税款登记。

(3)境内机构和个人向非居民发包工程作业或劳务项目,从境外取得的与项目款项支付有关的发票和其他付款凭证,应在自取得之日起 30 日内向所在地主管税务机关报送《非居民项目合同款项支付情况报告表》及付款凭证复印件。

(4)境内机构和个人不向非居民支付工程价款或劳务费的,应当在项目完工开具验收证明前,向其主管税务机关报告非居民在项目所在地的项目执行进度、支付人名称及其支付款项金额、支付日期等相关情况。

(5)境内机构和个人向非居民发包工程作业或劳务项目,与非居民的主管税务机关不一致的,应当自非居民申报期限届满之日起 15 日内向境内机构和个人的主管税务机关报送非居民申报纳税证明资料复印件。

知识点 2:服务贸易等项目对外支付税务备案

境内机构和个人向境外单笔支付等值 5 万美元以上(不含等值 5 万美元,下同)下列外汇资金,除《国家税务总局 国家外汇管理局关于服务贸易等项目对外支付税务备案有关问题的公告》(国家税务总局公告 2013 年第 40 号发布,国家税务总局公告 2018 年第 31 号修改)第 3 条和《国家税务总局 国家外汇管理局关于服务贸易等项目对外支付税务备案有关问题的补充公告》(国家税务总局 国家外汇管理局公告 2021 年第 19 号)第 2 条规定的情形外,均应向所在地主管税务机关进行税务备案:

(1)境外机构或个人从境内获得的包括运输、旅游、通信、建筑安装及劳务承包、保险服务、金融服务、计算机和信息服务、专有权利使用和特许、体育文化和娱乐服务、其他商业服务、政府服务等服务贸易收入；

（2）境外个人在境内的工作报酬，境外机构或个人从境内获得的股息、红利、利润、直接债务利息、担保费以及非资本转移的捐赠、赔偿、税收、偶然性所得等收益和经常转移收入；

（3）境外机构或个人从境内获得的融资租赁租金、不动产的转让收入、股权转让所得以及外国投资者其他合法所得。

知识点 3：同期资料报告

企业应当依据《企业所得税法实施条例》第一百一十四条的规定，按纳税年度准备并按税务机关要求提供其关联交易的同期资料。同期资料包括主体文档、本地文档和特殊事项文档。特殊事项文档包括成本分摊协议特殊事项文档和资本弱化特殊事项文档。

（1）企业符合下列条件之一的，应当准备主体文档：①年度发生跨境关联交易，且合并该企业财务报表的最终控股企业所属企业集团已准备主体文档。②年度关联交易总额超过 10 亿元。

（2）企业年度关联交易金额符合下列条件之一的，应当准备本地文档：①有形资产所有权转让金额（来料加工业务按照年度进出口报关价格计算）超过 2 亿元。②金融资产转让金额超过 1 亿元。③无形资产所有权转让金额超过 1 亿元。④其他关联交易金额合计超过 4 000 万元。

（3）企业签订或者执行成本分摊协议的，应当准备成本分摊协议特殊事项文档。企业关联债资比例超过标准比例需要说明符合独立交易原则的，应当准备资本弱化特殊事项文档。

（4）主体文档应当在企业集团最终控股企业会计年度终了之日起 12 个月内准备完毕；本地文档和特殊事项文档应当在关联交易发生年度次年 6 月 30 日之前准备完毕。同期资料应当自税务机关要求之日起 30 日内提供。

（5）企业因不可抗力无法按期提供同期资料的，应当在不可抗力消除后 30 日内提供同期资料。

（6）企业执行预约定价安排的，可以不准备预约定价安排涉及关联交易的本地文档和特殊事项文档，且关联交易金额不计入规定的关联交易金额范围。

（7）企业仅与境内关联方发生关联交易的，可以不准备主体文档、本地文档和特殊事项文档。

（8）依照规定需要准备主体文档的企业集团，如果集团内企业分属两个以上税务机关管辖,可以选择任一企业主管税务机关主动提供主体文档。集团内其他企业被主管税务机关要求提供主体文档时,在向主管税务机关书面报告集团主动提供主体文档情况后,可免于提供。

(9)企业为境外关联方从事来料加工或者进料加工等单一生产业务,或者从事分销、合约研发业务,原则上应当保持合理的利润水平,如出现亏损,无论是否达到《国家税务总局关于完善关联申报和同期资料管理有关事项的公告》(国家税务总局公告2016年第42号)中的同期资料准备标准,均应当就亏损年度准备同期资料本地文档。

(10)企业合并、分立的,应当由合并、分立后的企业保存同期资料。

(11)同期资料应当自税务机关要求的准备完毕之日起保存10年。

知识点4:非居民企业间接转让财产事项报告

(1)非居民企业发生间接转让中国应税财产的,交易双方以及被间接转让股权的中国居民企业可以向主管税务机关报告股权转让事项。

(2)本事项的主管税务机关是指在中国应税财产被非居民企业直接持有并转让的情况下,财产转让所得应纳企业所得税税款的主管税务机关,应分别按照以下标准判断:

①被转让的应税财产属于非居民企业及直接或间接持有中国应税财产的下属企业在中国境内所设机构、场所的,主管税务机关为该机构场所的主管税务机关。

②除适用上述第①项情形外,被转让的财产归属于中国境内不动产的,主管税务机关为扣缴义务人主管税务机关或者不动产所在地税务机关。

③除适用上述第①项或第②项规定情形外,被转让的财产归属于在中国居民企业的权益性投资资产的,主管税务机关为扣缴义务人主管税务机关或者被投资企业主管税务机关。

(3)根据《国家税务总局关于非居民企业间接转让财产企业所得税若干问题的公告》(国家税务总局公告2015年第7号)的规定,股权转让方通过直接转让同一境外企业股权导致间接转让两项以上中国应税财产,按照该公告的规定应予征税,涉及两个以上主管税务机关的,股权转让方应分别到各所涉主管税务机关申报缴纳企业所得税。各主管税务机关应相互告知税款计算方法,取得一致意见后组织税款入库;如不能取得一致意见的,应报其共同上一级税务机关协调。

知识点5:非居民企业股权转让适用特殊性税务处理的备案

非居民企业发生以下符合《财政部国家税务总局关于企业重组业务企业所得税处理若干问题的通知》(财税〔2009〕59号)第七条第(一)(二)项规定的情形,并选择特殊性税务处理的,应于股权转让合同或协议生效且完成市场监管部门变更登记手续30日内进行备案。

(1)非居民企业向其100%直接控股的另一非居民企业转让其拥有的居民企业股权,没有因此造成以后该项股权转让所得预提税负担变化,且转让方非居民企业向主管税务机关书面承诺在3年(含3年)内不转让其拥有受让方非居民企业的股权;包括因境外企业分立、合并导致中国居民企业股权被转让的情形。

属于本情形的,由转让方向被转让企业所在地所得税主管税务机关备案。

(2)非居民企业向与其具有100%直接控股关系的居民企业转让其拥有的另一居民企业股权。包括因境外企业分立、合并导致中国居民企业股权被转让的情形。

属于本情形的,由受让方向其所在地所得税主管税务机关备案。

知识点6:境外注册中资控股企业居民身份认定申请

(1)符合居民企业认定条件的境外中资企业,须向其中国境内主要投资者登记注册地主管税务机关提出居民企业认定申请,主管税务机关对其居民企业身份进行初步判定后,层报省级税务机关确认。经省级税务机关确认后抄送其境内其他投资地相关省级税务机关。

(2)境外中资企业同时符合以下条件的,应判定其为实际管理机构在中国境内的居民企业,并实施相应的税收管理,就其来源于中国境内、境外的所得征收企业所得税:

①企业负责实施日常生产经营管理运作的高层管理人员及其高层管理部门履行职责的场所主要位于中国境内;

②企业的财务决策(如借款、放款、融资、财务风险管理等)和人事决策(如任命、解聘和薪酬等)由位于中国境内的机构或人员决定,或需要得到位于中国境内的机构或人员批准;

③企业的主要财产、会计账簿、公司印章、董事会和股东会议纪要档案等位于或存放于中国境内;

④企业1/2(含1/2)以上有投票权的董事或高层管理人员经常居住于中国境内。

(3)对于实际管理机构的判断,应当遵循实质重于形式的原则。境外中资企业应当根据生产经营和管理的实际情况,自行判定实际管理机构是否设立在中国境内。

本章习题

一、单项选择题

1. 企业现场办理开办涉税事项,若暂时无法提供企业印章,以下情形中税务机关可以容缺办理的是(　　)。

A. 办税人员已实名采集认证

B. 办税人员已实名采集认证并承诺30日内补充提供印章

C. 办税人员和法定代表人均进行了实名采集认证

D. 办税人员已实名采集认证且提供法定代表人授权委托书

答案：D

解析：根据《"最多跑一次"办税指南》的规定。

2. 从事生产、经营的纳税人应当自(　　)起15日内,将其财务、会计制度或者财务、会计处理办法等信息报送税务机关备案。

A. 开始生产、经营活动

B. 建立账簿

C. 领取税务登记证件

D. 开立基本存款账户或者其他存款账户之日

答案：C

解析：根据《"最多跑一次"办税指南》的规定。

3. 增值税纳税人年应税销售额超过财政部、国家税务总局规定的小规模纳税人标准的,除特殊规定外,应当按照规定期限办理一般纳税人登记。未按规定时限办理的,应在收到《税务事项通知书》后(　　)内向主管税务机关办理相关手续。

A. 5 日

B. 10 日

C. 15 日

D. 20 日

答案：A

解析：根据《增值税一般纳税人登记管理办法》(国家税务总局令第43号)的规定。

4. 下列应当登记为增值税一般纳税人的是(　　)。

A. 应税销售额超过规定标准的自然人

B. 应税销售额未超过规定标准的从事成品油销售的加油站

C. 非企业性单位

D. 应税销售额超过规定标准且不经常发生应税行为的单位和个体工商户

答案：B

解析：根据《增值税一般纳税人登记管理办法》(国家税务总局令第43号)。

5. 欠缴税款数额较大的纳税人在对其不动产或者大额资产进行转让、出租、出借、提供担保等处分之前,应当向税务机关报告。所称欠缴税款数额较大,是指欠缴税款在(　　)以上。

A. 1 万元

B. 3 万元

C. 5 万元

D. 10 万元

答案：C

解析：根据《中华人民共和国税收征收管理法实施细则》第七十七条的规定。

6. 实行定期定额征收的个体工商户或比照定期定额户进行管理的个人独资企业发生停业的,下列说法正确的是(　　)。

　　A. 应当在停业后15日内向税务机关书面提出停业报告

　　B. 纳税人在停业期间发生纳税义务的,应当按照规定申报缴纳税款

　　C. 纳税人的停业期限不得超过六个月

　　D. 纳税人停业期满不能及时恢复生产经营的,应当办理注销税务登记

答案：B

解析：根据《"最多跑一次"办税指南》的规定。

7. 享受个人所得税投资抵扣政策的天使投资个人,应于投资满(　　)的次月15日内,与初创科技型企业共同向初创科技型企业主管税务机关办理个人所得税投资抵扣备案。

　　A. 6个月　　　　　　　　　　　　　B. 12个月

　　C. 24个月　　　　　　　　　　　　D. 36个月

答案：C

解析：根据《"最多跑一次"办税指南》的规定。

8. 关于出口退(免)税企业备案信息报告,下列说法错误的是(　　)。

　　A. 出口企业或其他单位首次向税务机关申报出口退(免)税,应向主管税务机关办理出口退(免)税备案

　　B. 经营融资租赁货物出口业务的企业应在首份融资租赁合同签订之日起30日内,向主管税务机关办理经营融资租赁退税备案手续

　　C. 符合条件的生产企业在已办理出口退(免)税备案后,委托外贸综合服务企业代办退税不需要再办理委托代办出口退税备案

　　D. 符合条件的外贸综合服务企业办理出口退(免)税备案后,在为每户生产企业首次代办退税前,应当向主管税务机关办理代办退税备案

答案：C

解析：根据《"最多跑一次"办税指南》的规定。

9. 境内机构和个人向非居民发包工程作业或劳务项目的,应当自项目合同签订之日起(　　)内,向主管税务机关办理合同备案或劳务项目报告。

　　A. 10日　　　　　　　　　　　　　B. 15日

　　C. 30日　　　　　　　　　　　　　D. 45日

答案：C

解析：根据《"最多跑一次"办税指南》的规定。

10. 境外中资企业符合规定条件的,应判定其为实际管理机构在中国境内的居民企业,并实施相应的税收管理,下列条件错误的是( )。

A. 企业负责实施日常生产经营管理运作的高层管理人员及其高层管理部门履行职责的场所主要位于中国境内

B. 企业的财务决策和人事决策由位于中国境内的机构或人员决定,或需要得到位于中国境内的机构或人员批准

C. 企业的主要财产、会计账簿、公司印章、董事会和股东会议纪要档案等位于或存放于中国境内

D. 企业1/3(含1/3)以上有投票权的董事或高层管理人员经常居住于中国境内

答案:D

解析:根据《"最多跑一次"办税指南》的规定。

二、多项选择题

1. 纳税人到外地(市)临时从事生产经营活动的,应当办理的涉税事项有( )。

A. 在外出生产经营前,向主管税务机关申请开具《跨区域涉税事项报告》

B. 纳税人跨区域经营合同延期的,应当回机构所在地的税务机关办理报验管理有效期限延期手续

C. 异地不动产转让和租赁业务不适用跨区域涉税事项管理相关制度规定

D. 纳税人跨区域经营活动结束后,应当结清经营地税务机关的应纳税款以及其他涉税事项,向经营地税务机关填报《经营地涉税事项反馈表》

答案:ACD

解析:根据《"最多跑一次"办税指南》的规定。

2. 下列关于一照一码户登记信息确认的说法正确的有( )。

A. 首次办理涉税事宜时,对税务机关依据外部信息交换系统获取的登记表单信息及其他税务管理信息进行确认

B. 对其中不全的信息进行补充

C. 对不准确的信息进行更正

D. 新设立登记的企业、农民专业合作社完成一照一码户登记信息确认后,其加载统一社会信用代码的营业执照可代替税务登记证使用,不再另行发放税务登记证件

答案:BCD

解析:根据《"最多跑一次"办税指南》的规定。

3. 货物运输业小规模纳税人在境内提供公路或内河货物运输服务,需要开具增值税专用发票的,可在( )中任何一地,就近向税务机关申请代开增值税专用发票,并按照代开专用发票上注明的税额向该税务机关全额缴纳增值税。

A. 税务登记地

B. 货物起运地

C. 货物到达地

D. 运输业务承揽地(含互联网物流平台所在地)

答案：ABCD

解析：根据《"最多跑一次"办税指南》的规定。

4. 自 2019 年 4 月 1 日至 2021 年 12 月 31 日,允许生产、生活性服务业纳税人按照当期可抵扣进项税额加计 10%,抵减应纳税额。其中生产性服务业纳税人,指提供(　　)取得的销售额占全部销售额的比重超过 50% 的纳税人。

A. 邮政服务

B. 电信服务

C. 金融服务

D. 现代服务

答案：ABD

解析：根据《"最多跑一次"办税指南》的规定。

5. 纳入农产品增值税进项税额核定扣除试点范围的纳税人,属于下列哪种情形的扣除标准的核定,应当采取备案制(　　)。

A. 以购进农产品为原料生产货物的

B. 以购进农产品为原料生产销售或委托受托加工 13% 税率货物的

C. 购进农产品直接销售的

D. 购进农产品用于生产经营且不构成货物实体的

答案：CD

解析：根据《"最多跑一次"办税指南》的规定。

6. 下列情形应当办理个人所得税递延纳税报告的有(　　)。

A. 非上市公司实施符合条件的股权激励,个人选择递延纳税的

B. 上市公司实施股权激励,个人选择在不超过 12 个月期限内缴税的

C. 个人因非上市公司实施股权激励或以技术成果投资入股取得的股票(权),个人选择递延纳税的

D. 建立年金计划以及年金方案、受托人、托管人发生变化的企事业单位

答案：ABCD

解析：根据《"最多跑一次"办税指南》的规定。

7. 下列所得在办理报告备案后,可以在不超过 5 个公历年度内(含)分期缴纳个人所得税(　　)。

A. 个人以非货币性资产投资一次性缴税有困难的

B. 个人以技术成果投资入股到境内居民企业,被投资企业支付的对价全部为股票(权)的

C. 中小高新技术企业以未分配利润、盈余公积、资本公积向个人股东转增股本时,个人股东一次缴纳个人所得税确有困难的

D. 高新技术企业转化科技成果,给予本企业相关技术人员的股权奖励,个人一次缴纳税款有困难的

答案:ACD

解析:根据《"最多跑一次"办税指南》的规定。

8. 申请办理退税商店备案企业应满足的条件包括(   )。

A. 具有增值税一般纳税人资格

B. 纳税信用级别在 B 级以上

C. 同意安装、使用离境退税管理系统,并保证系统应当具备的运行条件,能够及时、准确地向主管税务机关报送相关信息

D. 同意单独设置退税物品销售明细账,并准确核算

答案:ABCD

解析:根据《"最多跑一次"办税指南》的规定。

9. 境内机构和个人向境外单笔支付等值 5 万美元以上(不含等值 5 万美元)下列外汇资金应向所在地主管税务机关进行税务备案(   )。

A. 境外机构或个人从境内获得的包括运输、旅游、通信等服务贸易收入

B. 境外个人在境内的工作报酬,境外机构或个人从境内获得的股息、红利、利润等收益和经常转移收入

C. 境外机构或个人从境内获得的融资租赁租金、不动产的转让收入、股权转让所得以及外国投资者其他合法所得

D. 进口贸易项下境外机构获得的国际运输费用

答案:ABC

解析:根据《国家税务总局国家外汇管理局关于服务贸易等项目对外支付税务备案有关问题的公告》(国家税务总局公告 2013 年第 40 号发布,国家税务总局公告 2018 年第 31 号修改)。

10. 企业应当依据《企业所得税法实施条例》第一百一十四条的规定,按纳税年度准备并按税务机关要求提供其关联交易的同期资料。其中,企业符合下列条件之一的,应当准备主体文档(   )。

A. 年度发生跨境关联交易,且合并该企业财务报表的最终控股企业所属企业集团已准备主体文档

B. 年度关联交易总额超过 10 亿元

C. 有形资产所有权转让金额(来料加工业务按照年度进出口报关价格计算)超过 2 亿元

D. 金融资产转让金额超过 1 亿元

答案：AB

解析：根据《"最多跑一次"办税指南》的规定。

三、判断题

1. 被投资单位发生个人股东变动或者个人股东所持股权变动的,应当于次月扣缴申报时向税务机关报送变更信息。(　　)

答案：错误

解析：根据《"最多跑一次"办税指南》的规定,被投资单位发生个人股东变动或者个人股东所持股权变动的,应当在次月 15 日内向主管税务机关报送股东变动信息。

2. 依据解除相关人员关联关系的规范规定,对主张身份证件被冒用于登记注册为法定代表人,根据登记机关登记信息的变化情况,解除其与纳税人的关联关系。(　　)

答案：错误

解析：根据《"最多跑一次"办税指南》的规定,对主张身份证件被冒用于登记注册的法定代表人,根据登记机关登记信息的变化情况,更改该法定代表人与纳税人的关联关系。

3. 纳税人跨区域经营合同延期的,可以选择在经营地或机构所在地的税务机关办理报验管理有效期限延期手续。(　　)

答案：正确

解析：根据《"最多跑一次"办税指南》的规定。

4. 增值税一般纳税人在销售软件产品的同时销售其他货物或者应税劳务的,对于无法划分的进项税额,应按照实际成本或销售收入比例确定软件产品应分摊的进项税额。纳税人应将选定的分摊方式报主管税务机关备案,并自备案之日起三年内不得变更。

答案：错误

解析：根据《"最多跑一次"办税指南》的规定,纳税人应将选定的分摊方式报主管税务机关备案,并自备案之日起一年内不得变更。

5. 核定征收企业所得税的居民企业生产经营范围、主营业务发生重大变化,或者应纳税所得额或应纳税额增减变化达到 25% 的,应及时向税务机关报告,申报调整已确定的应纳税额或应税所得率。(　　)

答案：错误

解析：根据《"最多跑一次"办税指南》的规定,核定征收企业所得税的居民企业生产经营范围、主营业务发生重大变化,或者应纳税所得额或应纳税额增减变化达到 20% 的,应及时向税务机关报告,申报调整已确定的应纳税额或应税所得率。

6. 汇总纳税的居民企业总机构应依照税收法律、法规、规章及其他有关规定,在规定的纳税期限内,将其所有二级及以下分支机构(包括不就地分摊缴纳企业所得税的二级分支机构)信息报其所在地主管税务机关备案。分支机构不需要再向主管税务机关备案。(　　)

答案: 错误

解析: 根据《"最多跑一次"办税指南》的规定,分支机构(包括不就地分摊缴纳企业所得税的二级分支机构)应依照税收法律、法规、规章及其他有关规定,在规定的纳税期限内,将其总机构、上级分支机构和下属分支机构信息报其所在地主管税务机关备案。

7. 自2021年6月1日起,纳税人申报缴纳城镇土地使用税、房产税、车船税、印花税、耕地占用税、资源税、土地增值税、契税、环境保护税、烟叶税中一个或多个税种时,使用《财产和行为税纳税申报表》,该表根据各税种税源明细表自动生成,故申报前需先填写《财产和行为税税源明细表》。(　　)

答案: 正确

解析: 根据《国家税务总局关于简并税费申报有关事项的公告》(国家税务总局公告2021年第9号)的规定。

8. 已放弃适用出口退(免)税政策未满36个月的纳税人,在出口货物劳务的增值税税率或出口退税率发生变化后,可以向主管税务机关声明,对其自发生变化之日起的全部出口货物劳务,恢复适用出口退(免)税政策。(　　)

答案: 正确

解析: 根据《国家税务总局关于支持个体工商户复工复业等税收征收管理事项的公告》(国家税务总局公告2020年第5号)的规定。

9. 境内机构和个人向非居民发包工程作业或劳务项目,但不向非居民支付工程价款或劳务费的,不需要向主管税务机关报告涉税情况。(　　)

答案: 错误

解析: 根据《非居民承包工程作业和提供劳务税收管理暂行办法》(国家税务总局令第19号)的规定,境内机构和个人不向非居民支付工程价款或劳务费的,应当在项目完工开具验收证明前,向其主管税务机关报告非居民在项目所在地的项目执行进度、支付人名称及其支付款项金额、支付日期等相关情况。

10. 非居民企业向与其具有100%直接控股关系的居民企业转让其拥有的另一居民企业股权,包括因境外企业分立、合并导致中国居民企业股权被转让的情形。属于本情形的,由转让方向被转让企业所在地所得税主管税务机关备案。(　　)

答案: 错误

解析: 根据《"最多跑一次"办税指南》的规定,属于本情形的,由受让方向其所在地所得税主管税务机关备案。

第三章

发票办理

第一节 发票办理概述

知识点 1：发票的概念

发票，是指在购销商品、提供或者接受服务以及从事其他经营活动中，开具、收取的收付款凭证。

知识点 2：发票管理基本要求

(1)国务院税务主管部门统一负责全国的发票管理工作。省、自治区、直辖市税务局依据各自的职责，共同做好本行政区域内的发票管理工作。财政、审计、市场监督管理、公安等有关部门在各自的职责范围内，配合税务机关做好发票管理工作。

(2)发票的种类、联次、内容以及使用范围由国务院税务主管部门规定。传统发票的基本联次包括存根联、发票联、记账联。存根联由收款方或开票方留存备查；发票联由付款方或受票方作为付款原始凭证；记账联由收款方或开票方作为记账原始凭证。传统纸质发票的基本内容包括：发票的名称、发票代码和号码、联次及用途、客户名称、开户银行及账号、商品名称或经营项目、计量单位、数量、单价、大小写金额、开票人、开票日期、开票单位(个人)名称(章)等。传统电子发票的基本内容相较于传统纸质发票的不同点包括：没有发票联次，"货物或应税劳务、服务名称"栏次名称简化为"项目名称"，取消了原"销售方：(章)"栏次用电子签名代替。全面数字化的电子发票(简称全电发票)无联次，基本内容包括：动态二维码、发票号码、开票日期、购买方信息、销售方信息、项目名称、规格型号、单位、数量、单价、金额、税率／征收率、税额、合计、价税合计(大写、小写)、备注、开票人。

(3)对违反发票管理法规的行为，任何单位和个人都可以举报。税务机关应当为检举人保密，并酌情给予奖励。

第二节　发票印制

知识点 1：企业印制发票审批

增值税专用发票由国务院税务主管部门确定的企业印制；其他发票，按照国务院税务主管部门的规定，由省、自治区、直辖市税务机关确定的企业印制。禁止私自印制、伪造、变造发票。

印制发票的企业应当具备下列条件：①取得印刷经营许可证和营业执照；②设备、技术水平能够满足印制发票的需要；③有健全的财务制度和严格的质量监督、安全管理、保密制度。

知识点 2：企业印制发票的相关规定

（1）印制发票应当使用国务院税务主管部门确定的全国统一的发票防伪专用品。禁止非法制造发票防伪专用品。

（2）发票应当套印全国统一发票监制章。全国统一发票监制章的式样和发票版面印刷的要求，由国务院税务主管部门规定。发票监制章由省、自治区、直辖市税务机关制作。禁止伪造发票监制章。发票实行不定期换版制度。

（3）印制发票的企业按照税务机关的统一规定，建立发票印制管理制度和保管措施。发票监制章和发票防伪专用品的使用和管理实行专人负责制度。印制发票的企业必须按照税务机关批准的式样和数量印制发票。发票应当使用中文印制。民族自治地方的发票，可以加印当地一种通用的民族文字。有实际需要的，也可以同时使用中外两种文字印制。

（4）各省、自治区、直辖市内的单位和个人使用的发票，除增值税专用发票外，应当在本省、自治区、直辖市内印制；确有必要到外省、自治区、直辖市印制的，应当由省、自治区、直辖市税务机关商印制地省、自治区、直辖市税务机关同意，由印制地省、自治区、直辖市税务机关确定的企业印制。禁止在境外印制发票。

知识点 3：企业印制发票审批的办结时限

企业印制发票审批属于税务行政许可事项之一，法定办结时限为 20 个工作日，招标所需时间不计算在上述期限内。对 20 个工作日内无法作出决定的，经决定机构负责人批准可以延长 10 个工作日。

第三节　发票领用

知识点 1：发票票种核定

纳税人需领用发票的，向主管税务机关申请办理发票领用手续。主管税务机关根据纳税人的经营范围和规模，确认领用发票的种类、数量、开票限额等事宜。已办理发票票种核定的纳税人，当前领用发票的种类、数量或者开票限额不能满足经营需要的，可以向主管税务机关提出调整。

知识点 2：新办纳税人首次申领增值税发票

(1)税务机关为新开办的纳税人(含新办企业和个体工商户)提供"套餐式"服务，新办纳税人首次办理涉税事宜时，需对税务机关依据外部信息交换系统获取的信息及其他税务管理信息进行确认，纳税人可根据自身不同情况依申请办理信息确认、发票票种核定、增值税一般纳税人登记、增值税专用发票最高开票限额审批、增值税税控系统专用设备初始发行(含税务 UKey 发放)、发票领用等服务事项。纳税人可在"套餐式"服务内一并办理财务会计制度及核算软件备案报告、存款账户账号报告、银税三方(委托)划缴协议等后续事项。

(2)同时满足下列条件的新办纳税人首次申领增值税发票，主管税务机关应当自受理申请之日起 2 个工作日内办结，有条件的主管税务机关当日办结：①纳税人的办税人员、法定代表人已经进行实名信息采集和验证(需要采集、验证法定代表人实名信息的纳税人范围由各省税务机关确定)；②纳税人有开具增值税发票需求，主动申领发票；③纳税人按照规定办理税控设备发行等事项。

(3)新办纳税人首次申领增值税发票主要包括发票票种核定、增值税专用发票(增值税税控系统)最高开票限额审批、增值税税控系统专用设备初始发行、发票领用等涉税事项。

自 2018 年 8 月 1 日起，首次申领增值税发票的新办纳税人办理发票票种核定，增值税专用发票最高开票限额不超过 10 万元，每月最高领用数量不超过 25 份；增值税普通发票最高开票限额不超过 10 万元，每月最高领用数量不超过 50 份。各省税务机关可以在此范围内结合纳税人税收风险程度，自行确定新办纳税人首次申领增值税发票票种核定标准。

知识点 3：印制有本单位名称发票

用票单位可以向税务机关申请使用印有本单位名称的纸质发票，税务机关确认印有该单位名称发票的种类和数量。使用印有本单位名称发票的单位必须按照税务机关批准的式样和数量,到发票印制企业印制发票,印制费用由用票单位与发票印制企业直接结算,并按规定取得印制费用发票。

知识点4:增值专用发票(增值税税控系统)最高开票限额审批

(1)增值税专用发票(增值税税控系统)实行最高开票限额管理。最高开票限额由一般纳税人(包括具有自开增值税专用发票资格的小规模纳税人)申请,区县税务机关依法审批。一般纳税人申请最高开票限额时,需填报《增值税专用发票最高开票限额申请单》。

(2)主管税务机关受理纳税人申请以后,根据需要进行实地查验。一般纳税人申请增值税专用发票最高开票限额不超过10万元的,主管税务机关不需事前进行实地查验。

(3)主管税务机关对辅导期纳税人实行限量限额发售专用发票。实行纳税辅导期管理的小型商贸批发企业,领用专用发票的最高开票限额不得超过10万元;其他一般纳税人专用发票最高开票限额应根据企业实际经营情况重新核定。

(4)本事项为税务行政许可事项,对最高开票限额不超过10万元的申请,窗口即时办结。对最高开票限额超过10万元的申请,窗口受理后在10个工作日内办结;对10个工作日内无法作出决定的,经决定机构负责人批准可以延长5个工作日。

知识点5:发票领用

(1)纳税人在发票票种核定的范围(发票的种类、领用数量、开票限额)内领用发票。

(2)纳税信用A级的纳税人可一次领取不超过3个月的增值税发票用量,纳税信用B级的纳税人可一次领取不超过2个月的增值税发票用量。以上两类纳税人生产经营情况发生变化,需要调整增值税发票用量,手续齐全的,按照规定即时办理。

(3)对于实行纳税辅导期管理的增值税一般纳税人领用增值税专用发票管理要求:①领用增值税专用发票实行按次限量控制,可以根据纳税人的经营情况核定每次专用发票的供应数量,但每次发放专用发票数量不得超过25份。②一个月内多次领用专用发票的,应从当月第二次领用专用发票起,按照上一次已领用并开具的专用发票销售额的3‰预缴增值税,未预缴增值税的,主管税务机关不得向其发放专用发票。③领用的专用发票未使用完而再次领用的,主管税务机关发放专用发票的份数不得超过核定的每次领用专用发票份数与未使用完的专用发票份数的差额。

(4)对纳税信用评价为D级的纳税人,增值税专用发票领用按辅导期一般纳税人政策办理,普通发票的领用实行交(验)旧供新、严格限量供应。

知识点 6:发票验旧

(1)纳税人领用发票时,应当按照税务机关的规定报告发票使用情况,税务机关应当按照规定对已开具发票进行验旧。

(2)取消增值税发票(包括增值税纸质专用发票、增值税纸质普通发票、增值税电子专用发票、增值税电子普通发票、机动车销售统一发票、二手车销售统一发票)的手工验旧,税务机关利用增值税发票管理系统等系统上传的发票数据,通过信息化手段实现增值税发票验旧工作。

(3)使用增值税发票管理系统的纳税人,非首次领用发票前,应联网上传发票开具信息,或到税务机关抄报增值税发票数据,方便进行发票验旧。

知识点 7:发票缴销

(1)发票缴销:①普通发票缴销,是指纳税人发生清税注销或发票换版、损毁等情况的,应当到税务机关缴销空白纸质发票。②增值税发票缴销,是指纳税人因信息变更或清税注销,跨区域经营活动结束,发票换版、损毁等原因按规定需要缴销增值税发票的,到税务机关进行缴销处理。税务机关对纳税人领用的空白增值税发票做剪角处理。

(2)临时到本省、自治区、直辖市以外从事经营活动的单位或者个人,应当凭所在地税务机关的证明,向经营地税务机关领用经营地的发票。纳税人外出经营活动结束,应当向经营地税务机关结清税款、缴销发票。

(3)开具发票的单位和个人应当在办理变更或者注销税务登记的同时,办理发票和发票领用簿的变更、缴销手续。

(4)纳税人应在税务机关通知发票换版时,对领用尚未填开的空白发票进行缴销。

(5)开具发票的单位和个人应当按照税务机关的规定存放和保管发票,不得擅自损毁。已开具的发票存根联和发票登记簿,应当保存五年。保存期满,报经税务机关查验后对缴销发票实物销毁。

知识点 8:增值税税控系统专用设备初始发行、变更、注销

1. 增值税税控系统专用设备初始发行

(1)纳税人在初次使用或重新领购增值税税控系统专用设备开具发票之前,需要税务机关对增值税税控系统专用设备进行初始化发行,将开票所需的各种信息载入增值税税控系统专用设备。

（2）税务机关依据纳税人的申请,在增值税税控系统中将税务登记信息、资格认定信息、税种税目认定信息、票种核定信息、增值税发票系统升级版离线开票时限和离线开票总金额等信息载入增值税税控系统专用设备。

2. 增值税税控系统专用设备变更发行

（1）纳税人增值税税控系统专用设备载入信息发生变更的,税务机关对增值税税控系统专用设备及数据库中的信息作相应变更。变更的内容包括:纳税人名称变更;纳税人除名称外其他税务登记基本信息变更;纳税人发行授权信息变更;因纳税人金税盘、税控盘、报税盘、税务 UKey 损坏,而对其金税盘、税控盘、报税盘、税务 UKey 进行变更;因纳税人开票机数量变化而进行发行变更;增值税发票管理系统离线开票时限和离线开票总金额变更;购票人员姓名、密码发生变更等。

（2）使用金税盘（税控盘）的纳税人需要增加（减少）分开票机的,必须对原有的主开票机专用设备进行变更。

3. 增值税税控系统专用设备注销发行

（1）纳税人发生清税等涉及增值税税控系统专用设备需注销发行的,税务机关在增值税税控系统中注销纳税人发行信息档案。需收缴设备的,收缴纳税人增值税税控系统专用设备。

（2）注销发行前,应事前办理空白发票的退回或缴销,以及采集已开具增值税发票数据。

（3）纳税人有下列情形之一的,需要上缴增值税税控系统专用设备:①依法清税注销、终止纳税义务。②减少分开票机。③根据国家税务总局的统一部署,需更换新型号防伪税控设备的,其旧型号防伪税控设备需办理注销发行。

（4）纳税人当前使用的增值税税控系统专用设备发生损毁或盗失等情况,若继续使用的,做更换处理,不再继续使用的,报税务机关备案并办理注销发行。

第四节　发票代开

知识点 1:代开增值税普通发票

（1）符合代开条件的单位和个人发生增值税应税行为,需要开具增值税普通发票时,可向主管税务机关申请代开。不能自开增值税普通发票的小规模纳税人销售其取得的不动产,以及其他个人出租不动产,可以向税务机关申请代开增值税普通发票。

（2）接受税务机关委托代征税款的保险业、证券业、信用卡业和旅游业企业,向代理人或经纪人支付佣金费用后,可代代理人或经纪人统一向主管税务机关申请汇总代开增值税普通发票或增值税专用发票。代开增值税发票时,应向主管税务机关出具个人保险代理人的姓名、身份证号码、联系方式、付款时间、付款金额、代征税款的详细清单。主管税务机关为个人保险代理人汇总代开增值税发票时,在备注栏内注明"个人保险代理人汇总代开"字样。

(3)小规模纳税人转让其取得的不动产,不能自行开具增值税发票的,可向不动产所在地主管税务机关申请代开;纳税人向其他个人转让其取得的不动产,不得开具或申请代开增值税专用发票。小规模纳税人中的单位和个体工商户出租不动产,不能自行开具增值税发票的,可向不动产所在地主管税务机关申请代开增值税发票。

(4)小规模纳税人跨县(市、区)提供建筑服务,不能自行开具增值税发票的,可向建筑服务发生地主管税务机关按照其取得的全部价款和价外费用申请代开增值税发票。

(5)其他个人出租不动产代开发票时,纳税人应先向房屋所在地主管税务机关办理房源信息登记。首次办理房源信息登记的,需提供出租方的身份证明复印件、房屋产权证或购房合同复印件、租赁合同复印件。合同期限内,只要出租方与承租方未发生变更,每次申请代开发票无须再提供以上资料。如果合同有变更,则需要提供以上资料重新进行房源信息登记(如出租方和承租方不变、租赁房屋不变,只要提供新的合同复印件和原件)。其他个人委托房屋中介、住房租赁企业等单位出租不动产,需要向承租方开具增值税发票的,可以由受托单位代其向主管税务机关按规定申请代开增值税发票。

知识点2:代开增值税专用发票

(1)已办理税务登记的小规模纳税人(包括个体经营者)以及国家税务总局确定的其他可以代开增值税专用发票的纳税人发生增值税应税行为、需要开具增值税专用发票时,可向主管税务机关申请代开。

申请代开增值税专用发票的货物运输业小规模纳税人,适用"货物运输业小规模纳税人异地代开增值税专用发票备案"的"申请条件"。

(2)接受税务机关委托代征税款的保险业、证券业、信用卡业和旅游业企业,向代理人或经纪人支付佣金费用后,可代代理人或经纪人统一向主管税务机关申请汇总代开增值税普通发票或增值税专用发票。代开增值税发票时,应向主管税务机关出具个人保险代理人的姓名、身份证号码、联系方式、付款时间、付款金额、代征税款的详细清单。主管税务机关为个人保险代理人汇总代开增值税发票时,在备注栏内注明"个人保险代理人汇总代开"字样。

(3)增值税小规模纳税人(其他个人除外)发生增值税应税行为,需要开具增值税专用发票的,可以使用增值税发票管理系统自行开具。选择自行开具增值税专用发票的小规模纳税人,税务机关不再为其代开增值税专用发票。

(4)小规模纳税人转让其取得的不动产,不能自行开具增值税发票的,可向不动产所在地主管税务机关申请代开;纳税人向其他个人转让其取得的不动产,不得开具或申请代开增值税专用发票。

小规模纳税人中的单位和个体工商户出租不动产,不能自行开具增值税发票的,可向不动产所在地主管税务机关申请代开增值税发票;纳税人向其他个人出租不动产,不得开具或申请代开增值税专用发票。

其他个人销售其取得的不动产和出租不动产,购买方或承租方不属于其他个人的,纳税人缴纳增值税等税费后可以向不动产所在地主管税务机关申请代开增值税专用发票。

小规模纳税人跨县(市、区)提供建筑服务,不能自行开具增值税发票的,可向建筑服务发生地主管税务机关按照其取得的全部价款和价外费用申请代开增值税发票。

(5)其他个人委托房屋中介、住房租赁企业等单位出租不动产,需要向承租方开具增值税发票的,可以由受托单位代其向主管税务机关按规定申请代开增值税发票。

(6)中国境内提供公路货物运输和内河货物运输且具备相关运输资格并已纳入税收管理的小规模纳税人,将营运资质和营运机动车、船舶信息向主管税务机关进行备案后,可在税务登记地、货物起运地、货物到达地或运输业务承揽地(含互联网物流平台所在地)中任何一地,就近向税务机关申请代开增值税专用发票。

(7)提供建筑服务,纳税人代开增值税发票时,应提供建筑服务发生地县(市、区)名称及项目名称。

销售不动产,纳税人代开增值税发票时,应在"货物或应税劳务、服务名称"栏填写不动产名称及房屋产权证书号码(无房屋产权证书的可不填写),"单位"栏填写面积单位,应提供不动产的详细地址。

出租不动产,纳税人代开增值税发票时,应提供不动产的详细地址。

跨县(市、区)提供不动产经营租赁服务、建筑服务的小规模纳税人(不包括其他个人),代开增值税发票时,在发票备注栏中自动打印"YD"字样。

知识点 3:代开发票作废

(1)纳税人代开发票后,发生销货退回或销售折让、开票有误、应税服务中止等情形,需作废已代开增值税发票的,可凭已代开发票在代开当月向原代开税务机关提出作废申请;不符合作废条件的,可以通过开具红字发票方式对原代开发票进行对冲处理。

(2)因开具错误、销货退回、销售折让、服务中止等原因,纳税人作废已代开增值税发票或通过开具红字发票处理后,需退回已征收税款的,可以向税务机关申请退税。

(3)自2021年4月1日至2022年12月31日,小规模纳税人月销售额未超过15万元(按季45万元)的,当期因开具增值税专用发票已经缴纳的税款,在增值税专用发票全部联次追回或者按规定开具红字专用发票后,可以向主管税务机关申请退还。

(4)代开发票作废须交回已开发票的所有联次。

第五节 发票开具和管理

知识点1:存根联数据采集

1. 线上开具发票存根联数据采集

使用增值税发票管理系统的纳税人应于每月申报期内向税务机关报送增值税发票数据,税务机关对数据进行比对校验,接收数据。

纳税人应在互联网连接状态下在线使用增值税发票管理系统开具发票,系统可自动上传已开具的发票明细数据。

2. 离线开具发票存根联数据采集

纳税人因网络故障等原因无法在线开票的,在税务机关设定的离线开票时限和离线开具发票总金额范围内仍可开票,超限将无法开具发票。纳税人开具发票次月仍未连通网络上传已开具发票明细数据的,也将无法开具发票。纳税人需连通网络上传发票数据后方可开票,若仍无法连通网络的需携带专用设备到税务机关处理。

按照有关规定不使用网络办税或不具备网络条件的特定纳税人,以离线方式开具发票,不受离线开票时限和离线开具发票总金额限制。特定纳税人需携带专用设备和相关资料到税务机关进行存根联数据采集。

以离线方式开具发票的纳税人,因金税盘、税控盘同时损坏等原因不能报税的,纳税人应提供当月全部增值税发票到税务机关进行数据采集。

知识点2:红字增值税专用发票开具申请

(1)纳税人开具增值税专用发票后,发生销货退回、开票有误、应税服务中止、销售折让等情形,或者开具增值税纸质专用发票后发生发票抵扣联、发票联均无法认证情形,需要开具红字专用发票的,需取得税务机关系统校验通过的《开具红字增值税专用发票信息表》。《开具红字增值税专用发票信息表》填开错误且尚未使用的,纳税人可申请作废。

（2）购买方取得专用发票已用于申报抵扣的,购买方可在增值税发票管理系统中填开并上传《开具红字增值税专用发票信息表》,在填开《开具红字增值税专用发票信息表》时不填写相对应的蓝字专用发票信息,应暂依《开具红字增值税专用发票信息表》所列增值税税额从当期进项税额中转出,待取得销售方开具的红字专用发票后,与《开具红字增值税专用发票信息表》一并作为记账凭证。

购买方取得专用发票未用于申报抵扣、但发票联或抵扣联无法退回的,购买方填开《开具红字增值税专用发票信息表》时应填写相对应的蓝字专用发票信息。销售方开具专用发票尚未交付购买方,以及购买方未用于申报抵扣并将发票联及抵扣联退回的,销售方可在增值税发票管理系统中填开并上传《开具红字增值税专用发票信息表》。销售方填开《开具红字增值税专用发票信息表》时应填写相对应的蓝字专用发票信息。

（3）纳税人已使用增值税发票管理系统的,可在开票系统中申请并获取校验结果,即在开票系统中通过上传《开具红字增值税专用发票信息表》(也可凭《开具红字增值税专用发票信息表》电子信息或纸质资料到税务机关申请校验),系统自动校验通过后,生成带有"红字发票信息表编号"的《开具红字增值税专用发票信息表》,并将信息同步至纳税人端系统中。

（4）销售方凭税务机关系统校验通过的《开具红字增值税专用发票信息表》开具红字专用发票,在增值税发票管理系统中以销项负数开具。红字专用发票应与《开具红字增值税专用发票信息表》一一对应。

（5）纳税人开业设立至认定或登记为一般纳税人期间,未取得生产经营收入,未按照销售额和征收率简易计算应纳税额申报缴纳增值税的,其在此期间取得的增值税扣税凭证在认定或登记为一般纳税人后,可以在认定或登记为一般纳税人后抵扣进项税额。

购买方纳税人取得的增值税专用发票,按照《国家税务总局关于推行增值税发票系统升级版有关问题的公告》(国家税务总局公告2014年第73号)规定的程序,由销售方纳税人开具红字增值税专用发票后重新开具蓝字增值税专用发票。

购买方纳税人按照国家税务总局公告2014年第73号规定填开《开具红字增值税专用发票信息表》或《开具红字货物运输业增值税专用发票信息表》时,选择"所购货物或劳务、服务不属于增值税扣税项目范围"或"所购服务不属于增值税扣税项目范围"。

（6）一般纳税人转登记为小规模纳税人,在一般纳税人期间发生的增值税应税销售行为,发生销售折让、中止或者退回等情形,需要开具红字发票的,按照原蓝字发票记载的内容开具红字发票;开票有误需要重新开具的,先按照原蓝字发票记载的内容开具红字发票后,再重新开具正确的蓝字发票。

（7）自行开具增值税专用发票的小规模纳税人以及税务机关为小规模纳税人代开增值税专用发票，需要开具红字专用发票的，按照一般纳税人开具红字专用发票的方法处理。

知识点 3：发票遗失、损毁报告

（1）使用发票的单位和个人发生发票丢失情形时，应当于发现丢失当日书面报告税务机关。

（2）纳税人违反发票管理规定的，税务机关按照规定进行处理。

（3）增值税纳税人使用的税控盘、金税盘、报税盘等税控专用设备丢失、被盗，应及时向主管税务机关报告。

（4）增值税电子专用发票受票方如丢失或损毁已开具的电子专票，可以根据发票代码、发票号码、开票日期、开具金额（不含税）等信息，在全国增值税发票查验平台查验通过后，下载电子专票。如不掌握相关信息，也可以向开票方重新索取原电子专票。

知识点 4：临时开票权限办理

（1）自 2019 年 9 月 20 日起，纳税人需要通过增值税发票管理系统开具 17％、16％、11％、10％税率蓝字发票的，应向主管税务机关办理临时开票权限。

（2）纳税人办理临时开票权限，应保留交易合同、红字发票、收讫款项证明等相关材料，以备查验。

（3）若纳税义务发生时间在 2019 年 4 月 1 日前，未进行申报而开具发票的，纳税人应进行补充申报或者更正申报，涉及缴纳滞纳金的，按规定缴纳；若纳税义务发生时间在 2019 年 4 月 1 日后，不得开具原适用税率发票，已经开具的，按规定作废，不符合作废条件的，按规定开具红字发票后，按照新适用税率开具正确的蓝字发票。

第六节　发票相关服务

知识点 1：未按期申报抵扣增值税扣税凭证抵扣申请

（1）纳税人发生真实交易且存在客观原因，属于下列情形的，经税务机关核实后，允许纳税人继续申报抵扣其进项税额：①增值税一般纳税人取得的增值税扣税凭证已认证、已选择确认或已采集上报信息，但未按照规定期限申报抵扣的。②实行纳税辅导期管理的增值税一般纳税人，取得的增值税扣税凭证稽核比对结果相符但未按照规定期限申报抵扣的。③实行海关进口增值税专用缴款书"先比对后抵扣"管理办法的增值税一般纳税人,取得的增值税扣税凭证稽核比对结果相符但未按规定期限申报抵扣的。

所称客观原因包括如下类型:①因自然灾害、社会突发事件等不可抗力原因造成增值税扣税凭证未按期申报抵扣;②有关司法、行政机关在办理业务或者检查中,扣押、封存纳税人账簿资料,导致纳税人未能按期办理申报手续;③税务机关信息系统、网络故障,导致纳税人未能及时取得认证结果通知书或稽核结果通知书,未能及时办理申报抵扣;④由于企业办税人员伤亡、突发危重疾病或者擅自离职,未能办理交接手续,导致未能按期申报抵扣;⑤国家税务总局规定的其他情形。

(2)纳税人应在增值税扣税凭证未按期申报抵扣情况说明上详细说明未能按期申报抵扣的原因,并加盖企业印章。对客观原因不涉及第三方的,纳税人应说明的情况具体为:发生自然灾害、社会突发事件等不可抗力原因的,纳税人应详细说明自然灾害或者社会突发事件发生的时间、影响地区、对纳税人生产经营的实际影响等;企业办税人员擅自离职,未办理交接手续的,纳税人应详细说明事情经过、办税人员姓名、离职时间等,并提供解除劳动关系合同及企业内部相关处理决定。

对客观原因涉及第三方的,应提供第三方证明或说明。具体为:企业办税人员伤亡或者突发危重疾病的,应提供公安机关、交通管理部门或者医院证明;有关司法、行政机关在办理业务或者检查中,扣押、封存纳税人账簿资料,导致纳税人未能按期办理申报手续的,应提供相关司法、行政机关证明。

对因税务机关信息系统或者网络故障原因造成纳税人增值税扣税凭证未能按期申报抵扣的,主管税务机关予以核实。

(3)纳税人取得 2017 年 1 月 1 日及以后开具的增值税专用发票、海关进口增值税专用缴款书、机动车销售统一发票、收费公路通行费增值税电子普通发票,取消认证确认、稽核比对、申报抵扣的期限,无须办理本事项。

纳税人取得 2016 年 12 月 31 日及以前开具的增值税专用发票、海关进口增值税专用缴款书、机动车销售统一发票,超过认证确认、稽核比对、申报抵扣期限,符合规定条件的,仍需办理本事项。

知识点 2:逾期增值税抵扣凭证抵扣申请

(1)增值税一般纳税人发生真实交易,2007 年 1 月 1 日至 2016 年 12 月 31 日开具的增值税扣税凭证由于客观原因造成未能按照规定期限办理认证或者稽核比对抵扣的,经税务机关审核、逐级上报,由省税务局核准,对比对相符的增值税扣税凭证,允许纳税人继续抵扣其进项税额。

客观原因包括如下类型:①因自然灾害、社会突发事件等不可抗力因素造成增值税扣税凭证逾期;②增值税扣税凭证被盗、抢,或者因邮寄丢失、误递导致逾期;③有关司法、行政机关在办理业务或者检查中,扣押增值税扣税凭证,纳税人不能正常履行申报义务,或者税务机关信息系统、网络故障,未能及时处理纳税人网上认证数据等导致增值税扣税凭证逾期;④买卖双方因经济纠纷,未能及时传递增值税扣税凭证,或者纳税人变更纳税地点,注销旧户和重新办理税务登记的时间过长,导致增值税扣税凭证逾期;⑤由于企业办税人员伤亡、突发危重疾病或者擅自离职,未能办理交接手续,导致增值税扣税凭证逾期;⑥国家税务总局规定的其他情形。

增值税一般纳税人由于除上述客观原因以外的其他原因造成增值税扣税凭证逾期的,仍应按照增值税扣税凭证抵扣期限有关规定执行。

(2)增值税扣税凭证逾期情况说明。纳税人应详细说明未能按期办理认证或者申请稽核比对的原因,并加盖企业公章。

客观原因不涉及第三方的,纳税人应说明的情况具体为:发生自然灾害、社会突发事件等不可抗力原因的,纳税人应详细说明自然灾害或者社会突发事件发生的时间、影响地区、对纳税人生产经营的实际影响等;纳税人变更纳税地点、注销旧户和重新办理税务登记的时间过长,导致增值税扣税凭证逾期的,纳税人应详细说明办理搬迁时间、注销旧户和注册新户的时间、搬出及搬入地点等;企业办税人员擅自离职,未办理交接手续的,纳税人应详细说明事情经过、办税人员姓名、离职时间等,并提供解除劳动关系合同及企业内部相关处理决定。

客观原因涉及第三方的,应提供第三方证明或说明。具体为:企业办税人员伤亡或者突发危重疾病的,应提供公安机关、交通管理部门或者医院证明;有关司法、行政机关在办理业务或者检查中,扣押增值税扣税凭证,导致纳税人不能正常履行申报义务的,应提供相关司法、行政机关证明;增值税扣税凭证被盗、抢的,应提供公安机关证明;买卖双方因经济纠纷,未能及时传递增值税扣税凭证的,应提供卖方出具的情况说明;邮寄丢失或者误递导致增值税扣税凭证逾期的,应提供邮政单位出具的说明。

由于税务机关自身原因造成纳税人增值税扣税凭证逾期的,主管税务机关在上报文件中说明相关情况。具体为,税务机关信息系统或者网络故障,未能及时处理纳税人网上认证数据的,主管税务机关详细说明信息系统或网络故障出现、持续的时间,故障原因及表现等。

(3)纳税人取得 2017 年 1 月 1 日及以后开具的增值税专用发票、海关进口增值税专用缴款书、机动车销售统一发票、收费公路通行费增值税电子普通发票,取消认证确认、稽核比对、申报抵扣的期限,无须办理本事项。

纳税人取得 2016 年 12 月 31 日及以前开具的增值税专用发票、海关进口增值税专用缴款书、机动车销售统一发票,超过认证确认、稽核比对、申报抵扣期限,符合规定条件的,仍需办理本事项。

知识点3:海关缴款书核查申请

(1)增值税一般纳税人或者自办理税务登记至登记为一般纳税人期间,未取得生产经营收入,未按照销售额和征收率简易计算应纳税额申报缴纳增值税的纳税人,进口货物取得的属于增值税扣税范围的海关缴款书,申请稽核比对,经税务机关稽核比对相符后,其增值税额作为进项税额在销项税额中抵扣。

(2)对于稽核比对结果为不符、缺联的海关缴款书,纳税人应当持海关缴款书原件向主管税务机关申请数据修改或者核对,属于纳税人数据采集错误的,数据修改后再次进行稽核比对;不属于数据采集错误的,纳税人可向主管税务机关申请数据核对,主管税务机关会同海关进行核查。

(3)对于稽核比对结果为重号的海关缴款书,纳税人可向主管税务机关申请核查。由主管税务机关进行核查。经核查,海关缴款书票面信息与纳税人实际进口货物业务一致的,纳税人应在收到税务机关书面通知的次月申报期内申报抵扣,逾期的其进项税额不予抵扣。

(4)对于稽核比对结果为滞留的海关缴款书,可继续参与稽核比对,纳税人不需申请数据核对。

知识点4:普通发票真伪鉴定

(1)税务机关为用票单位和个人、行政执法部门鉴别本省、自治区、直辖市税务机关监制的普通发票真伪。

(2)取得增值税发票的单位和个人可登录全国增值税发票查验平台(https://inv-veri.chinatax.gov.cn),对增值税发票管理系统开具的发票信息进行查验。

(3)普通发票的真伪鉴定由鉴定受理税务机关负责;受理税务机关鉴定有困难的,可以提请发票监制税务机关协助鉴定。

(4)在伪造、变造现场查获的假发票,由当地税务机关负责鉴定。

本章习题

一、单项选择题

1.( )统一负责全国的发票管理工作。

A. 国务院   B. 国家税务总局

C. 财政部   D. 海关总署

答案：B

解析：根据《中华人民共和国发票管理办法》第四条，国家税务总局统一负责全国发票管理工作。

2. 关于企业印制发票，以下表述错误的是（　　）。

A. 印制发票应当使用国务院税务主管部门确定的全国统一的发票防伪专用品。禁止非法制造发票防伪专用品

B. 发票应当套印全国统一发票监制章。全国统一发票监制章的式样和发票版面印刷的要求，由国务院税务主管部门规定

C. 发票应当使用中文印制。民族自治地方的发票，可以加印当地一种通用的民族文字。有实际需要的，也可以同时使用中外两种文字印制

D. 各省、自治区、直辖市内的单位和个人使用的发票，应当在本省、自治区、直辖市内印制

答案：D

解析：根据《中华人民共和国发票管理办法》第十四条，各省、自治区、直辖市内的单位和个人使用的发票，除增值税专用发票外，应当在本省、自治区、直辖市内印制；确有必要到外省、自治区、直辖市印制的，应当由省、自治区、直辖市税务机关商印制地省、自治区、直辖市税务机关同意，由印制地省、自治区、直辖市税务机关确定的企业印制。禁止在境外印制发票。

3. 企业印制发票审批属于税务行政许可事项之一，法定办结时限为（　　）。

A. 10个工作日　　　　　　　　　　B. 15个工作日

C. 20个工作日　　　　　　　　　　D. 30个工作日

答案：C

解析：根据《国家税务总局关于税务行政许可若干问题的公告》（国家税务总局公告2016年第11号）的规定，税务机关对不能当场作出决定的税务行政许可事项，应当自受理申请之日起20日内作出税务行政许可决定；20日内不能作出决定的，经本税务机关负责人批准，可以延长10日，并应当将延长期限的理由告知申请人。

4. 符合条件的首次申领增值税发票的新办纳税人，其增值税专用发票和普通发票最高开票限额、每月最高领用数量分别是（　　）。

A. 不超过10万元、不超过25份；不超过1万元、不超过25份

B. 不超过10万元、不超过50份；不超过1万元、不超过50份

C. 不超过10万元、不超过50份；不超过10万元、不超过50份

D. 不超过10万元、不超过25份；不超过10万元、不超过50份

答案：D

解析：根据《国家税务总局关于新办纳税人首次申领增值税发票有关事项的公告》

（国家税务总局公告2018年第29号）第三条规定,税务机关为符合本公告第一条规定的首次申领增值税发票的新办纳税人办理发票票种核定,增值税专用发票最高开票限额不超过10万元,每月最高领用数量不超过25份;增值税普通发票最高开票限额不超过10万元,每月最高领用数量不超过50份。

5. 增值税专用发票(增值税税控系统)最高开票限额审批由一般纳税人申请,(   )依法审批。

A. 国家税务总局   B. 省市税务机关

C. 市县税务机关   D. 区县税务机关

答案：D

解析：增值税专用发票(增值税税控系统)实行最高开票限额管理。最高开票限额由一般纳税人(包括具有自开增值税专用发票资格的小规模纳税人)申请,区县税务机关依法审批。

6. 增值税专用发票(增值税税控系统)最高开票限额审批事项在10个工作日内无法作出决定的,经决定机构负责人批准可以延长(   )。

A.3个工作日   B.5个工作日

C.7个工作日   D.10个工作日

答案：B

解析：根据《国家税务总局关于进一步简化税务行政许可事项办理程序的公告》(国家税务总局公告2019年第34号),税务机关办理对纳税人延期申报的核准、增值税专用发票(增值税税控系统)最高开票限额审批、对采取实际利润额预缴以外的其他企业所得税预缴方式的核定,自受理申请之日起10个工作日内作出行政许可决定;办理对纳税人变更纳税定额的核准,自受理申请之日起15个工作日内作出行政许可决定。在上述时限内不能办结的,经税务机关负责人批准,可以延长5个工作日。

7. 纳税信用A级的纳税人可一次领取不超过(   )的增值税发票用量,纳税信用B级的纳税人可一次领取不超过(   )的增值税发票用量。

A.3个月;1个月   B.3个月;2个月

C.5个月;2个月   D.5个月;3个月

答案：B

解析：根据《国家税务总局关于按照纳税信用等级对增值税发票使用实行分类管理有关事项的公告》(国家税务总局公告2016年第71号)第一条,纳税信用A级的纳税人可一次领取不超过3个月的增值税发票用量,纳税信用B级的纳税人可一次领取不超过2个月的增值税发票用量。以上两类纳税人生产经营情况发生变化,需要调整增值税发票用量,手续齐全的,按照规定即时办理。

8. 关于其他个人出租不动产代开增值税普通发票,以下表述错误的是(   )。

A. 其他个人出租不动产代开发票时,纳税人应先向房屋所在地主管税务机关办理房源信息登记

B. 首次办理房源信息登记的,需提供出租方的身份证明复印件、房屋产权证或购房合同复印件、租赁合同复印件

C. 合同期限内,只要出租方与承租方未发生变更,每次申请代开发票无须再提供相关代开资料

D. 其他个人委托房屋中介出租不动产,需要向承租方开具增值税发票的,应由不动产所有人本人向主管税务机关按规定申请代开增值税发票

答案:D

解析:根据《国家税务总局关于跨境应税行为免税备案等增值税问题的公告》(国家税务总局公告2017年第30号)第三条规定,其他个人委托房屋中介、住房租赁企业等单位出租不动产,需要向承租方开具增值税发票的,可以由受托单位代其向主管地税务机关按规定申请代开增值税发票。

9. 购买方在增值税发票管理系统中填开并上传《开具红字增值税专用发票信息表》,在填开《开具红字增值税专用发票信息表》时不填写相对应的蓝字专用发票信息,暂依《开具红字增值税专用发票信息表》所列增值税税额从当期进项税额中转出,待取得销售方开具的红字专用发票后,与《开具红字增值税专用发票信息表》一并作为记账凭证。以上红字增值税专用发票开具方式适用于(　　)。

A. 购买方取得专用发票已用于申报抵扣的

B. 购买方取得专用发票未用于申报抵扣、但发票联或抵扣联无法退回的

C. 销售方开具专用发票尚未交付购买方的

D. 购买方取得专用发票未用于申报抵扣并将发票联及抵扣联退回的

答案:A

解析:根据《国家税务总局关于红字增值税发票开具有关问题的公告》(国家税务总局公告2016年第47号),购买方取得专用发票已用于申报抵扣的,购买方可在增值税发票管理新系统中填开并上传《开具红字增值税专用发票信息表》,在填开《信息表》时不填写相对应的蓝字专用发票信息,应暂依《信息表》所列增值税税额从当期进项税额中转出,待取得销售方开具的红字专用发票后,与《信息表》一并作为记账凭证。

10. 纳税人取得(　　)及以后开具的增值税专用发票、海关进口增值税专用缴款书、机动车销售统一发票、收费公路通行费增值税电子普通发票,取消认证确认、稽核比对、申报抵扣的期限,无须办理逾期增值税抵扣凭证抵扣申请。

A. 2016年1月1日　　　　　　　　B. 2016年6月1日

C. 2017年1月1日　　　　　　　　D. 2017年6月1日

答案:C

解析：根据《国家税务总局关于取消增值税扣税凭证认证确认期限等增值税征管问题的公告》(国家税务总局公告2019年第45号)的规定,增值税一般纳税人取得2017年1月1日及以后开具的增值税专用发票、海关进口增值税专用缴款书、机动车销售统一发票、收费公路通行费增值税电子普通发票,取消认证确认、稽核比对、申报抵扣的期限。

11. 对于稽核比对结果为重号的海关缴款书,由主管税务机关进行核查。经核查,海关缴款书票面信息与纳税人实际进口货物业务一致的,纳税人应在收到税务机关书面通知的( )申报抵扣,逾期的其进项税额不予抵扣。

A. 30日内　　　　　　　　　　B. 30个工作日内

C. 当月申报期内　　　　　　　D. 次月申报期内

答案：D

解析：根据《国家税务总局 海关总署关于实行海关进口增值税专用缴款书"先比对后抵扣"管理办法有关问题的公告》(国家税务总局 海关总署公告2013年第31号)的规定,对于稽核比对结果为重号的海关缴款书,由主管税务机关进行核查。经核查,海关缴款书票面信息与纳税人实际进口货物业务一致的,纳税人应在收到税务机关书面通知的次月申报期内申报抵扣,逾期的其进项税额不予抵扣。

12. 增值税发票综合服务平台为纳税人提供的服务不包括( )。

A. "一站式"的发票用途确认服务　　B. "集成化"的发票风险提示服务

C. "全票种"的发票信息下载服务　　D. "便捷化"的发票网上领用服务

答案：D

解析：根据《国家税务总局关于增值税发票综合服务平台等事项的公告》(国家税务总局公告2020年第1号)第一条规定,税务总局将增值税发票选择确认平台升级为增值税发票综合服务平台,为纳税人提供发票用途确认、风险提示、信息下载等服务。

13. 纳税信用A级纳税人取得异常增值税凭证且已经申报抵扣增值税、办理出口退税或抵扣消费税的,可以向主管税务机关提出核实申请的时间期限是( )。

A. 自接到税务机关通知之日起1个工作日内

B. 自接到税务机关通知之日起3个工作日内

C. 自接到税务机关通知之日起5个工作日内

D. 自接到税务机关通知之日起10个工作日内

答案：D

解析：根据《国家税务总局关于异常增值税扣税凭证管理等有关事项的公告》(国家税务总局公告2019年第38号)第三条第四项规定,纳税信用A级纳税人取得异常增值税凭证且已经申报抵扣增值税、办理出口退税或抵扣消费税的,自接到税务机关通知之日起10个工作日内,向主管税务机关提出核实申请。

二、多项选择题

1. 发票的基本联次包括( )。

A. 存根联   B. 发票联

C. 记账联   D. 抵扣联

答案：ABC

解析：根据《中华人民共和国发票管理办法实施细则》第三条,发票的基本联次包括存根联、发票联、记账联。

2. 印制发票的企业应当具备的条件有( )。

A. 取得印刷经营许可证和营业执照

B. 设备、技术水平能够满足印制发票的需要

C. 有健全的财务制度和严格的质量监督、安全管理、保密制度

D. 拥有高效、成熟的设计、生产、营销、服务网络

答案：ABC

解析：根据《中华人民共和国发票管理办法》第八条,印制发票的企业应当具备下列条件:(一)取得印刷经营许可证和营业执照;(二)设备、技术水平能够满足印制发票的需要;(三)有健全的财务制度和严格的质量监督、安全管理、保密制度。税务机关应当以招标方式确定印制发票的企业,并发给发票准印证。

3. 新办纳税人首次申领增值税专用发票时,需要在税务机关办理的涉税业务有( )。

A. 发票票种核定

B. 增值税专用发票(增值税税控系统)最高开票限额审批

C. 增值税税控系统专用设备初始发行

D. 发票领用

答案：ABCD

解析：新办纳税人首次申领增值税专用发票时,需要在税务机关办理的业务包括发票票种核定、增值税专用发票(增值税税控系统)最高开票限额审批、增值税税控系统专用设备初始发行和发票领用等涉税事项。

4. 关于增值专用发票(增值税税控系统)最高开票限额审批,以下表述正确的有( )。

A. 一般纳税人申请增值税专用发票最高开票限额不超过 10 万元的,主管税务机关不需事前进行实地查验

B. 实行纳税辅导期管理的小型商贸批发企业,领用专用发票的最高开票限额不得超过 10 万元

C. 本事项为税务行政许可事项,需纳税人申请才能启动审批流程,属于授益性行政

行为

D. 对最高开票限额不超过 10 万元的申请窗口即时办结,对最高开票限额超过 10 万元的申请窗口受理后在 7 个工作日内办结

答案:ABC

解析:根据《国家税务总局关于进一步简化税务行政许可事项办理程序的公告》(国家税务总局公告 2019 年第 34 号),税务机关办理对纳税人延期申报的核准、增值税专用发票(增值税税控系统)最高开票限额审批、对采取实际利润额预缴以外的其他企业所得税预缴方式的核定,自受理申请之日起 10 个工作日内作出行政许可决定;办理对纳税人变更纳税定额的核准,自受理申请之日起 15 个工作日内作出行政许可决定。在上述时限内不能办结的,经税务机关负责人批准,可以延长 5 个工作日。

5. 对于实行纳税辅导期管理的增值税一般纳税人领用增值税专用发票管理,以下表述正确的有(   )。

A. 领用增值税专用发票实行按次限量控制,可以根据纳税人的经营情况核定每次专用发票的供应数量,但每次发放专用发票数量不得超过 25 份

B. 一个月内多次领用专用发票的,应从当月第二次领用专用发票起,按照上一次已领用并开具的专用发票销售额的 3% 预缴增值税

C. 领用的专用发票未使用完而再次领用的,主管税务机关发放专用发票的份数不得超过上一次领用的专票数量

D. 纳税辅导期结束后,纳税人因增购专用发票发生的预缴增值税有余额的,主管税务机关应在纳税辅导期结束后的 15 日内,一次性退还纳税人

答案:AB

解析:领用的专用发票未使用完而再次领用的,主管税务机关发放专用发票的份数不得超过核定的每次领用专用发票份数与未使用完的专用发票份数的差额,因此 C 选项错误;纳税辅导期结束后,纳税人因增购专用发票发生的预缴增值税有余额的,主管税务机关应在纳税辅导期结束后的第一个月内,一次性退还纳税人,因此 D 选项错误。

6. 关于发票缴销的相关规定,以下表述正确的有(   )。

A. 临时到本省、自治区、直辖市以外从事经营活动的单位或者个人外出经营活动结束,应当向经营地税务机关结清税款、缴销发票

B. 开具发票的单位和个人应当在办理变更或者注销税务登记的同时,办理发票和发票领用簿的变更、缴销手续

C. 纳税人应在税务机关通知发票换版时,对领用尚未填开的空白发票进行缴销

D. 开具发票的单位和个人应当按照税务机关的规定存放和保管发票,不得擅自损毁

答案:ABCD

解析:根据《税务登记管理办法》第三十三条,纳税人外出经营活动结束,应当向经营

地税务机关填报《外出经营活动情况申报表》，并结清税款、缴销发票，因此 A 选项正确；根据《中华人民共和国发票管理办法》第二十八条，开具发票的单位和个人应当在办理变更或者注销税务登记的同时，办理发票和发票领购簿的变更、缴销手续，因此 B 选项正确；根据《最多跑一次办税指南》要求，纳税人应在税务机关通知发票换版时，对领用尚未填开的空白发票进行缴销，因此选项 C 正确；根据《中华人民共和国发票管理办法》第二十九条，开具发票的单位和个人应当按照税务机关的规定存放和保管发票，不得擅自损毁，因此 D 选项正确。

7. 纳税人发生下列情形，需要上缴增值税税控系统专用设备的有(　　)。

A. 依法清税注销、终止纳税义务的

B. 需要减少分开票机的

C. 需更换新型号防伪税控设备的

D. 增值税税控系统专用设备载入信息发生变更的

答案：ABC

解析：纳税人增值税税控系统专用设备载入信息发生变更的，税务机关对增值税税控系统专用设备及数据库中的信息作相应变更，无须上缴增值税税控系统专用设备。

8. 可代代理人或经纪人统一向主管税务机关申请汇总代开增值税普通发票或增值税专用发票的行业企业有(　　)。

A. 金融保险业企业　　　　　　　B. 证券业企业

C. 信用卡业企业　　　　　　　　D. 旅游业企业

答案：BCD

解析：根据规定，接受税务机关委托代征税款的保险业、证券业、信用卡业和旅游业企业，向代理人或经纪人支付佣金费用后，可代代理人或经纪人统一向主管税务机关申请汇总代开增值税普通发票或增值税专用发票。

9. 中国境内提供公路货物运输和内河货物运输且具备相关运输资格并已纳入税收管理的小规模纳税人，将营运资质和营运机动车、船舶信息向主管税务机关进行备案后，可在(　　)中任何一地，就近向税务机关申请代开增值税专用发票。

A. 税务登记地　　　　　　　　　B. 货物起运地

C. 货物到达地　　　　　　　　　D. 运输业务承揽地

答案：ABCD

解析：根据《货物运输业小规模纳税人申请代开增值税专用发票管理办法》第三条，纳税人在境内提供公路或内河货物运输服务，需要开具增值税专用发票的，可在税务登记地、货物起运地、货物到达地或运输业务承揽地(含互联网物流平台所在地)中任何一地，就近向国税机关(以下称代开单位)申请代开增值税专用发票。

10. 关于纳税人代开增值税发票需要注意的事项，以下表述正确的有(　　)。

A. 提供建筑服务,纳税人代开增值税发票时,应提供建筑服务发生地县(市、区)名称及项目名称

B. 销售不动产,纳税人代开增值税发票时,应在"货物或应税劳务、服务名称"栏填写不动产名称及房屋产权证书号码,"单位"栏填写面积单位,应提供不动产的详细地址

C. 出租不动产,纳税人代开增值税发票时,应提供不动产的详细地址

D. 跨县(市、区)提供不动产经营租赁服务、建筑服务的小规模纳税人(不包括其他个人),代开增值税发票时,在发票备注栏中自动打印"KX"字样

答案:ABC

解析:根据《国家税务总局关于全面推开营业税改征增值税试点有关税收征收管理事项的公告》(国家税务总局公告2016年第23号),跨县(市、区)提供不动产经营租赁服务、建筑服务的小规模纳税人(不包括其他个人),代开增值税发票时,在发票备注栏中自动打印"YD"字样。

11. 纳税人代开发票后,发生( )等情形,需作废已代开增值税发票的,可凭已代开发票在代开当月向原代开税务机关提出作废申请。

A. 销货退回   B. 销售折让

C. 开票有误   D. 应税服务中止

答案:ABCD

解析:根据《中华人民共和国发票管理办法实施细则》第二十七条。

12. 自2019年9月20日起,纳税人需要通过增值税发票管理系统开具( )税率蓝字发票的,应向主管税务机关办理临时开票权限。

A. 17%   B. 16%

C. 11%   D. 10%

答案:ABCD

解析:根据《国家税务总局关于国内旅客运输服务进项税抵扣等增值税征管问题的公告》(国家税务总局公告2019年第31号)第十三条,自2019年9月20日起,纳税人需要通过增值税发票管理系统开具17%、16%、11%、10%税率蓝字发票的,应向主管税务机关提交《开具原适用税率发票承诺书》,办理临时开票权限。临时开票权限有效期限为24小时,纳税人应在获取临时开票权限的规定期限内开具原适用税率发票。

13. 纳税人发生真实交易且存在客观原因,属于下列( )情形的,经税务机关核实后,允许纳税人继续申报抵扣其进项税额。

A. 增值税一般纳税人取得的增值税扣税凭证已认证、已选择确认或已采集上报信息,但未按照规定期限申报抵扣的

B. 实行纳税辅导期管理的增值税一般纳税人,取得的增值税扣税凭证稽核比对结果

相符但未按照规定期限申报抵扣的

C. 税务机关信息系统、网络故障,导致纳税人未能及时取得认证结果通知书或稽核结果通知书,未能及时办理申报抵扣

D. 实行海关进口增值税专用缴款书"先比对后抵扣"管理办法的增值税一般纳税人,取得的增值税扣税凭证稽核比对结果相符但未按规定期限申报抵扣的

答案: ABD

解析: 根据《国家税务总局关于未按期申报抵扣增值税扣税凭证有关问题的公告》(国家税务总局公告2011年第78号)的规定,增值税一般纳税人取得的增值税扣税凭证已认证或已采集上报信息但未按照规定期限申报抵扣;实行纳税辅导期管理的增值税一般纳税人以及实行海关进口增值税专用缴款书"先比对后抵扣"管理办法的增值税一般纳税人,取得的增值税扣税凭证稽核比对结果相符但未按规定期限申报抵扣,属于发生真实交易且符合本公告第二条规定的客观原因的,经主管税务机关审核,允许纳税人继续申报抵扣其进项税额。

14. 对增值税一般纳税人发生真实交易但由于客观原因造成增值税扣税凭证逾期的,经批准后允许纳税人继续抵扣其进项税额。客观原因包括(   )。

A. 因自然灾害、社会突发事件等不可抗力原因造成增值税扣税凭证未按期申报抵扣

B. 有关司法、行政机关在办理业务或者检查中,扣押、封存纳税人账簿资料,导致纳税人未能按期办理申报手续

C. 税务机关信息系统、网络故障,导致纳税人未能及时取得认证结果通知书或稽核结果通知书,未能及时办理申报抵扣

D. 由于企业办税人员伤亡、突发危重疾病或者擅自离职,未能办理交接手续,导致未能按期申报抵扣

答案: ABCD

解析: 根据《国家税务总局关于未按期申报抵扣增值税扣税凭证有关问题的公告》(国家税务总局公告2011年第78号)的规定,客观原因包括如下类型:(一)因自然灾害、社会突发事件等不可抗力原因造成增值税扣税凭证未按期申报抵扣;(二)有关司法、行政机关在办理业务或者检查中,扣押、封存纳税人账簿资料,导致纳税人未能按期办理申报手续;(三)税务机关信息系统、网络故障,导致纳税人未能及时取得认证结果通知书或稽核结果通知书,未能及时办理申报抵扣;(四)由于企业办税人员伤亡、突发危重疾病或者擅自离职,未能办理交接手续,导致未能按期申报抵扣;(五)国家税务总局规定的其他情形。

三、判断题

1. 对违反发票管理法规的行为,任何单位和个人可以举报。(   )

答案：正确

解析：根据《中华人民共和国发票管理办法》第六条,对违反发票管理法规的行为,任何单位和个人可以举报。

2. 用票单位可以向税务机关申请使用印有本单位名称的纸质发票和电子发票,税务机关确认印有该单位名称发票的种类和数量。（　　）

答案：错误

解析：用票单位可以向税务机关申请使用印有本单位名称的纸质普通发票,税务机关确认印有该单位名称发票的种类和数量。

3. 对纳税信用评价为 D 级的纳税人,增值税专用发票领用按辅导期一般纳税人政策办理,普通发票的领用实行交(验)旧供新、严格限量供应。（　　）

答案：正确

解析：根据《国家税务总局关于发布〈纳税信用管理办法（试行）〉的公告》(国家税务总局公告 2014 年第 40 号)第三十二条第二款规定,对纳税信用评价为 D 级的纳税人,增值税专用发票领用按辅导期一般纳税人政策办理,普通发票的领用实行交(验)旧供新、严格限量供应。

4. 开具发票的单位和个人已开具的发票存根联和发票登记簿,应当保存十年。（　　）

答案：错误

解析：开具发票的单位和个人应当按照税务机关的规定存放和保管发票,不得擅自损毁。已开具的发票存根联和发票登记簿,应当保存五年。保存期满,报经税务机关查验后对缴销发票实物销毁。

5. 使用金税盘(税控盘)的纳税人需要增加(减少)分开票机的,必须对原有的主开票机专用设备进行变更。（　　）

答案：正确

解析：根据《最多跑一次办税指南》要求。

6. 申请代开增值税普通发票经营额达不到省、自治区、直辖市税务机关确定的按次起征点的,可代开但要征增值税。（　　）

答案：错误

解析：申请代开增值税普通发票经营额达不到省、自治区、直辖市税务机关确定的按次起征点的,只代开不征增值税。

7. 主管税务机关为个人保险代理人汇总代开增值税发票时,在备注栏内注明"个人保险代理人汇总代开"字样。（　　）

答案：正确

解析：根据《国家税务总局关于个人保险代理人税收征管有关问题的公告》(国家税

务总局公告2016年第45号)第五条,主管税务机关为个人保险代理人汇总代开增值税发票时,应在备注栏内注明"个人保险代理人汇总代开"字样。

8. 小规模纳税人跨县(市、区)提供建筑服务,不能自行开具增值税发票的,可向建筑服务发生地主管税务机关按照其取得的全部价款和价外费用申请代开增值税发票。( )

答案： 正确

解析： 根据《纳税人跨县(市、区)提供建筑服务增值税征收管理暂行办法》第九条,小规模纳税人跨县(市、区)提供建筑服务,不能自行开具增值税发票的,可向建筑服务发生地主管国税机关按照其取得的全部价款和价外费用申请代开增值税发票。

9. 纳税人自行开具增值税发票时,通过新增值税发票管理系统中差额征税开票功能,录入税额和不含税金额,备注栏自动打印"差额征税"字样。( )

答案： 错误

解析： 根据《国家税务总局关于全面推开营业税改征增值税试点有关税收征收管理事项的公告》(国家税务总局公告2016年第23号),纳税人自行开具增值税发票时,通过新增值税发票管理系统中差额征税开票功能,录入含税销售额(或含税评估额)和扣除额,系统自动计算税额和不含税金额,备注栏自动打印"差额征税"字样。

10. 使用发票的单位和个人发生发票丢失情形时,应当于发现丢失当日书面报告税务机关并登报声明作废。( )

答案： 错误

解析： 根据《国家税务总局关于公布取消一批税务证明事项以及废止和修改部分规章规范性文件的决定》(国家税务总局令第48号),自2019年7月起,取消了发票丢失登报声明作废的要求,现在丢失发票后无须再发布登报挂失声明。

11. 临时开票权限有效期限为48小时,纳税人应在获取临时开票权限的规定期限内开具原适用税率发票。( )

答案： 错误

解析： 根据《国家税务总局关于国内旅客运输服务进项税抵扣等增值税征管问题的公告》(国家税务总局公告2019年第31号)第十三条,自2019年9月20日起,纳税人需要通过增值税发票管理系统开具17%、16%、11%、10%税率蓝字发票的,应向主管税务机关提交《开具原适用税率发票承诺书》,办理临时开票权限。临时开票权限有效期限为24小时,纳税人应在获取临时开票权限的规定期限内开具原适用税率发票。

12. 对于稽核比对结果为滞留的海关缴款书,不能继续参与稽核比对,纳税人需再次申请数据核对。( )

答案： 错误

解析： 根据《国家税务总局 海关总署关于实行海关进口增值税专用缴款书"先比对后

抵扣"管理办法有关问题的公告》(国家税务总局 海关总署公告 2013 年第 31 号)的规定，对于稽核比对结果为滞留的海关缴款书，可继续参与稽核比对，纳税人不需申请数据核对。

第四章

申报纳税

第一节　申报纳税概述

知识点:申报纳税概念

申报纳税,是指税务机关和税务人员依照税收法律法规及相关规定,受理纳税人、扣缴义务人、委托代征人申报、缴纳、解缴、退还税费等业务的服务。

申报纳税的方式有直接申报、邮寄申报、数据电文申报、简易申报和简并征期以及其他申报方式。

第二节　增值税申报

◆ 增值税基础知识

知识点 1:纳税人和扣缴义务人

1. 纳税人

在中华人民共和国境内销售货物或者加工、修理修配劳务(以下简称劳务),销售服务、无形资产、不动产以及进口货物的单位和个人,为增值税的纳税人。

2. 扣缴义务人

中华人民共和国境外的单位或者个人在境内销售劳务,在境内未设有经营机构的,以其境内代理人为扣缴义务人;在境内没有代理人的,以购买方为扣缴义务人。

中华人民共和国境外单位或者个人在境内发生销售服务、无形资产或者不动产行为,在境内未设有经营机构的,以购买方为增值税扣缴义务人。财政部和国家税务总局另有规定的除外。

知识点 2:征税范围

1. 基本规定

增值税征税范围为在中华人民共和国境内销售货物或者加工、修理修配劳务,销售服务、无形资产、不动产以及进口货物。

2. 视同销售规定

单位或者个体工商户的下列行为,视同销售货物:①将货物交付其他单位或者个人代销;②销售代销货物;③设有两个以上机构并实行统一核算的纳税人,将货物从一个机构移送其他机构用于销售,但相关机构设在同一县(市)的除外;④将自产、委托加工的货物用于集体福利或者个人消费;⑤将自产、委托加工或者购进的货物作为投资,提供给其他单位或者个体工商户;⑥将自产、委托加工或者购进的货物分配给股东或者投资者;⑦将自产、委托加工或者购进的货物无偿赠送其他单位或者个人。

单位或者个体工商户向其他单位或者个人无偿提供服务,视同销售,但用于公益事业或者以社会公众为对象的除外。

单位或者个人向其他单位或者个人无偿转让无形资产或者不动产,视同销售,但用于公益事业或者以社会公众为对象的除外。

根据国家指令无偿提供的铁路运输服务、航空运输服务,属于用于规定的公益事业的服务,不视同销售服务。

3. 混合销售规定

一项销售行为如果既涉及服务又涉及货物,为混合销售。从事货物的生产、批发或者零售的单位和个体工商户的混合销售行为,按照销售货物缴纳增值税。其他单位和个体工商户的混合销售行为,按照销售服务缴纳增值税。

知识点 3:税率及征收率

1. 税率

自 2019 年 4 月 1 日起,增值税一般纳税人发生下列应税行为税率为 13%:销售货物、劳务、有形动产租赁服务或者进口货物,除另有规定外。

自 2019 年 4 月 1 日起,增值税一般纳税人发生下列应税行为税率为 9%:销售交通运输、邮政、基础电信、建筑、不动产租赁服务,销售不动产,转让土地使用权。销售或者进口下列货物:粮食等农产品、食用植物油、食用盐;自来水、暖气、冷气、热水、煤气、石油液化气、天然气、二甲醚、沼气、居民用煤炭制品;图书、报纸、杂志、音像制品、电子出版物;饲料、化肥、农药、农机、农膜;国务院规定的其他货物。

增值税一般纳税人发生下列应税行为税率为 6%:增值电信服务、金融服务、现代服务(不包括有形动产租赁服务、不动产租赁服务)、生活服务、销售无形资产(不包括转让土地使用权)。

纳税人出口货物,税率为零;但是,国务院另有规定的除外。境内单位和个人跨境销售国务院规定范围内的服务、无形资产,税率为零。

2. 征收率

小规模纳税人以及一般纳税人简易计税时适用征收率。

小规模纳税人增值税征收率为3‰,国务院另有规定的除外。

自2020年3月1日至2022年3月31日,除湖北省外,其他省、自治区、直辖市的增值税小规模纳税人,适用3‰征收率的应税销售收入,减按1‰征收率征收增值税;适用3‰预征率的预缴增值税项目,减按1‰预征率预缴增值税。

自2022年4月1日至2022年12月31日,增值税小规模纳税人适用3‰征收率的应税销售收入,免征增值税;适用3‰预征率的预缴增值税项目,暂停预缴增值税。

小规模纳税人适用5‰征收率计征增值税的情形有:转让其取得的不动产;转让其自建的不动产;出租不动产(不含个人出租住房);以经营租赁方式将土地出租给他人使用;提供劳务派遣、安全保护服务(选择差额纳税的);转让2016年4月30日前取得的土地使用权(选择差额纳税的)。

个人出租住房,按照5‰的征收率减按1.5‰计算应纳税额。

一般纳税人发生财政部和国家税务总局规定的特定应税行为,可以选择适用简易计税方法计税,但一经选择,36个月内不得变更。

一般纳税人从事电影放映服务、仓储服务、装卸搬运服务、收派服务和文化体育服务,可以选择简易计税方法计算缴纳增值税。

一般纳税人以清包工方式为甲供工程或者为建筑工程老项目提供的建筑服务,可以选择适用简易计税方法计算缴纳增值税。

知识点4:计税销售额的确定

1. 基本规定

增值税纳税人发生应税销售行为,销售额为向购买方收取的全部价款和价外费用,但是不包括收取的销项税额。

2. 以旧换新方式销售货物

纳税人采取以旧换新方式销售货物的,应按新货物的同期销售价格确定计税增值税销售额,不得扣减旧货物的收购价格。对金银首饰以旧换新业务,按销售方实际收取的不含增值税的全部价款征收增值税。

3. 差额确定销售额

金融商品转让,按照卖出价扣除买入价后的余额为销售额。

经纪代理服务,以取得的全部价款和价外费用,扣除向委托方收取并代为支付的政府性基金或者行政事业性收费后的余额为增值税销售额。

纳税人提供旅游服务,可以选择以取得的全部价款和价外费用,扣除向旅游服务购买方收取并支付给其他单位或者个人的住宿费、餐饮费、交通费、签证费、门票费和支付给其他接团旅游企业的旅游费用后的余额为增值税销售额。

纳税人提供建筑服务适用简易计税方法的,以取得的全部价款和价外费用扣除支付的分包款后的余额为增值税销售额。

房地产开发企业中的一般纳税人销售其开发的房地产项目(选择简易计税方法除外),以取得的全部价款和价外费用,扣除支付的土地价款后的余额为增值税销售额。

知识点5:销项税额

纳税人发生应税销售行为,按照销售额和规定的税率计算收取的增值税额,为销项税额。销项税额计算公式为:销项税额=销售额×税率。

知识点6:进项税额

1. 基本规定

纳税人购进货物、劳务、服务、无形资产、不动产支付或者负担的增值税额,为进项税额。

2. 准予从销项税额中抵扣的进项税额

下列进项税额准予从销项税额中抵扣:

(1)从销售方取得的增值税专用发票上注明的增值税额。

(2)从海关取得的海关进口增值税专用缴款书上注明的增值税额。

(3)购进农产品,除取得增值税专用发票或者海关进口增值税专用缴款书外,按照农产品收购发票或者销售发票上注明的农产品买价和9%的扣除率计算的进项税额,国务院另有规定的除外。进项税额计算公式:进项税额=买价×扣除率。

(4)自境外单位或者个人购进劳务、服务、无形资产或者境内的不动产,从税务机关或者扣缴义务人取得的代扣代缴税款的完税凭证上注明的增值税额。

自2019年4月1日起,取得(开具)农产品销售发票或收购发票的,以农产品销售发票或收购发票上注明的农产品买价和9%的扣除率计算增值税进项税额。纳税人购进用于生产销售或委托加工13%税率货物的农产品,按照10%的扣除率计算增值税进项税额。

2019年4月1日起,除农产品深加工企业外,一般纳税人购进农产品,从按照简易计税方法依照 3％ 征收率计算缴纳增值税的小规模纳税人取得增值税专用发票的,以增值税专用发票上注明的金额和 9％ 的扣除率计算增值税进项税额。

自 2019 年 4 月 1 日起,纳税人取得不动产或者不动产在建工程的进项税额不再分 2 年抵扣。

自 2019 年 4 月 1 日起,增值税一般纳税人取得注明旅客身份信息的航空运输电子客票行程单的,按照下列公式计算增值税进项税额:航空旅客运输进项税额 ＝(票价 ＋燃油附加费)÷(1＋9％)×9％。

自 2019 年 4 月 1 日起,增值税一般纳税人取得注明旅客身份信息的铁路车票的,按照下列公式计算增值税进项税额:铁路旅客运输进项税额 ＝票面金额 ÷(1＋9％)× 9％。

自 2019 年 4 月 1 日起,增值税一般纳税人取得注明旅客身份信息的公路、水路等其他客票的,按照下列公式计算进项税额:公路、水路等其他旅客运输增值税进项税额 ＝票面金额 ÷(1＋3％)×3％。

3. 不予从销项税额中抵扣的进项税额

下列项目的进项税额不得从销项税额中抵扣:

(1)用于简易计税方法计税项目、免征增值税项目、集体福利或者个人消费的购进货物、加工修理修配劳务、服务、无形资产和不动产。其中涉及的固定资产、无形资产、不动产,仅指专用于上述项目的固定资产、无形资产(不包括其他权益性无形资产)、不动产。纳税人的交际应酬消费属于个人消费。

(2)非正常损失的购进货物,以及相关的加工修理修配劳务和交通运输服务。

(3)非正常损失的在产品、产成品所耗用的购进货物(不包括固定资产)、加工修理修配劳务和交通运输服务。

(4)非正常损失的不动产,以及该不动产所耗用的购进货物、设计服务和建筑服务。

(5)非正常损失的不动产在建工程所耗用的购进货物、设计服务和建筑服务。纳税人新建、改建、扩建、修缮、装饰不动产,均属于不动产在建工程。

(6)购进的贷款服务、餐饮服务、居民日常服务和娱乐服务。

(7)财政部和国家税务总局规定的其他情形。

知识点 7:一般计税方法下应纳税额的计算

一般计税方法的应纳税额为当期销项税额抵扣当期进项税额后的余额。应纳税额计算公式:应纳税额 ＝当期销项税额 －当期进项税额。

自 2019 年 4 月 1 日至 2022 年 12 月 31 日,允许生产、生活性服务业纳税人按照当期可抵扣进项税额加计 10％,抵减增值税应纳税额。

2019 年 10 月 1 日至 2022 年 12 月 31 日,允许生活性服务业纳税人按照当期可抵扣进项税额加计 15％,抵减增值税应纳税额。

知识点 8:税收优惠

下列项目免征增值税:

(1)农业生产者销售的自产农产品;

(2)避孕药品和用具;

(3)古旧图书;

(4)直接用于科学研究、科学试验和教学的进口仪器、设备免征增值税;

(5)外国政府、国际组织无偿援助的进口物资和设备;

(6)由残疾人的组织直接进口供残疾人专用的物品免征增值税;

(7)其他个人销售的自己使用过的物品免征增值税。

除上述规定外,增值税的免税、减税项目由国务院规定。

◆ 增值税纳税申报

知识点 1:增值税一般纳税人申报

(1)增值税一般纳税人纳税申报是指增值税一般纳税人依照税收法律法规规定或主管税务机关依法确定的申报期限,向主管税务机关办理增值税纳税申报的业务。

根据《国家税务总局关于增值税 消费税与附加税费申报表整合有关事项的公告》(国家税务总局公告 2021 年第 20 号),自 2021 年 8 月 1 日起,增值税一般纳税人应依照税收法律、法规、规章及其他有关规定,在规定的纳税期限内填报《增值税及附加税费申报表(一般纳税人适用)》及其他相关资料,向税务机关进行纳税申报。

(2)增值税的纳税期限分别为 1 日、3 日、5 日、10 日、15 日、1 个月或者 1 个季度。纳税人的具体纳税期限,由主管税务机关根据纳税人应纳税额的大小分别核定;不能按照固定期限纳税的,可以按次纳税。纳税人以 1 个月或者 1 个季度为 1 个纳税期的,自期满之日起 15 日内申报纳税;以 1 日、3 日、5 日、10 日或者 15 日为 1 个纳税期的,自期满之日起 5 日内预缴税款,于次月 1 日起 15 日内申报纳税并结清上月应纳税款。纳税人进口货物,应当自海关填发海关进口增值税专用缴款书之日起 15 日内缴纳税款。遇最后一日是法定休假日的,以休假日期满的次日为期限的最后一日;在期限内有连续 3 日以上法定休假日的,按休假日天数顺延。

银行、财务公司、信托投资公司、信用社、财政部和国家税务总局规定的其他纳税人可选择按季申报。

发电、供电企业和航空运输企业、邮政企业、中国铁路总公司、电信企业等企业的总机构及其分支机构按增值税汇总纳税相关规定进行申报。

（3）纳税人自办理税务登记至登记为一般纳税人期间，未取得生产经营收入，未按照销售额和征收率简易计算应纳税额申报缴纳增值税的，其在此期间取得的增值税扣税凭证，可以在登记为一般纳税人后抵扣进项税额。

（4）纳税人当月有增值税留抵税额，又存在欠税的，可办理增值税留抵抵欠业务；纳税人有多缴税金，又存在欠税，可办理抵缴欠税业务。纳税人享受减税、免税待遇的，在减税、免税期间应当按照规定办理纳税申报，填写申报表及其附表上的优惠栏目。

（5）增值税一般纳税人申报办理基本流程为：纳税人到办税服务厅，或通过浙江省电子税务局、浙江政务服务网、浙江税务 APP 提出申请，并选择结果送达方式。窗口业务受理岗对纳税人提交资料齐全、符合法定形式的，受理申请；纳税人提交资料不齐全或不符合法定形式的，制作《税务事项通知书》（补正通知），一次性告知纳税人需补正的内容；依法不属于本机关职权或本业务受理范围的，制作《税务事项通知书》（不予受理通知），告知纳税人不予受理的原因。最后，将办理结果反馈给纳税人。

知识点 2：增值税小规模纳税人申报

（1）增值税小规模纳税人申报是指增值税小规模纳税人依照税收法律法规及相关规定确定的申报期限、申报内容申报缴纳增值税。纳税人年应税销售额超过财政部、国家税务总局规定标准，且符合有关政策规定，选择按小规模纳税人纳税的，也应按小规模纳税人申报缴纳增值税。

根据《国家税务总局关于增值税 消费税与附加税费申报表整合有关事项的公告》（国家税务总局公告 2021 年第 20 号），自 2021 年 8 月 1 日起，增值税小规模纳税人依照税收法律、法规、规章及其他有关规定，在规定的纳税期限内填报《增值税及附加税费申报表（小规模纳税人适用）》及其他相关资料，向税务机关进行纳税申报。

（2）年应税销售额超过小规模纳税人标准的其他个人按小规模纳税人纳税；非企业性单位、不经常发生应税行为的企业可选择按小规模纳税人规定申报缴纳增值税；营改增纳税人中年应税销售额超过规定标准但不经常发生应税行为的单位和个体工商户可选择按照小规模纳税人纳税。

（3）按固定期限纳税的小规模纳税人可以选择以 1 个月或 1 个季度为纳税期限，一经选择，一个会计年度内不得变更。

（4）增值税小规模纳税人按规定享受的增值税减征税额在《增值税减免税申报明

细表》中反映,仅享受支持小微企业免征增值税政策或未达起征点的增值税小规模纳税人不需填报本表。

(5)自2021年4月1日起,小规模纳税人发生增值税应税销售行为,合计月销售额未超过15万元(以1个季度为1个纳税期的,季度销售额未超过45万元,下同)的,免征增值税。

小规模纳税人发生增值税应税销售行为,合计月销售额超过15万元,但扣除本期发生的销售不动产的销售额后未超过15万元的,其销售货物、劳务、服务、无形资产取得的销售额免征增值税。

适用增值税差额征税政策的小规模纳税人,以差额后的销售额确定是否可以享受小规模纳税人免征增值税政策。

自2021年4月1日起,其他个人,采取一次性收取租金形式出租不动产取得的租金收入,可在对应的租赁期内平均分摊,分摊后的月租金收入未超过15万元的,免征增值税。

(6)业务办理基本流程参照增值税一般纳税人申报。

知识点3:增值税预缴申报

纳税人(不含其他个人)发生跨地(市)提供建筑服务、出租与机构所在地不在同一县(市)的不动产以及房地产开发企业预售自行开发的房地产项目,需向经营地税务机关报送经营数据,由税务机关采集确认后缴税。自2021年8月1日起,启用新的《增值税及附加税费预缴表》及其附列资料,纳税人在进行增值税预缴申报的同时完成附加税费预缴申报。具体为纳税人填写增值税相关预缴申报信息后,自动带入附加税费附列资料(附表);纳税人填写完附加税费其他申报信息后,回到增值税预缴申报表,形成纳税人本期应预缴的增值税、附加税费。上述表内信息预填均由系统自动实现。

(1)纳税人(不含其他个人)跨县(市)提供建筑服务。

①向建筑服务发生地主管税务机关预缴的增值税税款,可以在当期增值税应纳税额中抵减,抵减不完的,结转下期继续抵减。纳税人以预缴税款抵减应纳税额,应以完税凭证作为合法有效凭证。

②不能自行开具增值税发票的小规模纳税人,可向建筑服务发生地主管税务机关按照其取得的全部价款和价外费用申请代开增值税发票。

(2)纳税人(不含其他个人)出租与机构所在地不在同一县(市)的不动产。

①应在取得租金的次月纳税申报期或不动产所在地主管税务机关核定的纳税期限预缴税款。

②纳税人提供租赁服务采取预收款方式的,其纳税义务发生时间为收到预收款的

当天。

③向不动产所在地主管税务机关预缴的增值税款,可以在当期增值税应纳税额中抵减,抵减不完的,结转下期继续抵减。纳税人以预缴税款抵减应纳税额,应以完税凭证作为合法有效凭证。

④不能自行开具增值税发票的小规模纳税人,可向不动产所在地主管税务机关申请代开增值税发票。

(3)房地产开发企业预售自行开发的房地产项目。

①纳税人应在取得预收款的次月纳税申报期向主管税务机关预缴税款。

②向税务机关预缴的增值税税款,可以在当期增值税应纳税额中抵减,抵减不完的,结转下期继续抵减。纳税人以预缴税款抵减应纳税额,应以完税凭证作为合法有效凭证。

③不能自行开具增值税发票的小规模纳税人,可向项目所在地主管税务机关申请代开增值税发票。

(4)纳税人提供建筑服务取得预收款。

①在收到预收款时,以取得的预收款扣除支付的分包款后的余额,按照规定的预征率预缴增值税。

②适用一般计税方法计税的项目预征率为 2%,适用简易计税方法计税的项目预征率为 3%。

③按照现行规定应在建筑服务发生地预缴增值税的项目,纳税人收到预收款时在建筑服务发生地预缴增值税。按照现行规定无须在建筑服务发生地预缴增值税的项目,纳税人收到预收款时在机构所在地预缴增值税。

(5)纳税人(不含其他个人)转让其取得的不动产。

①向不动产所在地主管税务机关预缴的增值税款,可以在当期增值税应纳税额中抵减,抵减不完的转下期继续抵减。纳税人以预缴税款抵减应纳税额应以完税凭证作为合法有效凭证。

②小规模纳税人转让其取得的不动产,不能自行开具增值税发票的,可向不动产所在地主管税务机关申请代开。

(6)纳税人按照规定从取得的全部价款和价外费用中扣除支付的分包款,应当取得符合法律、行政法规和国家税务总局规定的合法有效凭证,包括:

从分包方取得的 2016 年 4 月 30 日前开具的建筑业营业税发票。上述建筑业营业税发票在 2016 年 6 月 30 日前可作为预缴税款的扣除凭证。

从分包方取得的 2016 年 5 月 1 日后开具的,备注栏注明建筑服务发生地所在县(市、区)、项目名称的增值税发票。

国家税务总局规定的其他凭证。

(7)《增值税及附加税费预缴表》各预征项目设置如下预征率：

①建筑安装：2%、3%；

②销售不动产：5%；

③出租不动产：3%、5%；

④个体工商户出租住房：按照5%的征收率减按1.5%。

(8)自2021年4月1日至2022年12月31日，按照现行规定应当预缴增值税税款的小规模纳税人，凡在预缴地实现的月销售额未超过15万元（以1个季度为1个纳税期的，季度销售额未超过45万元）的，当期无须预缴税款。

自2022年4月1日至2022年12月31日，增值税小规模纳税人适用3%预征率的预缴增值税项目，暂停预缴增值税。

(9)业务办理基本流程参照增值税一般纳税人申报。

知识点4：原油天然气增值税申报

合作油（气）田的纳税人依照税收法律、法规、规章及其他有关规定，在规定的纳税期限内填报《原油天然气增值税申报表》及其他相关资料，向税务机关进行原油、天然气增值税纳税申报。

合作油（气）田的原油、天然气按期申报缴纳增值税，纳税期限可以是1日、3日、5日、10日、15日或1个月。鉴于每月实际油价一般在次月10日左右才能确定，因此采用按期纳税的纳税人，应自确定的纳税期限期满之日起5日内预缴税款，于次月1日起15日内申报纳税并结清上月应纳税款。中国海洋石油总公司海上自营油（气）田比照上述有关规定执行。纳税期限遇最后一日是法定休假日的，以休假日期满的次日为期限的最后一日；在期限内有连续3日以上法定休假日的，按休假日天数顺延。

业务办理基本流程参照增值税一般纳税人申报。

知识点5：航空运输企业年度清算申报

航空运输企业总机构在年度终了后25个工作日内，计算分支机构发生《应税服务范围注释》所列业务年度清算的应纳税额，并向主管税务机关报送《_____年度航空运输企业年度清算表》，办理航空运输企业年度清算申报业务。

总机构主管税务机关受理申报，并于年度终了后40个工作日内将《_____年度航空运输企业年度清算表》逐级报送国家税务总局，国家税务总局根据分支机构年度清算的应纳税额情况，通知分支机构所在地的省税务机关，在一定时期内暂停分支机构预缴增值税或在分支机构预缴增值税时补缴入库。分支机构年度清算的应纳税额小于分支机构已预缴税额,且差额较大的,由国家税务总局通知分支机构所在地的省税务机关,在一定时期内暂停分支机构预缴增值税;分支机构年度清算的应纳税额大于分支机构已预缴税额,差额部分由国家税务总局通知分支机构所在地的省税务机关,在分支机构预缴增值税时一并补缴入库。

业务办理基本流程参照增值税一般纳税人申报。

知识点6:增值税申报异常凭证范围

2020年2月1日起,符合下列情形之一的增值税专用发票,列入异常凭证范围:①纳税人丢失、被盗税控专用设备中未开具或已开具未上传的增值税专用发票;②非正常户纳税人未向税务机关申报或未按规定缴纳税款的增值税专用发票;③增值税发票管理系统稽核比对发现"比对不符""缺联""作废"的增值税专用发票;④经税务总局、省税务局大数据分析发现,纳税人开具的增值税专用发票存在涉嫌虚开、未按规定缴纳消费税等情形的;⑤属于《国家税务总局关于走逃(失联)企业开具增值税专用发票认定处理有关问题的公告》(国家税务总局公告2016年第76号)第二条第(一)项规定情形的增值税专用发票。

2020年2月1日起,增值税一般纳税人申报抵扣异常凭证,同时符合下列情形的,其对应开具的增值税专用发票列入异常凭证范围:①异常凭证进项税额累计占同期全部增值税专用发票进项税额70%(含)以上的;②异常凭证进项税额累计超过5万元的。

第三节 消费税申报

知识点1:纳税人、征税范围和征税环节

1. 纳税人

在中华人民共和国境内生产、委托加工和进口应税消费品的单位和个人,以及国务院确定的销售应税消费品的其他单位和个人,为消费税的纳税人。

2. 征税范围

消费税共设置了烟、酒、高档化妆品、贵重首饰及珠宝玉石、鞭炮焰火、成品油、摩托车、小汽车、高尔夫球及球具、高档手表、游艇、木制一次性筷子、实木地板、电池、涂料十五个税目。

3. 征税环节

消费税纳税环节包括:生产销售环节、委托加工环节、进口环节、零售环节(超豪华

小汽车;金银首饰、铂金首饰、钻石及钻石饰品)、批发环节(卷烟)。

除卷烟和超豪华小汽车这两类消费品存在消费税的双环节课征外,其他应税消费品的消费税纳税环节具有单一性。

纳税人自产自用的应税消费品,用于连续生产应税消费品的,不缴纳消费税;用于其他方面的,于移送使用时纳税。

知识点2:税率

(1)在零售环节缴纳消费税的金银首饰、铂金首饰、钻石及钻石饰品在生产、批发、进口环节不缴纳消费税,消费税税率5%。

(2)卷烟生产、进口和批发环节均采用消费税复合计税的方式。卷烟批发环节消费税税率11%,并按0.005元/支加征从量税。雪茄烟和烟丝执行比例税率。

(3)白酒采用消费税复合计税的方式。白酒的比例税率为20%,定额税率为0.5元/斤(500克)或0.5元/500毫升。

(4)超豪华小汽车为每辆零售价格130万元(不含增值税)及以上的乘用车和中轻型商用客车。对超豪华小汽车,在生产(进口)环节按现行税率征收消费税基础上,在零售环节加征消费税,税率为10%。

(5)铅蓄电池在2015年12月31日前缓征消费税,自2016年1月1日起,对铅蓄电池按4%税率征收消费税。

(6)纳税人兼营不同税率应税消费品,应当分别核算不同税率应税消费品的销售额、销售数量;未分别核算,或者将不同税率应税消费品组成成套消费品销售的,从高适用税率。

知识点3:计税依据

消费税的计税依据分别采用从价定率、从量定额和复合计征三种方法。

1. 实行从价定率计征办法的计税依据

实行从价计税办法征税的应税消费品,计税依据为应税消费品的销售额。销售额为纳税人销售应税消费品向购买方收取的全部价款和价外费用,但不包括向购货方收取的增值税税款。如果纳税人应税消费品的销售额中未扣除增值税税款或者因不得开具增值税专用发票而发生价款和增值税税款合并收取的,在计算消费税时,应当换算为不含增值税税款的销售额。其换算公式为:

$$应税消费品的销售额＝含增值税的销售额÷(1＋增值税税率或者征收率)$$

2. 实行从量定额计征办法的计税依据

实行从量定额办法计税时,通常以应税消费品的销售数量为计税依据。销售数量是指纳税人生产、加工和进口应税消费品的数量。具体规定为：

销售应税消费品的，为应税消费品的销售数量；

自产自用应税消费品的，为应税消费品的移送数量；

委托加工应税消费品的，为纳税人收回的应税消费品数量；

进口应税消费品的，为海关核定的应税消费品进口征税数量。

3. 实行复合计征办法的计税依据

在现行消费税征税范围中，只有卷烟、白酒采用复合计征方法。其计税依据为应税销售品的销售额和销售应税消费品的重量、容积和数量，分别与相应消费税比例税率以及定额税率计算应纳消费税。

4. 计税依据的特殊规定

纳税人通过自设非独立核算门市部销售的自产应税消费品，应按门市部对外销售额或者销售数量征收消费税。

纳税人用于换取生产资料和消费资料，投资入股和抵偿债务等方面的应税消费品，应当以纳税人同类应税消费品的最高销售价格作为计税依据计算消费税。

对酒类产品生产企业销售酒类产品（除啤酒、黄酒外）而收取的包装物押金，无论押金是否返还及会计上如何核算，均应并入酒类产品销售额中征收消费税。

对酒类产品以外的其他应税消费品收取的包装物押金，对逾期未收回的包装物不再退还的或已收取一年以上的押金，应并入应税消费品的销售额，按照应税消费品的适用税率征收消费税。

知识点 4：应纳税额的计算

1. 应纳税额的一般计算

从价定率计算：

$$应纳税额＝应税消费品销售额×比例税率$$

从量定额计算：

$$应纳税额＝应税消费品销售数量×定额税率$$

从价定率和从量定额复合计算：

$$应纳税额＝应税消费品销售数量×定额税率＋应税消费品销售额×比例税率$$

2. 自产自用应税消费品应纳税额的计算

用于连续生产应税消费品的，不纳税；用于其他方面的，于移送使用时纳税。有同类消费品销售价格的，按照纳税人生产的同类消费品销售价格计算纳税；没有同类消费品销售价格的，按组成计税价格计算纳税。

3. 委托加工应税消费品应纳税额的计算

委托加工应税消费品是指委托方提供原料和主要材料，受托方只收取加工费和代垫部分辅助材料加工的应税消费品。

(1)委托加工应税消费品的,按照受托方的同类消费品销售价格计算纳税,计算公式为:

应纳税额＝同类消费品销售单价×委托加工数量×适用税率

(2)没有同类消费品销售价格的,按组成计税价格计算纳税。计算公式为:

组成计税价格＝(材料成本＋加工费)÷(1－比例税率)

应纳税额＝组成计税价格×比例税率

(3)复合计税应纳税额的计算公式为:

组成计税价格＝(材料成本＋加工费＋委托加工数量×定额税率)÷(1－比例税率)

应纳税额＝组成计税价格×适用税率＋委托加工数量×定额税率

知识点5:消费税纳税申报

(1)在中华人民共和国境内生产、委托加工和进口规定的消费品的单位和个人,以及国务院确定的销售规定的消费品的其他单位和个人,依据相关税收法律、法规、规章及其他有关规定,在规定的纳税申报期限内填报消费税申报表、附表和其他相关资料,向税务机关进行纳税申报。

根据《国家税务总局关于增值税 消费税与附加税费申报表整合有关事项的公告》(国家税务总局公告2021年第20号),自2021年8月1日起,启用《消费税及附加税费申报表》,附加税费申报表作为附列资料或附表,纳税人在进行消费税申报的同时完成附加税费申报。

(2)消费税的纳税期限分别为1日、3日、5日、10日、15日、1个月或者1个季度。纳税人的具体纳税期限,由主管税务机关根据纳税人应纳税额的大小分别核定;不能按照固定期限纳税的,可以按次纳税。纳税人以1个月或者1个季度为1个纳税期的,自期满之日起15日内申报纳税;以1日、3日、5日、10日或者15日为1个纳税期的,自期满之日起5日内预缴税款,于次月1日起15日内申报纳税并结清上月应纳税款。纳税期限遇最后一日是法定休假日的,以休假日期满的次日为期限的最后一日;在期限内有连续3日以上法定休假日的,按休假日天数顺延。

(3)纳税人享受减税、免税待遇的,在减税、免税期间应当按照规定办理纳税申报,填写申报表及其附表上的优惠栏目。

(4)自税款所属期2018年3月起,成品油消费税纳税人申报的某一类成品油销售数量,应大于或等于开具的该同一类成品油发票所载明的数量;申报扣除的成品油数量,应小于或等于取得的扣除凭证载明数量。

(5)对纳税人委托个体经营者加工的应税消费品,一律于委托方收回后在委托方所在地缴纳消费税。

第四节　附加税费申报

知识点 1：税率及征收率

纳税人所在地在市区的,城市维护建设税税率为 7%;纳税人所在地在县城、镇的,城市维护建设税税率为 5%;纳税人所在地不在市区、县城或镇的,城市维护建设税税率为 1%。

教育费附加征收比率为 3%,地方教育附加征收比率为 2%。

知识点 2：计税依据

城市维护建设税以纳税人依法实际缴纳的增值税、消费税税额(以下简称两税税额)为计税依据。

依法实际缴纳的两税税额,是指纳税人依照增值税、消费税相关法律法规和税收政策规定计算的应当缴纳的两税税额(不含因进口货物或境外单位和个人向境内销售劳务、服务、无形资产缴纳的两税税额),加上增值税免抵税额,扣除直接减免的两税税额和期末留抵退税退还的增值税税额后的金额。

直接减免的两税税额,是指依照增值税、消费税相关法律法规和税收政策规定,直接减征或免征的两税税额,不包括实行先征后返、先征后退、即征即退办法退还的两税税额。

教育费附加、地方教育附加计征依据与城市维护建设税计税依据一致。

知识点 3：附加税费纳税申报

(1)缴纳增值税、消费税的纳税人,依照税收法律法规及相关规定确定的申报期限、申报内容,就其应税项目向税务机关办理纳税、减免申报缴纳城市维护建设税、教育费附加、地方教育附加。

(2)纳税人跨地区提供建筑服务、销售和出租不动产的,应在建筑服务发生地、不动产所在地预缴增值税时,以预缴增值税税额为计费依据,就地缴纳城市维护建设税、教育费附加和地方教育附加。如果异地的城市维护建设税适用税率和教育费附加、地方教育附加征收率与机构所在地存在差异,无须补缴,也不能申请退抵税费。

(3)随增值税、消费税附征的城市维护建设税、教育费附加和地方教育附加可免于零申报。

(4)自 2021 年 8 月 1 日起,增值税、消费税分别与城市维护建设税、教育费附加、地方教育附加申报表整合,启用《增值税及附加税费申报表(一般纳税人适用)》《增值税及附加税费申报表(小规模纳税人适用)》《增值税及附加税费预缴表》及其附列资料和《消费税及附加税费申报表》。

新启用的《增值税及附加税费申报表(一般纳税人适用)》《增值税及附加税费申报表(小规模纳税人适用)》《增值税及附加税费预缴表》及其附列资料和《消费税及附加税费申报表》中,附加税费申报表作为附列资料或附表,纳税人在进行增值税、消费税申报的同时完成附加税费申报。

具体为纳税人填写增值税、消费税相关申报信息后,自动带入附加税费附列资料(附表);纳税人填写完附加税费其他申报信息后,回到增值税、消费税申报主表,形成纳税人本期应缴纳的增值税、消费税和附加税费数据。上述表内信息预填均由系统自动实现。

第五节　企业所得税申报

◆ 企业所得税基础知识

知识点 1:纳税人和税率

1. 纳税人

在中华人民共和国境内的企业和其他取得收入的组织(以下统称企业)为企业所得税的纳税人。个人独资企业、合伙企业不属于企业所得税纳税人。

企业所得税纳税人分为居民企业和非居民企业。居民企业,是指依法在中国境内成立,或者依照外国(地区)法律成立但实际管理机构在中国境内的企业。非居民企业,是指依照外国(地区)法律成立且实际管理机构不在中国境内,但在中国境内设立机构、场所的,或者在中国境内未设立机构、场所,但有来源于中国境内所得的企业。

2. 征税对象

居民企业应当就其来源于中国境内、境外的所得缴纳企业所得税。

非居民企业在中国境内设立机构、场所的,应当就其所设机构、场所取得的来源于中国境内的所得,以及发生在中国境外但与其所设机构、场所有实际联系的所得,缴纳企业所得税。

非居民企业在中国境内未设立机构、场所的,或者虽设立机构、场所但取得的所得与其所设机构、场所没有实际联系的,应当就其来源于中国境内的所得缴纳企业所得税。

3.税率

企业所得税的税率为25%。

非居民企业在中国境内未设立机构、场所的,或者虽设立机构、场所但取得的所得与其所设机构、场所没有实际联系的,其来源于中国境内的所得,适用企业所得税税率为20%。

知识点2:计税依据

1.应纳税所得额的计算

企业所得税的计税依据是应纳税所得额。企业每一纳税年度的收入总额,减除不征税收入、免税收入、各项扣除以及允许弥补的以前年度亏损后的余额,为应纳税所得额。

在计算企业所得税应纳税所得额时,企业财务、会计处理办法与税收法律、行政法规的规定不一致的,应当依照税收法律、行政法规的规定计算。

2.收入总额的确定

(1)收入总额包括以货币形式和非货币形式从各种来源取得的收入,包括销售货物收入,提供劳务收入,转让财产收入,股息、红利等权益性投资收益,利息收入,租金收入,特许权使用费收入,接受捐赠收入,其他收入。

(2)企业发生非货币性资产交换,以及将货物、财产、劳务用于捐赠、偿债、赞助、集资、广告、样品、职工福利或者利润分配等用途的,应当视同销售货物、转让财产或者提供劳务。

(3)企业以"买一赠一"等方式组合销售本企业商品的,不属于捐赠,应将总的销售金额按各项商品的公允价值的比例来分摊确认各项的销售收入。

(4)企业为促进商品销售而在商品价格上给予的价格扣除属于商业折扣。企业所得税中商品销售涉及商业折扣的,应当按照扣除商业折扣后的金额确定销售商品收入金额。

销售商品涉及现金折扣的,应当按扣除现金折扣前的金额确定销售商品收入金额,现金折扣在实际发生时作为财务费用扣除。

(5)以分期收款方式销售货物的,按照合同约定的收款日期确认收入的实现。

(6)租金收入,按照合同约定的承租人应付租金的日期确认企业所得税收入的实现。其中,如果交易合同或协议中规定租赁期限跨年度,且租金提前一次性支付的,根据《实施条例》第九条规定的收入与费用配比原则,出租人可对上述已确认的收入,在租赁期内,分期均匀计入相关年度收入。

(7)企业转让股权收入,应于转让协议生效且完成股权变更手续时,确认企业所得税收入的实现。

(8)利息收入,按照合同约定的债务人应付利息的日期确认企业所得税收入的实现。

(9)除国务院财政、税务主管部门另有规定外,股息、红利等权益性投资收益按照被投资方作出利润分配决定的日期确认收入的实现。

(10)特许权使用费收入按照合同约定的特许权使用人应付特许权使用费的日期确认企业所得税收入的实现。

(11)接受捐赠收入,按照实际收到捐赠资产的日期确认企业所得税收入的实现。

3. 不征税收入

收入总额中的下列收入为不征税收入:财政拨款、依法收取并纳入财政管理的行政事业性收费、政府性基金、国务院规定的其他不征税收入。

4. 税前扣除的范围和标准

(1)税前扣除的范围

企业实际发生的与取得收入有关的、合理的支出,包括成本、费用、税金、损失和其他支出,准予在计算应纳税所得额时扣除。

(2)职工教育经费

自 2018 年 1 月 1 日起,企业发生的职工教育经费支出,不超过工资薪金总额 8%的部分,准予在计算企业所得税应纳税所得额时扣除;超过部分,准予在以后纳税年度结转扣除。

(3)保险费用

企业根据国家有关政策规定,为在本企业任职或者受雇的全体员工支付的补充养老保险费、补充医疗保险费,分别在不超过职工工资总额 5%标准内的部分,在计算企业所得税应纳税所得额时准予扣除;超过的部分,不予扣除。

企业职工因公出差乘坐交通工具发生的人身意外保险费支出,准予在计算企业所得税应纳税所得额时扣除。企业参加财产保险,按照规定缴纳的保险费,准予扣除。

(4)业务招待费

企业所得税中企业发生的与生产经营活动有关的业务招待费支出,按照发生额的60%扣除,但最高不得超过当年销售(营业)收入的 5‰。

(5)广告费和业务宣传费

企业发生的符合条件的广告费和业务宣传费支出,除国务院财政、税务主管部门另有规定外,不超过当年销售(营业)收入 15%的部分,准予在计算企业所得税应纳税所得额时扣除;超过部分,准予在以后纳税年度结转扣除。自 2021 年 1 月 1 日起至2025 年 12 月 31 日止,对化妆品制造或销售、医药制造和饮料制造(不含酒类制造)企业发生的广告费和业务宣传费支出,不超过当年销售(营业)收入30%的部分,准予扣除;超过部分,准予在以后纳税年度结转扣除。

烟草企业的烟草广告费和业务宣传费支出,一律不得在计算应纳税所得额时扣除。

(6)公益性捐赠

企业发生的公益性捐赠支出,在年度利润总额12%以内的部分,准予在计算应纳税所得额时扣除;超过年度利润总额12%的部分,准予结转以后三年内在计算应纳税所得额时扣除。

自2019年1月1日至2022年12月31日,企业通过公益性社会组织或者县级(含县级)以上人民政府及其组成部门和直属机构,用于目标脱贫地区的扶贫捐赠支出,准予在企业所得税前据实扣除。在政策执行期限内,目标脱贫地区实现脱贫的,可继续适用上述政策。

(7)固定资产折旧

固定资产按照直线法计算的折旧,准予扣除。

企业应当自固定资产投入使用月份的次月起计算折旧;停止使用的固定资产,应当自停止使用月份的次月起停止计算折旧。

下列固定资产不得计算折旧扣除:房屋、建筑物以外未投入使用的固定资产;以经营租赁方式租入的固定资产;以融资租赁方式租出的固定资产;已足额提取折旧仍继续使用的固定资产;与经营活动无关的固定资产;单独估价作为固定资产入账的土地;其他不得计算折旧扣除的固定资产。

除国务院财政、税务主管部门另有规定外,固定资产计算折旧的最低年限如下:房屋、建筑物,为20年;飞机、火车、轮船、机器、机械和其他生产设备,为10年;与生产经营活动有关的器具、工具、家具等,为5年;飞机、火车、轮船以外的运输工具,为4年;电子设备,为3年。

(8)无形资产摊销

无形资产按照直线法计算的摊销费用,准予扣除。无形资产的摊销年限不得低于10年。

外购商誉的支出,在企业整体转让或者清算时,准予扣除。

自行开发的支出已在计算应纳税所得额时扣除的无形资产不得计算摊销费用扣除。

自创商誉不得计算摊销费用扣除。

(9)存货

企业使用或者销售的存货的成本计算方法,可在先进先出法、加权平均法、个别计价法中选用一种。计价方法一经选用,不得随意变更。

(10)不得税前扣除的项目

在计算企业所得税应纳税所得额时,下列支出不得扣除:向投资者支付的股息、红利等权益性投资收益款项;企业所得税税款;税收滞纳金;罚金、罚款和被没收财物的损失;准予在税前扣除的公益性捐赠以外的捐赠支出;赞助支出;未经核定的准备金支出;与取得收入无关的其他支出。

在计算企业所得税时,企业的不征税收入用于支出所形成的费用或者财产,不得扣除或者计算对应的折旧、摊销扣除。

企业在转让或者处置投资资产时,投资资产的成本准予扣除。企业对外投资期间,投资资产的成本在计算企业所得税应纳税所得额时不得扣除。

5.亏损弥补

企业纳税年度发生的亏损,准予向以后年度结转,用以后年度的所得弥补,但结转年限最长不得超过五年。

《财政部 税务总局关于延长高新技术企业和科技型中小企业亏损结转年限的通知》(财税〔2018〕76号)规定,自2018年1月1日起,当年具备高新技术企业或科技型中小企业资格的企业,其具备资格年度之前5个年度发生的企业所得税尚未弥补完的亏损,准予结转以后年度弥补,最长结转年限由5年延长至10年。

对电影行业企业2020年度发生的亏损,最长结转年限由5年延长至8年。

知识点3:税收优惠

1. 税率式优惠

(1)小型微利企业优惠

根据《财政部 税务总局关于实施小微企业普惠性税收减免政策的通知》(财税〔2019〕13号)的规定,2019年1月1日至2021年12月31日,对小型微利企业年应纳税所得额不超过100万元的部分,减按25%计入应纳税所得额,按20%的税率缴纳企业所得税;对年应纳税所得额超过100万元但不超过300万元的部分,减按50%计入应纳税所得额,按20%的税率缴纳企业所得税。

自2021年1月1日至2022年12月31日,对小型微利企业年应纳税所得额不超过100万元的部分,减按12.5%计入应纳税所得额,按20%的税率缴纳企业所得税。

自2022年1月1日至2024年12月31日,对小型微利企业年应纳税所得额超过100万元但不超过300万元的部分,减按25%计入应纳税所得额,按20%的税率缴纳企业所得税。

享受《财政部 税务总局关于实施小微企业普惠性税收减免政策的通知》(财税

〔2019〕13号)规定的小型微利企业优惠的企业是指从事国家非限制和禁止行业,且同时符合年度应纳税所得额不超过300万元、从业人数不超过300人、资产总额不超过5 000万元三个条件的企业。

(2)高新技术企业优惠

国家需要重点扶持的高新技术企业,减按15%的税率征收企业所得税。

2. 税基式优惠

(1)免税收入

国债利息收入属于企业所得税免税收入。

符合条件的居民企业之间的股息、红利等权益性投资收益属于企业所得税免税收入。

符合条件的非营利组织的收入属于企业所得税免税收入。

(2)加计扣除

2018年1月1日至2023年12月31日期间,企业为开发新技术、新产品、新工艺发生的研究开发费用,未形成无形资产计入当期损益的,在按照规定据实扣除的基础上,按照研究开发费用的75%加计扣除;形成无形资产的,按照无形资产成本的175%摊销。

制造业企业开展研发活动中实际发生的研发费用,未形成无形资产计入当期损益的,在按规定据实扣除的基础上,自2021年1月1日起,再按照实际发生额的100%在税前加计扣除;形成无形资产的,自2021年1月1日起,按照无形资产成本的200%在税前摊销。

在计算企业所得税时,企业安置残疾人员的,在按照支付给残疾职工工资据实扣除的基础上,按照支付给残疾职工工资的100%加计扣除。

(3)加速折旧

企业在2018年1月1日至2023年12月31日期间新购进的设备、器具,单位价值不超过500万元的,允许一次性计入当期成本费用在计算应纳税所得额时扣除,不再分年度计算折旧。

中小微企业在2022年1月1日至2022年12月31日期间新购置的设备、器具,单位价值在500万元以上的,按照单位价值的一定比例自愿选择在企业所得税税前扣除。其中,企业所得税法实施条例规定最低折旧年限为3年的设备器具,单位价值的100%可在当年一次性税前扣除;最低折旧年限为4年、5年、10年的,单位价值的50%可在当年一次性税前扣除,其余50%按规定在剩余年度计算折旧进行税前扣除。

3. 税额式优惠

企业从事下列项目的所得,减半征收企业所得税:花卉、茶以及其他饮料作物和香料作物的种植;海水养殖、内陆养殖。

一个纳税年度内,居民企业符合条件的技术转让所得不超过 500 万元的部分,免征企业所得税;超过 500 万元的部分,减半征收企业所得税。

企业购置并实际使用规定的环境保护、节能节水、安全生产等专用设备的,该专用设备的投资额的 10% 可以从企业当年的应纳税额中抵免;当年不足抵免的,可以在以后 5 个纳税年度结转抵免。

知识点 4:应纳所得税额的计算

查账征收企业所得税的居民企业,企业所得税应纳税额=应纳税所得额×适用税率-减免税额-抵免税额。

◆ 企业所得税纳税申报

知识点 1:居民企业所得税纳税申报

1. 居民企业(查账征收)企业所得税月(季)申报

实行查账征收方式申报企业所得税的居民企业(包括境外注册中资控股居民企业),应当就其来源于中国境内、境外的所得,在月份或者季度终了之日起的 15 日内,依照税收法律、法规、规章及其他有关规定,向税务机关填报《中华人民共和国企业所得税月(季)度预缴纳税申报表(A 类,2021 年版)》及其他相关资料,进行月(季)度预缴纳税申报。

跨地区经营的汇总纳税纳税人,总机构应分摊的预缴比例填报 25%,中央财政集中分配的预缴比例填报 25%,全部分支机构应分摊的预缴比例填报 50%;省内经营的汇总纳税纳税人,按各省规定执行。

建筑企业总机构直接管理的跨地区设立的项目部,应按项目实际经营收入的 0.2% 按月或按季由总机构向项目所在地预分企业所得税,并由项目部向所在地主管税务机关预缴。

企业所得税预缴申报必须连续进行,中间缺漏的属期要先补充完整,才能继续申报。

企业所得税分月或者分季预缴,由税务机关具体核定。符合条件的小型微利企业,实行按季度申报预缴企业所得税。纳税人应按照月度或者季度的实际利润额预缴企业所得税。也可以按照上一纳税年度应纳税所得额的月度或者季度平均额预缴,或者按照经税务机关认可的其他方法预缴。

2. 居民企业(核定征收)企业所得税月(季)度申报

按照企业所得税核定征收办法缴纳企业所得税的居民企业在月份或者季度终了之日起的 15 日内，依照税收法律、法规、规章及其他有关企业所得税的规定，向税务机关填报《中华人民共和国企业所得税月（季）度预缴和年度纳税申报表（B 类，2018 年版）（2020 年修订）》及其他相关资料，向税务机关进行企业所得税月（季）度申报。核定征收企业生产经营范围、主营业务发生重大变化，或者应纳税所得额或应纳税额增减变化达到 20％ 的，应及时向主管税务机关报告，提供情况说明。

3. 居民企业（查账征收）企业所得税年度申报

实行查账征收方式申报企业所得税的居民企业（包括境外注册中资控股居民企业）在纳税年度终了之日起 5 个月内，在年度中间终止经营活动的在实际终止经营之日起 60 日内，依照税收法律、法规、规章及其他有关规定，自行计算本纳税年度应纳税所得额、应纳所得税额和本纳税年度应补（退）税额，向税务机关填报《中华人民共和国企业所得税年度纳税申报表（A 类，2017 年版）（2020 年修订）》及其他有关资料，进行年度纳税申报。纳税年度中间新开业（包括试生产、试经营）或纳税年度中间终止经营活动的纳税人，无论是否在减税、免税期间，也无论盈利或亏损，均应按照企业所得税法及其实施条例和有关规定进行居民企业所得税年度申报。

除税收法律、行政法规另有规定外，居民企业以企业登记注册地为企业所得税纳税地点；但登记注册地在境外的，以实际管理机构所在地为纳税地点。

小型微利企业办理 2018 年度及以后年度企业所得税汇算清缴纳税申报时，《中华人民共和国企业所得税年度纳税申报表（A 类）》（A100000）为小型微利企业必填表单。《企业所得税年度纳税申报基础信息表》（A000000）中的"基本经营情况"为小型微利企业必填项目；"有关涉税事项情况"为选填项目，存在或者发生相关事项时小型微利企业必须填报；"主要股东及分红情况"为小型微利企业免填项目。免于填报《一般企业收入明细表》（A101010）、《金融企业收入明细表》（A101020）、《一般企业成本支出明细表》（A102010）、《金融企业支出明细表》（A102020）、《事业单位、民间非营利组织收入、支出明细表》（A103000）、《期间费用明细表》（A104000）。除前述规定的表单、项目外，小型微利企业可结合自身经营情况，选择表单填报。未发生表单中规定的事项，无须填报。

实行查账征收的居民企业和在中国境内设立机构、场所并据实申报缴纳企业所得税的非居民企业，向税务机关报送年度企业所得税纳税申报表时，应当就其与关联方之间的业务往来进行关联申报。

居民企业（查账征收）在办理年度申报时在纳税年度内预缴企业所得税税款少于应缴企业所得税税款的，应在汇算清缴期内结清应补缴的企业所得税税款；预缴税款超过应纳税款的，及时向主管税务机关按有关规定办理抵缴或退税。

4. 居民企业（核定征收）企业所得税年度申报

按照企业所得税核定征收办法缴纳企业所得税的居民企业年度终了之日起 5 个月内或在年度中间终止经营活动的自实际终止经营之日起 60 日内,依照税收法律、法规、规章及其他有关企业所得税的规定,向税务机关填报《中华人民共和国企业所得税月(季)度预缴和年度纳税申报表(B 类,2018 年版)(2020 年修订)》及其他相关资料,向税务机关进行企业所得税年度申报。实行核定定额征收企业所得税的纳税人,不进行汇算清缴。

5. 清算企业所得税申报

因解散、破产、重组等原因终止生产经营活动的纳税人,不再持续经营的纳税人,企业由法人转变为个人独资企业、合伙企业等非法人组织,或将登记注册地转移至中华人民共和国境外(包括港澳台地区),在办理注销登记前,以整个清算期间作为一个纳税年度,依法计算清算所得及其应纳所得税,自清算结束之日起 15 日内,填报《中华人民共和国企业清算所得税申报表》及其他相关资料,向税务机关进行申报。

企业应当在办理注销登记之前,就其清算所得向主管税务机关申报并依法缴纳企业所得税。境外注册中资控股居民企业需要申报办理注销税务登记的,应在注销税务登记前,就其清算所得向主管税务机关申报缴纳企业所得税。

企业清算的所得税处理包括以下内容:全部资产均应按可变现价值或交易价格,确认资产转让所得或损失;确认债权清理、债务清偿的所得或损失;改变持续经营核算原则,对预提或待摊性质的费用进行处理;依法弥补亏损,确定清算所得;计算并缴纳清算所得税;确定可向股东分配的剩余财产、应付股息等。

企业在年度中间终止经营活动的,应当自实际经营终止之日起 60 日内,向税务机关办理当期企业所得税汇算清缴。企业应当在办理注销登记前,就其清算所得向税务机关申报并依法缴纳企业所得税。

6. 对采取实际利润额预缴以外的其他企业所得税预缴方式的核定

企业所得税纳税人按照月度或者季度的实际利润额预缴企业所得税。按照月度或者季度的实际利润额预缴有困难的,可以按照上一纳税年度应纳税所得额的月度或者季度平均额预缴,或者按照经税务机关认可的其他方法预缴。

按月度预缴企业所得税的申请人应当于每年 1 月 31 日前提出申请;按季度预缴企业所得税的申请人应当于每年 3 月 31 日前提出申请。纳税人的预缴方法一经确定,该纳税年度内不得随意变更。

该事项属于税务行政许可事项。

知识点 2:非居民企业所得税纳税申报

1. 扣缴企业所得税报告

依照外国(地区)法律成立且实际管理机构不在中国境内,但在中国境内设立机构、场所的,或者在中国境内未设立机构、场所,但有来源于中国境内所得的企业,实行源泉扣缴,以支付人为扣缴义务人。税款由扣缴义务人在每次支付或者到期应支付时,从支付或者到期应支付的款项中扣缴。

对非居民企业在中国境内取得工程作业和劳务所得应缴纳的所得税,税务机关可以指定工程价款或者劳务费的支付人为扣缴义务人。

可以指定扣缴义务人的情形,包括:预计工程作业或者提供劳务期限不足一个纳税年度,且有证据表明不履行纳税义务的;没有办理税务登记或者临时税务登记,且未委托中国境内的代理人履行纳税义务的;未按照规定期限办理企业所得税纳税申报或者预缴申报的。前款规定的扣缴义务人,由县级以上税务机关指定,并同时告知扣缴义务人所扣税款的计算依据、计算方法、扣缴期限和扣缴方式。

上述应当扣缴的所得税,扣缴义务人未依法扣缴或者无法履行扣缴义务的,由纳税人在所得发生地缴纳。纳税人未依法缴纳的,税务机关可以从该纳税人在中国境内其他收入项目的支付人应付的款项中,追缴该纳税人的应纳税款。

境外投资者以分配利润直接投资暂不征收预提所得税的,利润分配企业应在实际支付利润之日起 7 日内,向主管税务机关履行备案手续。

2. 非居民企业所得税预缴申报

依照外国(地区)法律成立且实际管理机构不在中国境内,但在中国境内设立机构、场所的非居民企业,在季度终了后 15 日内,向税务机关申报预缴企业所得税。

3. 非居民企业所得税年度申报

依照外国(地区)法律成立且实际管理机构不在中国境内,但在中国境内设立机构、场所的非居民企业,应当自年度终了之日起 5 个月内,向税务机关报送年度企业所得税纳税申报表,并汇算清缴,结清应缴应退税款;在年度中间终止经营活动的,应当自实际经营终止之日起 60 日内,向税务机关办理当期企业所得税汇算清缴。

4. 关联业务往来年度报告申报

实行查账征收的居民企业和在中国境内设立机构、场所并据实申报缴纳企业所得税的非居民企业,向税务机关报送年度企业所得税纳税申报表时,应当就其与关联方之间的业务往来进行关联申报。

与关联方签订(变更)成本分摊协议的企业应自签订(变更)之日起 30 日内,向主管税务机关报送成本分摊协议副本,并在年度企业所得税纳税申报时,进行关联申报。

第六节　个人所得税申报

◆ 个人所得税基础知识

知识点 1：纳税人

我国个人所得税法依据住所和居住时间两个标准，将个人纳税人区分为居民个人和非居民个人。

居民个人是指在中国境内有住所，或者无住所而一个纳税年度内在中国境内居住累计满 183 天的个人。居民个人负有无限纳税义务，应就其从中国境内、境外取得的所得缴纳个人所得税。

非居民个人是指在中国境内无住所又不居住，或者无住所而一个纳税年度内在中国境内居住累计不满 183 天的个人。非居民个人负有有限纳税义务，应就其从中国境内取得的所得缴纳个人所得税。

知识点 2：征税对象

下列各项个人所得，应当缴纳个人所得税：

(1)工资、薪金所得；

(2)劳务报酬所得；

(3)稿酬所得；

(4)特许权使用费所得；

(5)经营所得；

(6)利息、股息、红利所得；

(7)财产租赁所得；

(8)财产转让所得；

(9)偶然所得。

居民个人取得前款第一项至第四项所得（以下称综合所得），按纳税年度合并计算个人所得税；非居民个人取得前款第一项至第四项所得，按月或者按次分项计算个人所得税。纳税人取得前款第五项至第九项所得，依照本法规定分别计算个人所得税。

知识点 3：税率

居民个人取得综合所得适用个人所得税七级超额累进税率，税率为 3％～45％。

经营所得,适用 5%～35% 的超额累进税率计算个人所得税。

利息、股息、红利所得,财产租赁所得,财产转让所得和偶然所得,适用 20% 比例税率计算个人所得税。

个人出租住房减按 10% 税率征收个人所得税。

知识点 4:应纳税所得额的计算

1. 综合所得

(1)综合所得的构成

居民个人取得工资薪金所得、劳务报酬所得、稿酬所得、特许权使用费所得纳入综合所得,按纳税年度合并计算个人所得税。

居民个人的综合所得,以每一纳税年度的收入额减除费用 60 000 元以及专项扣除、专项附加扣除和依法确定的其他扣除后的余额,为个人所得税应纳税所得额。

(2)工资薪金所得

扣缴义务人向居民个人支付工资、薪金所得时,应当按照累计预扣法计算预扣个人所得税,并按月办理扣缴申报。

非居民个人取得工资薪金所得、劳务报酬所得、稿酬所得、特许权使用费所得,按月或者按次分项计算个人所得税。

非居民个人的工资、薪金所得,以每月收入额减除费用 5 000 元后的余额为应纳税所得额。

(3)劳务报酬所得、稿酬所得、特许权使用费所得

劳务报酬所得、稿酬所得、特许权使用费所得以收入减除 20% 的费用后的余额为收入额。稿酬所得的收入额减按 70% 计算。

(4)专项扣除

专项扣除,包括居民个人按照国家规定的范围和标准缴纳的基本养老保险、基本医疗保险、失业保险等社会保险费和住房公积金等。

(5)专项附加扣除

专项附加扣除,是指个人所得税法规定的子女教育、继续教育、大病医疗、住房贷款利息或者住房租金、赡养老人、3 岁以下婴幼儿照护等支出。

①子女教育支出

纳税人的子女接受全日制学历教育的相关支出,按照每个子女每月 1 000 元的标准定额作为个人所得税子女教育专项附加扣除。

②继续教育支出

纳税人在中国境内接受学历(学位)继续教育的支出,在学历(学位)教育期间按照

每月 400 元定额扣除。同一学历(学位)继续教育的扣除期限不能超过 48 个月。

纳税人在境内接受技能人员职业资格继续教育、专业技术人员职业资格继续教育的支出,在取得相关证书的当年,按照 3 600 元定额扣除。

个人接受本科及以下学历(学位)继续教育,符合规定扣除条件的,可以选择由其父母扣除,也可以选择由本人扣除。

③大病医疗支出

在一个纳税年度内,纳税人发生的与基本医保相关的医药费用支出,扣除医保报销后个人负担(指医保目录范围内的自付部分)累计超过 15 000 元的部分,由纳税人在办理个人所得税年度汇算清缴时,在 80 000 元限额内据实扣除。

纳税人发生的医药费用支出可以选择由本人或者其配偶扣除;未成年子女发生的医药费用支出可以选择由其父母一方扣除。纳税人及其配偶、未成年子女发生的医药费用支出,按规定分别计算扣除额。

④住房贷款利息支出

纳税人本人或者配偶发生的首套住房贷款利息支出,在实际发生贷款利息的年度,按照每月 1 000 元的标准定额扣除,扣除期限最长不超过 240 个月。

⑤住房租金支出

纳税人在主要工作城市没有自有住房而发生的住房租金支出,可以按照以下标准定额扣除:

A. 直辖市、省会(首府)城市、计划单列市以及国务院确定的其他城市,扣除标准为每月 1 500 元;

B. 除 A 项所列城市以外,市辖区户籍人口超过 100 万的城市,扣除标准为每月 1 100 元;市辖区户籍人口不超过 100 万的城市,扣除标准为每月 800 元。

纳税人及其配偶在一个纳税年度内不能同时分别享受住房贷款利息和住房租金专项附加扣除。

⑥赡养老人支出

纳税人赡养老人专项附加扣除标准为:纳税人为独生子女的,按照每月 2 000 元的标准定额扣除赡养老人支出;纳税人为非独生子女的,赡养老人支出由其与兄弟姐妹分摊每月 2 000 元的扣除额度,每人分摊的额度不能超过每月 1 000 元。

赡养老人专项附加扣除中被赡养人是指年满 60 岁的父母,以及子女均已去世的年满 60 岁的祖父母、外祖父母。

赡养老人专项附加扣除中纳税人扣除的计算时间为被赡养人年满 60 周岁的当月至赡养义务终止的年末。

⑦3 岁以下婴幼儿照护支出

自 2022 年 1 月 1 日起,纳税人照护 3 岁以下婴幼儿子女的相关支出,按照每个婴幼儿每月 1 000 元的标准定额扣除。父母可以选择由其中一方按扣除标准的 100% 扣除,也可以选择由双方分别按扣除标准的 50% 扣除,具体扣除方式在一个纳税年度内不能变更。

（6）其他扣除

依法确定的其他扣除,包括个人缴付符合国家规定的企业年金、职业年金,个人购买符合国家规定的商业健康保险、税收递延型商业养老保险的支出,以及国务院规定可以扣除的其他项目。

2. 经营所得

经营所得,以每一纳税年度的收入总额减除成本、费用以及损失后的余额,为应纳税所得额。

3. 财产租赁所得

财产租赁所得,每次收入不超过 4 000 元的,减除费用 800 元;4 000 元以上的,减除 20% 的费用,其余额为应纳税所得额。

财产租赁所得,以一个月内取得的收入为一次。

4. 财产转让所得

财产转让所得,以转让财产的收入额减除财产原值和合理费用后的余额,为应纳税所得额。

5. 利息、股息、红利所得和偶然所得

利息、股息、红利所得和偶然所得,以每次收入额为应纳税所得额。

知识点 5:减征规定

可以减征个人所得税的情形有:①残疾、孤老人员和烈属的所得;②因自然灾害遭受重大损失的。

◆ 个人所得税纳税申报

知识点 1:居民综合所得个人所得税年度自行申报

（1）居民个人是指中国境内有住所,或者无住所而一个纳税年度内在中国境内居住累计满 183 天的个人。所称在中国境内有住所,是指因户籍、家庭、经济利益关系而在中国境内习惯性居住。

（2）居民个人取得工资、薪金所得、劳务报酬所得、稿酬所得、特许权使用费所得等综合所得且符合下列情形之一的纳税人,在取得所得的次年 3 月 1 日至 6 月 30 日内填

报《个人所得税年度自行纳税申报表》及其他相关资料,办理年度汇算或者随年度汇算一并办理纳税申报:

①从两处以上取得综合所得,且综合所得年收入额减除专项扣除后的余额超过60 000元;

②取得劳务报酬所得、稿酬所得、特许权使用费所得中一项或者多项所得,且综合所得年收入额减除专项扣除后的余额超过60 000元;

③纳税年度内预缴税额低于应纳税额;

④申请退税;

⑤取得综合所得,扣缴义务人未扣缴税款的。

(3)个人所得税综合所得汇算应退或应补税额＝[(综合所得收入额－60 000元－"三险一金"等专项扣除－子女教育等专项附加扣除－依法确定的其他扣除－符合条件的公益慈善事业捐赠)×适用税率－速算扣除数]－已预缴税额

(4)年度汇算不涉及财产租赁等分类所得,以及纳税人按规定选择不并入综合所得计算纳税的所得。

个人所得税纳税人办理综合所得汇算清缴,应当准备与收入、专项扣除、专项附加扣除、依法确定的其他扣除、捐赠、享受税收优惠等相关的资料,并按规定留存备查或报送。

(5)享受子女教育、继续教育、住房贷款利息或者住房租金、赡养老人专项附加扣除的纳税人,自符合条件开始,可以向支付工资、薪金所得的扣缴义务人提供上述专项附加扣除有关信息办理扣除;也可以向汇缴地主管税务机关办理汇算清缴申报时扣除。纳税人未取得工资、薪金所得,仅取得劳务报酬所得、稿酬所得、特许权使用费所得需要享受专项附加扣除的,应当自行向汇缴地主管税务机关报送《个人所得税专项附加扣除信息表》,并在办理汇算清缴申报时扣除。享受大病医疗专项附加扣除的纳税人,由其自行向汇缴地主管税务机关办理汇算清缴申报时扣除。

(6)纳税人因移居境外注销中国户籍的,且在注销户籍年度取得综合所得的,应当在注销户籍前,向户籍所在地主管税务机关办理当年综合所得的汇算清缴,并报送《个人所得税年度自行纳税申报表》。尚未办理上一年度综合所得汇算清缴的,应当在办理注销户籍纳税申报时一并办理。

纳税人办理注销户籍纳税申报时,需要办理专项附加扣除、依法确定的其他扣除的,应当向税务机关报送《个人所得税专项附加扣除信息表》《商业健康保险税前扣除情况明细表》《个人税收递延型商业养老保险税前扣除情况明细表》等。

纳税人有未缴或者少缴税款的,应当在注销户籍前,结清欠缴或未缴的税款。纳税人存在分期缴税且未缴纳完毕的,应当在注销户籍前,结清尚未缴纳的税款。

（7）需要办理汇算清缴的纳税人，向任职、受雇单位所在地主管税务机关办理纳税申报。纳税人有两处以上任职、受雇单位的，选择向其中一处任职、受雇单位所在地主管税务机关办理纳税申报；纳税人没有任职、受雇单位的，向户籍所在地或经常居住地主管税务机关办理纳税申报。

（8）居民纳税人在纳税年度内已依法预缴个人所得税且符合下列情形之一的，无须办理年度汇算：年度汇算需补税但综合所得收入全年不超过12万元的；年度汇算需补税金额不超过400元的；已预缴税额与年度汇算应纳税额一致的；符合年度汇算退税条件但不申请退税的。

知识点2：经营所得个人所得税月（季）度申报

（1）纳税人取得经营所得，以每一纳税年度的收入总额减除成本、费用以及损失后的余额，为应纳税所得额，按年计算个人所得税，纳税人在月度或季度终了后15日内填报《个人所得税经营所得纳税申报表（A表）》及其他相关资料，向经营管理所在地主管税务机关办理预缴纳税申报，并预缴税款。纳税人取得经营所得需要办理预缴及年度汇算。

（2）个体工商户业主、个人独资企业投资者、合伙企业个人合伙人、承包承租经营者个人以及其他从事生产、经营活动的个人取得经营所得的，应当办理预缴纳税申报和汇算清缴。经营所得包括以下情形：

①个体工商户从事生产、经营活动取得的所得，个人独资企业投资人、合伙企业的个人合伙人来源于境内注册的个人独资企业、合伙企业生产、经营的所得；

②个人依法从事办学、医疗、咨询以及其他有偿服务活动取得的所得；

③个人对企业、事业单位承包经营、承租经营以及转包、转租取得的所得；

④个人从事其他生产、经营活动取得的所得。

（3）从事生产、经营活动，未提供完整、准确的纳税资料，不能正确计算应纳税所得额的，由主管税务机关核定应纳税所得额或者应纳税额。

（4）预缴申报时，合伙企业有多个自然人合伙人的，应分别填报《个人所得税经营所得纳税申报表（A表）》。

（5）纳税人因移居境外注销中国户籍，且在当年取得经营所得的，应当在申请注销中国户籍前，向户籍所在地主管税务机关办理汇算清缴，进行税款清算。

纳税人有未缴或者少缴税款的，应当在注销户籍前，结清欠缴或未缴的税款。纳税人存在分期缴税且未缴纳完毕的，应当在注销户籍前，结清尚未缴纳的税款。

知识点3：经营所得个人所得税年度申报

（1）纳税人取得经营所得，以每一纳税年度的收入总额减除成本、费用以及损失后的余额,为应纳税所得额,按年计算个人所得税。纳税人在取得所得的次年 3 月 31 日前填报《个人所得税经营所得纳税申报表(B 表)》及其他相关资料,向经营管理所在地主管税务机关办理年度汇算;从两处以上取得经营所得的,选择向其中一处经营管理所在地主管税务机关办理年度汇总申报,并报送《个人所得税经营所得纳税申报表(C 表)》。

(2)企业在年度中间合并、分立、终止时,个人独资企业投资者、合伙企业个人合伙人、承包承租经营在停止生产经营之日起 60 日内,向主管税务机关办理当期个人所得税年度汇算。

(3)汇算清缴时,合伙企业有多个自然人合伙人的,应分别填报《个人所得税经营所得纳税申报表(B 表)》。

(4)取得经营所得的个人,没有综合所得的,计算其每一纳税年度的应纳税所得额时,应当减除费用 6 万元、专项扣除、专项附加扣除以及依法确定的其他扣除。专项附加扣除在办理汇算清缴时减除。

(5)纳税人在注销户籍年度取得经营所得的,应当在注销户籍前,向户籍所在地主管税务机关办理当年经营所得的汇算清缴,并报送《个人所得税经营所得纳税申报表(B 表)》。从两处以上取得经营所得的,还应当一并报送《个人所得税经营所得纳税申报表(C 表)》。尚未办理上一年度经营所得汇算清缴的,应当在办理注销户籍纳税申报时一并办理。

纳税人有未缴或者少缴税款的,应当在注销户籍前,结清欠缴或未缴的税款。纳税人存在分期缴税且未缴纳完毕的,应当在注销户籍前,结清尚未缴纳的税款。

知识点 4:居民其他分类所得个人所得税自行申报

(1)居民个人取得利息、股息、红利所得,财产租赁所得,财产转让所得,偶然所得但没有扣缴义务人的,应当在取得所得的次月 15 日前,按规定向主管税务机关办理纳税申报;有扣缴义务人但未扣缴税款的,以及国务院规定的其他情形,依照税收法律、法规、规章及其他有关规定,在取得所得的次年 6 月 30 日前就其个人所得向主管税务机关申报并缴纳税款。税务机关通知限期缴纳的,纳税人应当按照期限缴纳税款。

(2)纳税人在注销户籍当年取得利息、股息、红利所得,财产租赁所得,财产转让所得和偶然所得的,应当在注销户籍前,申报当年上述所得的完税情况,并报送《个人所得税自行纳税申报表(A 表)》。

(3)个人股权转让所得个人所得税以被投资企业所在地税务机关为主管税务机关。具有下列情形之一的,纳税人应当依法在次月 15 日内向主管税务机关申报纳税:

①受让方已支付或部分支付股权转让价款的;

②股权转让协议已签订生效的;

③受让方已经实际履行股东职责或者享受股东权益的;

④国家有关部门判决、登记或公告生效的;

⑤股权被司法或行政机关强制过户、以股权对外投资或进行其他非货币性交易的、以股权抵偿债务或其他股权转移行为已完成的;

⑥税务机关认定的其他有证据表明股权已发生转移的情形。

(4)个人转让不动产的,税务机关应当根据不动产登记等相关信息核验应缴的个人所得税,登记机构办理转移登记时,应当查验与该不动产转让相关的个人所得税的完税凭证。个人转让股权办理变更登记的,市场主体登记机关应当查验与该股权交易相关的个人所得税的完税凭证。

知识点 5:非居民个人所得税自行申报

(1)非居民纳税人按照税收法律法规和税收协定的有关规定,就其取得的境内个人所得向主管税务机关书面报送相关申报表。

非居民个人是指在中国境内无住所又不居住,或者无住所而一个纳税年度内在中国境内居住累计不满 183 天的个人。无住所个人一个纳税年度内在中国境内累计居住天数,按照个人在中国境内累计停留的天数计算。在中国境内停留的当天满 24 小时的,计入中国境内居住天数;在中国境内停留的当天不足 24 小时的,不计入中国境内居住天数。

(2)非居民个人所得税自行申报的情形包括:

①从中国境内取得应税所得没有扣缴义务人的;

②从中国境内取得应税所得,扣缴义务人未扣缴税款的;

③从中国境内两处或两处以上取得工资、薪金所得的;

④国务院规定的其他情形。

(3)非居民个人取得工资、薪金所得,劳务报酬所得,稿酬所得,特许权使用费所得,扣缴义务人未扣缴税款的,应当在取得所得的次年 6 月 30 日前,向扣缴义务人所在地主管税务机关办理纳税申报。有两个以上扣缴义务人均未扣缴税款的,选择向其中一处扣缴义务人所在地主管税务机关办理纳税申报。

(4)非居民个人在中国境内从两处以上取得工资、薪金所得的,应当在取得所得的次月 15 日内,向其中一处任职、受雇单位所在地主管税务机关办理纳税申报。

(5)非居民个人取得利息、股息、红利所得,财产租赁所得,财产转让所得和偶然所得的,扣缴义务人未扣缴税款的,应当在取得所得的次年 6 月 30 日前,按相关规定向主管税务机关办理纳税申报。税务机关通知限期缴纳的,纳税人应当按照期限缴纳税款。

(6)非居民个人在次年 6 月 30 日前离境(临时离境除外)的,应当在离境前办理纳税申报。

知识点 6:限售股转让所得个人所得税清算申报

(1)限售股转让所得个人所得税,采取证券机构预扣预缴、纳税人自行申报清算和证券机构直接扣缴相结合的方式征收。纳税人按照实际转让收入与实际成本计算出的应纳税额,与证券机构预扣预缴税额有差异的,纳税人自证券机构代扣并解缴税款的次月 1 日起 3 个月内,到证券机构所在地主管税务机关提出清算申请,办理清算申报事宜。

(2)限售股包括:

①上市公司股权分置改革完成后股票复牌日之前股东所持原非流通股股份,以及股票复牌日至解禁日期间由上述股份孳生的送、转股(以下统称股改限售股);

②2006 年股权分置改革新老划断后,首次公开发行股票并上市的公司形成的限售股,以及上市首日至解禁日期间由上述股份孳生的送、转股(以下统称新股限售股);

③个人从机构或其他个人受让的未解禁限售股;

④个人因依法继承或家庭财产依法分割取得的限售股;

⑤个人持有的从代办股份转让系统转到主板市场(或中小板、创业板市场)的限售股;

⑥上市公司吸收合并中,个人持有的原被合并方公司限售股所转换的合并方公司股份;

⑦上市公司分立中,个人持有的被分立方公司限售股所转换的分立后公司股份;

⑧其他限售股。

(3)个人转让限售股或发生具有转让限售股实质的其他交易,取得现金、实物、有价证券和其他形式的经济利益均应缴纳个人所得税。限售股在解禁前被多次转让的,转让方对每一次转让所得均应按规定缴纳个人所得税。对具有下列情形的,应按规定征收个人所得税:

①个人通过证券交易所集中交易系统或大宗交易系统转让限售股;

②个人用限售股认购或申购交易型开放式指数基金(ETF)份额;

③个人用限售股接受要约收购;

④个人行使现金选择权将限售股转让给提供现金选择权的第三方;

⑤个人协议转让限售股;

⑥个人持有的限售股被司法扣划;

⑦个人因依法继承或家庭财产分割让渡限售股所有权；

⑧个人用限售股偿还上市公司股权分置改革中由大股东代其向流通股股东支付的对价；

⑨其他具有转让实质的情形。

纳税人发生第①②③④项情形的，对其应纳个人所得税按照财税〔2009〕167号文件规定，采取证券机构预扣预缴、纳税人自行申报清算和证券机构直接扣缴相结合的方式征收。纳税人按照实际转让收入与实际成本计算出的应纳税额，与证券机构预扣预缴税额有差异的，纳税人应自证券机构代扣并解缴税款的次月1日起3个月内，到证券机构所在地主管税务机关提出清算申请，办理清算申报事宜。

纳税人发生第⑤⑥⑦⑧项情形的，采取纳税人自行申报纳税的方式。纳税人转让限售股后，应在次月7日内到主管税务机关填报《限售股转让所得个人所得税清算申报表》，自行申报纳税。

第七节　财产和行为税申报

◆ 车辆购置税申报

知识点1：车辆购置税基础知识

1. 纳税人和征税对象

在中华人民共和国境内购置应税车辆的单位和个人，为车辆购置税的纳税人。车辆购置税以列举的车辆作为征税对象，其征税范围包括汽车、有轨电车、汽车挂车、排气量超过150毫升的摩托车。购置，是指以购买、进口、自产、受赠、获奖或者其他方式取得并自用应税车辆的行为。

2. 税率

车辆购置税实行一次性征收。购置已征车辆购置税的车辆，不再征收车辆购置税。车辆购置税的税率为10%。

3. 税收优惠

下列车辆免征车辆购置税：

(1)依照法律规定应当予以免税的外国驻华使馆、领事馆和国际组织驻华机构及其有关人员自用的车辆；

(2)中国人民解放军和中国人民武装警察部队列入装备订货计划的车辆；

(3)悬挂应急救援专用号牌的国家综合性消防救援车辆；

（4）设有固定装置的非运输专用作业车辆；

（5）城市公交企业购置的公共汽电车辆。

根据国民经济和社会发展的需要,国务院可以规定减征或者其他免征车辆购置税的情形,报全国人民代表大会常务委员会备案。

免税、减税车辆因转让、改变用途等原因不再属于免税、减税范围的,纳税人应当在办理车辆转移登记或者变更登记前缴纳车辆购置税。计税价格以免税、减税车辆初次办理纳税申报时确定的计税价格为基准,每满一年扣减10%。

4. 纳税时间和地点

车辆购置税的纳税义务发生时间为纳税人购置应税车辆的当日,以纳税人购置应税车辆所取得的车辆相关凭证上注明的时间为准。按不同的购置方式,纳税义务发生时间,按照下列情形确定：

（1）购买自用应税车辆的为购买之日,即车辆相关价格凭证的开具日期；

（2）进口自用应税车辆的为进口之日,即《海关进口增值税专用缴款书》或者其他有效凭证的开具日期；

（3）自产、受赠、获奖或者以其他方式取得并自用应税车辆的为取得之日,即合同、法律文书或者其他有效凭证的生效或者开具日期。

纳税人应当自纳税义务发生之日起60日内申报缴纳车辆购置税。购置应税车辆,应当向车辆登记注册地的主管税务机关申报纳税；购置不需要办理车辆登记注册手续的应税车辆,应当向纳税人所在地的主管税务机关申报纳税。

5. 应纳税额的计算

车辆购置税实行从价定率的办法计算应纳税额,税率是10%。计算公式为：应纳税额＝计税价格×税率。应税车辆的计税价格,按照下列规定确定：

（1）纳税人购买自用应税车辆的计税价格,为纳税人实际支付给销售者的全部价款,不包括增值税税款；

（2）纳税人进口自用应税车辆的计税价格,为关税完税价格加上关税和消费税；

（3）纳税人自产自用应税车辆的计税价格,按照纳税人生产的同类应税车辆的销售价格确定,不包括增值税税款；

（4）纳税人以受赠、获奖或者其他方式取得自用应税车辆的计税价格,按照购置应税车辆时相关凭证载明的价格确定,不包括增值税税款。

纳税人以外汇结算应税车辆价款的,按照申报纳税之日的人民币汇率中间价折合成人民币计算缴纳税款。

知识点2：车辆购置税纳税申报

（1）车辆购置税实行一车一申报制度。车辆购置税纳税人自纳税义务发生之日起

60 日内办理车辆购置税申报。纳税人申报的应税车辆计税价格明显偏低,又无正当理由的,由税务机关依照《中华人民共和国税收征收管理法》的规定核定其应纳税额。

(2)自 2020 年 6 月 1 日起,纳税人购置应税车辆办理车辆购置税纳税申报时,以发票电子信息中的不含税价作为申报计税价格。纳税人依据相关规定提供其他有效价格凭证的情形除外。应税车辆存在多条发票电子信息或者没有发票电子信息的,纳税人应当持机动车销售统一发票、购车合同及其他能够反映真实交易的材料到税务机关办理车辆购置税纳税申报,按照购置应税车辆实际支付给销售方的全部价款(不包括增值税税款)申报纳税。

发票电子信息与纳税人提供的机动车销售统一发票的内容不一致、纳税人提供的机动车销售统一发票已经作废或者开具了红字发票的,纳税人应换取合规的发票后申报纳税。

(3)纳税人应当在向公安机关交通管理部门办理车辆注册登记前,缴纳车辆购置税。自 2019 年 6 月 1 日起,纳税人在全国范围内办理车辆购置税纳税业务时,税务机关不再打印和发放纸质车辆购置税完税证明。纳税人办理完成车辆购置税纳税业务后,在公安机关交通管理部门办理车辆注册登记时,不需向公安机关交通管理部门提交纸质车辆购置税完税证明。

(4)自 2019 年 7 月 1 日起,纳税人在全国范围内办理车辆购置税补税、完税证明换证或者更正等业务时,税务机关不再出具纸质车辆购置税完税证明。纳税人如需纸质车辆购置税完税证明,可向主管税务机关提出,由主管税务机关打印《车辆购置税完税证明(电子版)》,也可自行通过本省(自治区、直辖市和计划单列市)电子税务局等官方互联网平台查询和打印。

◆ 契税申报

知识点 1:契税基础知识

1. 纳税人、税率和征税对象

(1)在中华人民共和国境内转移土地、房屋权属,承受的单位和个人是契税的纳税人,向土地、房屋所在地税务机关办理契税申报。

(2)契税实行 3%~5% 的幅度税率。

(3)契税的征税对象是发生土地使用权和房屋所有权权属转移的土地和房屋。转移土地、房屋权属包括国有土地使用权出让;土地使用权转让,包括出售、赠与和交换,不包括农村集体土地承包经营权的转移;房屋买卖;房屋赠与;房屋交换。

(4)以土地、房屋权属作价投资、入股、抵债,视同土地使用权转让、房屋买卖征收契税。

(5)对承受国有土地使用权应支付的土地出让金征收契税,不得因减免出让金而减免契税。

2. 税收优惠

(1)城镇职工按规定第一次购买公有住房的,免征契税。

(2)承受房屋、土地用于提供社区养老、托育、家政服务的,免征契税。

(3)土地使用权交换、房屋交换,交换价格不相等的,由多交付货币、实物、无形资产或者其他经济利益的一方缴纳税款。交换价格相等的,免征契税。

知识点 2:契税纳税申报

(1)纳税人应当在依法办理土地、房屋权属登记手续前申报缴纳契税。按规定不再需要办理土地、房屋权属登记的,纳税人应自纳税义务发生之日起 90 日内申报缴纳契税。

(2)购买新建商品房的纳税人,因销售新建商品房的房地产开发企业已办理注销税务登记或者被税务机关列为非正常户等原因不能取得销售不动产发票的,可在税务机关核实有关情况后办理契税纳税申报。

(3)采取分期付款方式购买房屋附属设施土地使用权、房屋所有权的,应按合同规定的总价款计征契税。

(4)自 2021 年 6 月 1 日起,契税申报使用《财产和行为税纳税申报表》,新增税源或税源变化时,需先填报《财产和行为税税源明细表》中的《契税税源明细表》。

◆ 房产税申报

知识点 1:房产税基础知识

1. 纳税人

房产税由产权所有人缴纳。产权属于全民所有的,由经营管理的单位缴纳。产权出典的,由承典人缴纳。产权所有人、承典人不在房产所在地的,或者产权未确定及租典纠纷未解决的,由房产代管人或者使用人缴纳。

2. 税率

房产税依房产余值计税的,税率为 1.2%;房产税依房产租金收入计税的,税率为 12%。

自 2008 年 3 月 1 日起,对个人出租住房,不区分用途,按 4% 税率征收房产税。

3. 计税依据

（1）房产税采用从价计征的，计税依据为房产余值或不含增值税的房产租金收入。房产余值，是指依照房产原值一次减除10%～30%后的余额。

（2）纳税人对原有房屋进行改建、扩建的，要相应增加房屋的原值。

（3）对依照房产余值计税的房产，无论是否记载在会计账簿"固定资产"科目中，均应按照房屋原价计算缴纳房产税。

（4）凡以房屋为载体，不可随意移动的附属设备和配套设施，如给排水、采暖、消防、中央空调、电气及智能化楼宇设备等，无论在会计核算中是否单独记账与核算，都应计入房产原值，计征房产税。

（5）对于更换房屋附属设备和配套设施的，在将其价值计入房产原值时，可扣减原来相应设备和设施的价值；对附属设备和配套设施中易损坏、需要经常更换的零配件，更新后不再计入房产原值。

（6）对于以房产投资联营，投资者参与投资利润分红，共担风险的情况，按房产余值作为计税依据计征房产税。

对于以房产投资，收取固定收入，不承担联营风险的情况，实际上是以联营名义取得房产的租金，应由出租方按租金收入计缴房产税。

（7）对出租房产，租赁双方签订的租赁合同约定有免收租金期限的，免收租金期间由产权所有人按照房产余值缴纳房产税。

（8）对融资租赁房屋的情况，在计征房产税时应以房产余值计算征收。

4. 税收优惠

（1）国家机关、人民团体、军队自用的房产免征房产税。

（2）由国家财政部门拨付事业经费的单位自用的房产免征房产税。

（3）宗教寺庙、公园、名胜古迹自用的房产免征房产税。

（4）个人所有非营业用的房产免征房产税。

知识点2：房产税纳税申报

（1）产权所有人、经营管理单位、承典人、房产代管人或者使用人，依照税收法律、法规、规章及其他有关规定，在规定的纳税期限内，向税务机关进行纳税申报。

房产税按年征收、分期缴纳。纳税期限由省、自治区、直辖市人民政府规定。

房产税由产权所有人缴纳。房屋产权属于全民所有的，由经营管理的单位缴纳。产权出典的，由承典人缴纳。产权所有人、承典人不在房产所在地的，或者产权未确定及租典纠纷未解决的，由房产代管人或者使用人缴纳。

（2）自2021年6月1日起，房产税申报使用《财产和行为税纳税申报表》，新增税源或税源变化时，需先填报《财产和行为税税源明细表》中的《城镇土地使用税 房产税税源明细表》。

首次进行纳税申报的纳税人,需要填写全部房产的相关信息,此后办理纳税申报时,纳税人的房产及相关信息未发生变化的,可仅对已填报的信息进行确认;发生变化的,仅就变化的内容进行填写。

房产税税源明细填报遵循"谁纳税谁申报"的原则,只要存在房产税纳税义务,就应当如实填报房产明细信息。

(3)每一独立房产应当填写一张表。即:同一不动产权证(房屋所有权证)有多幢(个)房产的,每幢(个)房产填写一张表。无不动产权证(房屋所有权证)的房产,每幢(个)房产填写一张表。纳税人不得将多幢房产合并成一条记录填写。

每一独立出租房产应当填写一张表。即:同一不动产权证(房屋所有权证)有多幢(个)房产的,每幢(个)房产填写一张表。无不动产权证(房屋所有权证)的房产,每幢(个)房产填写一张表。纳税人不得将多幢房产合并成一条记录填写。

纳税人有出租房产的,应先填写从价计征房产税税源明细,再填写从租计征房产税税源明细。

◆ 城镇土地使用税申报

知识点1:城镇土地使用税基础知识

1. 纳税人

在城市、县城、建制镇、工矿区范围内使用土地的单位和个人,为城镇土地使用税的纳税人。

2. 计税依据和计税方式

城镇土地使用税以纳税人实际占用的土地面积(平方米)为计税依据,实行分级幅度税额。

纳税人以出让或转让方式有偿取得土地使用权的,应由受让方从合同约定交付土地时间的次月起缴纳城镇土地使用税;合同未约定交付土地时间的,由受让方从合同签订的次月起缴纳城镇土地使用税。

纳税人新征用的耕地,自批准征用之日起满一年时开始缴纳城镇土地使用税;征用的非耕地,自批准征用次月起缴纳城镇土地使用税。

3. 税收优惠

下列项目免征城镇土地使用税:

(1)国家机关、人民团体、军队自用的土地;

(2)由国家财政部门拨付事业经费的单位自用的土地;

（3）宗教寺庙、公园、名胜古迹自用的土地；

（4）市政街道、广场、绿化地带等公共用地；

（5）直接用于农、林、牧、渔业的生产用地；

（6）经批准开山填海整治的土地和改造的废弃土地，从使用的月份起免缴土地使用税5年至10年；

（7）由财政部另行规定免税的能源、交通、水利设施用地和其他用地。

知识点2：城镇土地使用税纳税申报

（1）在城市、县城、建制镇、工矿区范围内的城镇土地使用税纳税人依照税收法律法规及相关规定确定的申报期限、申报内容，就其应税项目如实向税务机关办理纳税、减免申报城镇土地使用税。

城镇土地使用税按年计算、分期缴纳。缴纳期限由省、自治区、直辖市人民政府确定。

（2）自2021年6月1日起，城镇土地使用税申报使用《财产和行为税纳税申报表》，新增税源或税源变化时，需先填报《财产和行为税税源明细表》中的《城镇土地使用税　房产税税源明细表》。

首次进行纳税申报的纳税人，需要填写全部土地的相关信息。此后办理纳税申报时，纳税人的土地及相关信息未发生变化的，可仅对已填报的信息进行确认；发生变化的，仅就变化的内容进行填写。

城镇土地使用税税源明细填报遵循"谁纳税谁申报"的原则，只要存在城镇土地使用税纳税义务，就应当如实填报土地信息。

（3）每一宗土地填写一张表。同一宗土地跨两个土地等级的，按照不同等级分别填表。无不动产权证（土地使用权证）的，按照土地坐落地址分别填表。纳税人不得将多宗土地合并成一条记录填表。

◆ 耕地占用税申报

知识点1：耕地占用税基础知识

1. 纳税人

在中华人民共和国境内占用耕地建设建筑物、构筑物或者从事非农业建设的单位和个人，为耕地占用税的纳税人，应当依照规定缴纳耕地占用税。

经批准占用耕地的，纳税人为农用地转用审批文件中标明的建设用地人；农用地转用审批文件中未标明建设用地人的，纳税人为用地申请人。未经批准占用耕地的，纳税人为实际用地人。

2.计税依据和计税方式

耕地占用税以纳税人实际占用的属于耕地占用税征税范围的土地面积为计税依据,按应税土地当地适用税额计税,实行一次性征收。

占用基本农田的,应当按照耕地占用税法确定的当地适用税额,按150%征收。

3.税收优惠

军事设施、学校、幼儿园、社会福利机构、医疗机构占用耕地免征耕地占用税。

知识点2:耕地占用税纳税申报

(1)经批准占用应税土地的,耕地占用税纳税义务发生时间为纳税人收到自然资源主管部门办理占用耕地手续的书面通知的当日;未经批准占用应税土地的,耕地占用税纳税义务发生时间为自然资源主管部门认定的纳税人实际占用耕地当日。纳税人应当自纳税义务发生之日起30日内在耕地或其他农用地所在地申报缴纳耕地占用税。

(2)因挖损、采矿塌陷、压占、污染等损毁耕地的纳税义务发生时间为自然资源、农业农村等相关部门认定损毁耕地的当日;纳税人改变原占地用途,补缴耕地占用税纳税义务发生时间为改变用途之日,改变用途之日分两种情况:一是经批准改变用途的,批准文件的发文日期为补缴税款纳税义务发生时间;二是未经批准改变用途的,耕地占用税补缴税款纳税义务发生时间为自然资源主管部门认定的纳税人改变原占地用途的当日。纳税人应当自纳税义务发生之日起30日内在耕地或其他农用地所在地申报缴纳耕地占用税。

(3)自2021年6月1日起,耕地占用税申报使用《财产和行为税纳税申报表》,新增税源或税源变化时,需先填报《财产和行为税税源明细表》中的《耕地占用税税源明细表》。

◆ 土地增值税申报

知识点1:土地增值税基础知识

1.纳税人

转让国有土地使用权、地上的建筑物及其附着物并取得收入的单位和个人,为土地增值税的纳税义务人。

转让房地产并取得收入,是指以出售或者其他方式有偿转让房地产的行为。不包括以继承、赠与方式无偿转让房地产的行为。

2. 税收优惠

(1)纳税人建造普通标准住宅出售,增值额未超过扣除项目金额 20% 的免征土地增值税。

(2)因国家建设需要依法征收、收回的房地产免征土地增值税。

(3)个人销售住房暂免征收土地增值税。

知识点 2:土地增值税预征申报

(1)纳税人在项目全部竣工结算前转让房地产取得的收入,由于涉及成本确定或其他原因,而无法据以计算土地增值税的,按照各省税务机关规定的纳税期限,向税务机关进行纳税申报缴纳土地增值税。

(2)房地产开发企业采取预收款方式销售自行开发的房地产项目的,可按照以下方法计算土地增值税预征计征依据:土地增值税预征的计征依据=预收款-应预缴增值税税款。

(3)自 2021 年 6 月 1 日起,土地增值税申报使用《财产和行为税纳税申报表》,从事房地产开发的纳税人,在立项后及每次转让时填报《财产和行为税税源明细表》——《土地增值税税源明细表》——土地增值税项目登记表部分。

从事房地产开发并转让的土地增值税纳税人应在自首次取得预收收入起至办理项目清算申报止的期间内,在每次转让时填报《财产和行为税税源明细表》——《土地增值税税源明细表》——土地增值税申报计算及减免信息——从事房地产开发的纳税人预缴适用的内容,也可按月或按各省、自治区、直辖市和计划单列市税务局规定的期限汇总填报。

知识点 3:土地增值税清算申报

(1)纳税人在符合土地增值税清算条件后,依照税收法律、法规及土地增值税有关政策规定,计算应缴纳的土地增值税税额,向主管税务机关提供有关资料,办理土地增值税清算手续,结清应缴纳的土地增值税税款。

(2)纳税人符合下列条件之一的,应进行土地增值税的清算:①房地产开发项目全部竣工、完成销售的;②整体转让未竣工决算房地产开发项目的;③直接转让土地使用权的。

(3)对于符合应进行土地增值税清算条件的项目,纳税人应当在满足条件之日起 90 日内到主管税务机关办理清算手续。对于符合可要求纳税人进行土地增值税清算的项目,由主管税务机关确定是否进行清算;对于确定需要进行清算的项目,由主管税务机关下达清算通知,纳税人应当在收到清算通知之日起 90 日内办理清算手续。

对符合以下条件之一的,主管税务机关可要求纳税人进行土地增值税清算:

①已竣工验收的房地产开发项目,已转让的房地产建筑面积占整个项目可售建筑面积的比例在85%以上,或该比例虽未超过85%,但剩余的可售建筑面积已经出租或自用的。

②取得销售(预售)许可证满三年仍未销售完毕的。

③纳税人申请注销税务登记但未办理土地增值税清算手续的,应在办理注销登记前进行土地增值税清算。

④省(自治区、直辖市、计划单列市)税务机关规定的其他情况。

土地增值税清算时,已全额开具商品房销售发票的,按照发票所载金额确认收入;未开具发票或未全额开具发票的,以交易双方签订的销售合同所载的售房金额及其他收益确认收入。

(4)对经审核需要补缴土地增值税的,由纳税人通过申报错误更正环节进行更正申报并补缴税款;对需要退还土地增值税的,由纳税人更正申报后办理多缴税款的退还。

在土地增值税清算中符合以下条件之一的,可实行核定征收:

①依照法律、行政法规的规定应当设置但未设置账簿的;

②擅自销毁账簿或者拒不提供纳税资料的;

③虽设置账簿,但账目混乱或者成本资料、收入凭证、费用凭证残缺不全,难以确定转让收入或扣除项目金额的;

④符合土地增值税清算条件,企业未按照规定的期限办理清算手续,经税务机关责令限期清算,逾期仍不清算的;

⑤申报的计税依据明显偏低,又无正当理由的。

(5)纳税人转让房地产坐落在两个或以上地区的,应按房地产所在地分别申报土地增值税。自2021年6月1日起,土地增值税申报使用《财产和行为税纳税申报表》,从事房地产开发并转让的土地增值税纳税人办理项目清算的,填报《财产和行为税税源明细表》——《土地增值税税源明细表》——土地增值税申报计算及减免信息——从事房地产开发的纳税人清算适用的内容。

知识点4:房地产项目尾盘销售土地增值税申报

在土地增值税清算时未转让的房地产,清算后销售或有偿转让的,纳税人按规定向税务机关报送相关资料,办理房地产项目尾盘销售土地增值税申报,扣除项目金额按清算时的单位建筑面积成本费用乘以销售或转让面积计算。

自 2021 年 6 月 1 日起,土地增值税申报使用《财产和行为税纳税申报表》,从事房地产开发并转让的纳税人,在清算后尾盘销售时填报《财产和行为税税源明细表》——《土地增值税税源明细表》——土地增值税申报计算及减免信息——从事房地产开发的纳税人清算后尾盘销售适用的内容,各行次应按不同房产类型分别填写。

知识点 5:其他情况土地增值税申报

转让国有土地使用权、地上的建筑物及其附着物并取得收入的单位和个人,按要求向税务机关提交相关资料,在税务机关核定的期限内缴纳土地增值税。

纳税人应当自转让房地产合同签订之日起 7 日内向房地产所在地主管税务机关办理纳税申报,并在税务机关核定的期限内缴纳土地增值税。

◆ 印花税申报

知识点 1:印花税基础知识

1. 纳税人

在中华人民共和国境内书立应税凭证、进行证券交易的单位和个人,为印花税的纳税人,应当依照规定缴纳印花税。

在中华人民共和国境外书立在境内使用的应税凭证的单位和个人,应当依照规定缴纳印花税。

2. 计税依据和税率

印花税的计税依据如下:①应税合同的计税依据,为合同所列的金额,不包括列明的增值税税款;②应税产权转移书据的计税依据,为产权转移书据所列的金额,不包括列明的增值税税款;③应税营业账簿的计税依据,为账簿记载的实收资本(股本)、资本公积合计金额;④证券交易的计税依据,为成交金额。

同一应税凭证载有两个以上税目事项并分别列明金额的,按照各自适用的税目税率分别计算印花税应纳税额;未分别列明金额的,从高适用税率。

3. 税收优惠

个人出租、承租住房签订的租赁合同,免征印花税。

知识点 2:印花税纳税申报

印花税的纳税义务发生时间为纳税人书立应税凭证或者完成证券交易的当日。证券交易印花税扣缴义务发生时间为证券交易完成的当日。

印花税按季、按年或者按次计征。实行按季、按年计征的,纳税人应当自季度、年度终了之日起 15 日内申报缴纳税款;实行按次计征的,纳税人应当自纳税义务发生之日起 15 日内申报缴纳税款。证券交易印花税按周解缴。证券交易印花税扣缴义务人应当自每周终了之日起 5 日内申报解缴税款以及银行结算的利息。

印花税可以采用粘贴印花税票或者由税务机关依法开具其他完税凭证的方式缴纳。印花税票粘贴在应税凭证上的,由纳税人在每枚税票的骑缝处盖戳注销或者画销。

自 2021 年 6 月 1 日起,印花税申报使用《财产和行为税纳税申报表》,新增税源或税源变化时,需先填报《财产和行为税税源明细表》中的《印花税税源明细表》。

◆ 资源税申报

知识点 1:资源税基础知识

1. 纳税人

在中华人民共和国领域和中华人民共和国管辖的其他海域开发应税资源的单位和个人,为资源税的纳税人,应当向应税产品开采地或者生产地的税务机关申报缴纳资源税。

2. 计税依据

(1)资源税应税产品的销售额,按照纳税人销售应税产品向购买方收取的全部价款确定,不包括增值税税款。

(2)纳税人以自采原矿(经过采矿过程采出后未进行选矿或者加工的矿石)直接销售,或者自用于应当缴纳资源税情形的,按照原矿计征资源税。

纳税人自用应税产品应当缴纳资源税的情形,包括纳税人以应税产品用于非货币性资产交换、捐赠、偿债、赞助、集资、投资、广告、样品、职工福利、利润分配或者连续生产非应税产品等。

3. 税收优惠

(1)开采原油以及在油田范围内运输原油过程中用于加热的原油、天然气,免征资源税。

(2)自 2014 年 12 月 1 日至 2023 年 8 月 31 日,对充填开采置换出来的煤炭,资源税减征 50%。

(3)从衰竭期矿山开采的矿产品,减征 30%资源税。

知识点 2:资源税纳税申报

资源税按月或者按季申报缴纳;不能按固定期限计算缴纳的,可以按次申报缴纳。

自 2021 年 6 月 1 日起,资源税申报使用《财产和行为税纳税申报表》,新增税源或税源变化时,需先填报《财产和行为税税源明细表》中的《资源税税源明细表》。

◆ 环境保护税申报

知识点 1:环境保护税基础知识

1. 纳税人

在中华人民共和国领域和中华人民共和国管辖的其他海域,直接向环境排放应税污染物的企业事业单位和其他生产经营者为环境保护税的纳税人。

2. 征税范围

环境保护税应税污染物包括大气污染物、水污染物、固体废物和噪声。

企业事业单位和其他生产经营者向依法设立的污水集中处理、生活垃圾集中处理场所排放应税污染物的,不缴纳相应污染物的环境保护税。

企业事业单位和其他生产经营者在符合国家和地方环境保护标准的设施、场所贮存或者处置固体废物的,不缴纳相应污染物的环境保护税。

依法设立的城乡污水集中处理、生活垃圾集中处理场所超过国家和地方规定的排放标准向环境排放应税污染物的,应当缴纳环境保护税。

企业事业单位和其他生产经营者贮存或者处置固体废物不符合国家和地方环境保护标准的,应当缴纳环境保护税。

3. 应纳税额的计算

应税大气污染物的应纳税额为污染当量数乘以具体适用税额。

应税水污染物的应纳税额为污染当量数乘以具体适用税额。

应税固体废物的应纳税额为固体废物排放量乘以具体适用税额。

应税噪声的应纳税额为超过国家规定标准的分贝数对应的具体适用税额。

知识点 2:环境保护税纳税申报

环境保护税一般申报适用于通过自动监测、监测机构监测、排污系数和物料衡算法计算污染物排放量的纳税人,享受减免税优惠的纳税人还需要填报减免税相关附表进行申报。

环境保护税抽样测算及按次申报适用于除环境保护税一般申报之外的其他纳税人,包括抽样测算和简易申报。

纳税人应当向应税污染物排放地的税务机关申报缴纳环境保护税。海洋工程环境保护税由纳税人所属海洋石油税务(收)管理分局负责征收。

环境保护税按月计算,按季申报缴纳,自季度终了之日起15日内,向税务机关办理纳税申报并缴纳税款。不能按固定期限计算缴纳的,可以按次申报缴纳,纳税义务发生之日起15日内,向税务机关办理纳税申报并缴纳税款。遇最后一日是法定休假日的,以休假日期满的次日为期限的最后一日;在期限内有连续3日以上法定休假日的,按休假日天数顺延。

自2021年6月1日起,环境保护税申报使用《财产和行为税纳税申报表》,新增税源或税源变化时,需先填报《财产和行为税税源明细表》中的《环境保护税税源明细表》。

◆ 车船税申报

知识点1:车船税基础知识

1. 征税范围

车船税的征税范围是《车船税法》所附《车船税税目税额表》规定的车辆、船舶,既包括依法应当在车船登记管理部门登记的机动车辆和船舶,也包括依法不需要在车船登记管理部门登记的在单位内部场所行驶或者作业的机动车辆和船舶。

2. 税率和计税单位

车船税实行定额税率,对征税的车船规定单位固定税额。车辆的计税单位分别为每辆、整备质量每吨,机动船舶的计税单位为净吨位每吨,游艇的计税单位为艇身长度每米。

3. 税收优惠

(1)军队、武装警察部队专用的车船免征车船税。

(2)自2012年1月1日起,对节约能源的车船,减半征收车船税;对使用新能源的车船,免征车船税。

知识点2:车船税纳税申报

从事机动车第三者责任强制保险业务的保险机构为机动车车船税的扣缴义务人,应当在收取保险费时依法代收车船税,并出具代收税款凭证。从事机动车交通事故责任强制保险业务的保险机构作为扣缴义务人已代收代缴车船税的,纳税人不再向车辆登记地的主管税务机关申报缴纳车船税。

属于《中华人民共和国车船税法》所附《车船税税目税额表》规定的车辆、船舶的所有人或者管理人,但没有扣缴义务人的,依照税收法律法规及相关规定确定的申报期限、申报内容,就其应税项目向税务机关办理纳税、减免申报车船税。

车船税纳税义务发生时间为取得车船所有权或者管理权的当月。车船税按年申报缴纳。具体申报纳税期限由省、自治区、直辖市人民政府规定。

自 2021 年 6 月 1 日起,车船税申报使用《财产和行为税纳税申报表》,新增税源或税源变化时,需先填报《财产和行为税税源明细表》中的《车船税税源明细表》。

◆ 烟叶税申报

在中华人民共和国境内,依照《中华人民共和国烟草专卖法》的规定收购烟叶的单位为烟叶税的纳税人,向烟叶收购地的主管税务机关申报缴纳烟叶税。

烟叶税的计税依据为纳税人收购烟叶实际支付的价款总额。

烟叶税的纳税义务发生时间为纳税人收购烟叶的当日。

烟叶税按月计征,纳税人应当于纳税义务发生月终了之日起 15 日内申报并缴纳税款。

自 2021 年 6 月 1 日起,烟叶税申报使用《财产和行为税纳税申报表》,新增税源或税源变化时,需先填报《财产和行为税税源明细表》中的《烟叶税税源明细表》。

◆ 财产和行为税申报相关注意事项

(1)2022 年 1 月 1 日至 2024 年 12 月 31 日,增值税小规模纳税人、小型微利企业和个体工商户按 50% 减征资源税、城市维护建设税、房产税、城镇土地使用税、印花税(不含证券交易印花税)、耕地占用税和教育费附加、地方教育附加。若有其他优惠政策的,可叠加享受。

(2)单位和个体工商户(不含其他个人)发生二手房交易,在房产所在地主管税务机关缴纳完毕后,应向注册地主管税务机关履行纳税申报义务,申报其二手房交易销售额并扣减已缴税额。

(3)财产和行为税合并纳税申报,对财产和行为税(含城镇土地使用税、房产税、车船税、印花税、耕地占用税、资源税、土地增值税、契税、环境保护税、烟叶税,不含城市维护建设税,城市维护建设税分别与增值税、消费税合并申报)进行合并申报,支持不同纳税期限的税种同时申报,实现多税种"一张报表、一次申报、一次缴款、一张凭证"。

(4)房地产交易纳税人依照税收法律法规及相关规定确定的申报期限、申报内容,填报《增量房交易税收申报表》或《存量房交易税费申报表》或《土地出让转让税费申报表》,向税务机关进行流转税、所得税、财产和行为税及相关规费等多项税(费)种的纳税申报。

第八节 社会保险费及非税收入申报

◆ 社会保险费基础知识

知识点 1：社会保险的概念

社会保险是指国家通过立法，多渠道筹集资金，对劳动者在因年老、疾病、失业、工伤、生育等减少劳动收入时给予经济补偿，使他们能够享有基本生活保障的一项社会保障制度。

知识点 2：社会保险的主要项目

目前，我们国家建立了基本养老保险、基本医疗保险、工伤保险、失业保险、生育保险等社会保险制度，保障公民在年老、疾病、工伤、失业、生育等情况下依法从国家和社会获得物质帮助的权利。

知识点 3：社会保险的主要特点

我国社会保险主要具有以下几个特征：一是权利义务相对应；二是强制性；三是福利性；四是互济性。

知识点 4：社会保险制度方针

我国社会保险制度坚持广覆盖、保基本、多层次、可持续的方针，社会保险水平应当与经济社会发展水平相适应。

知识点 5：社会保险管理体系

国务院社会保险行政部门负责全国的社会保险管理工作，国务院其他有关部门在各自的职责范围内负责有关的社会保险工作。

县级以上地方人民政府社会保险行政部门负责本行政区域的社会保险管理工作，县级以上地方人民政府其他有关部门在各自的职责范围内负责有关的社会保险工作。

知识点 6：社会保险费各项目征收

1. 基本养老保险

我国的基本养老保险根据保障人群的不同，划分为企业职工基本养老保险、机关事业单位工作人员基本养老保险和城乡居民基本养老保险三个险种。

应参加人员包括：①国有企业、城镇集体企业、外商投资企业、城镇私营企业和其他城镇企业职工,实行企业化管理的事业单位职工。②依法在各级民政部门登记的社会团体(包括社会团体分支机构和代表机构)、基金会(包括基金会分支机构和代表机构)、民办非企业单位、境外非政府组织驻华代表机构及其签订聘用合同或劳动合同的专职工作人员(不包括兼职人员、劳务派遣人员、返聘的离退休人员和纳入行政事业编制的人员)。③划分为生产经营类,但尚未转企改制到位的事业单位,已参加企业职工基本养老保险的事业单位职工。④机关事业单位编制外人员。⑤在中国境内依法注册或者登记的企业、事业单位、社会团体、民办非企业单位、基金会、律师事务所、会计师事务所等组织依法招用的外国人以及与境外雇主订立雇用合同后,被派遣到在中国境内注册或者登记的分支机构、代表机构工作的外国人。⑥在内地(大陆)依法注册或者登记的企业、事业单位、社会组织、有雇工的个体经济组织等用人单位依法聘用、招用的港澳台居民。可以参加人员包括:①无雇工的个体工商户、未在用人单位参加基本养老保险的非全日制从业人员以及其他灵活就业人员。②在内地(大陆)依法从事个体工商经营的港澳台居民,可以按照注册地有关规定参加职工基本养老保险和职工基本医疗保险;在内地(大陆)灵活就业且办理港澳台居民居住证的港澳台居民。

职工参加基本养老保险,由用人单位和职工共同缴纳基本养老保险费。无雇工的个体工商户、未在用人单位参加基本养老保险的非全日制从业人员以及其他灵活就业人员可以参加基本养老保险,由个人缴纳基本养老保险费。

2. 基本医疗保险

我国的基本医疗保险根据保障人群的不同,划分为职工基本医疗保险和城乡居民基本医疗保险两个险种。

应参加人员包括:①用人单位职工。用人单位包括企业(国有企业、集体企业、外商投资企业、私营企业等)、机关、事业单位、社会团体、民办非企业单位、部队所属用人单位和有雇工的个体经济组织。②领取失业保险金期间的失业人员。③军队文职人员。④离休人员、老红军以及二等乙级以上革命伤残军人、退休人员。⑤在内地(大陆)依法注册或者登记的企业、事业单位、社会组织、有雇工的个体经济组织等用人单位依法聘用、招用的港澳台居民。⑥在中国境内依法注册或者登记的企业、事业单位、社会团体、民办非企业单位、基金会、律师事务所、会计师事务所等组织依法招用的外国人,以及与境外雇主订立雇用合同后,被派遣到在中国境内注册或者登记的分支机构、代表机构工作的外国人。可以参加人员包括:①无雇工的个体工商户、未在用人单位参加职工基本医疗保险的非全日制从业人员以及其他灵活就业人员。②在内地(大陆)依法从事个体工商经营的港澳台居民、在内地(大陆)灵活就业且办理港澳台居民居住证的港澳台居民。

职工参加职工基本医疗保险,由用人单位和职工按照国家规定共同缴纳基本医疗保险费。无雇工的个体工商户、未在用人单位参加职工基本医疗保险的非全日制从业人员以及其他灵活就业人员可以参加职工基本医疗保险,由个人按照国家规定缴纳基本医疗保险费。

3. 工伤保险

应参加人员:①我国境内的企业、事业单位、社会团体、民办非企业单位、基金会、律师事务所、会计师事务所等组织和有雇工的个体工商户的职工或者雇工。②我国已经有超过2/3的省份和地区出台办法,将公务员和参照《公务员法》管理的事业单位工作人员纳入了工伤保险制度。

职工参加工伤保险,由用人单位缴纳工伤保险费,职工不缴纳工伤保险费。

4. 失业保险

应参加人员包括城镇企业事业单位、城镇企业事业单位职工。其中,城镇企业是指国有企业、城镇集体企业、外商投资企业、城镇私营企业以及其他城镇企业。可以参加人员包括省、自治区、直辖市人民政府根据当地情况,可以决定失业保险适用于社会团体专职人员、民办非企业职工、城镇个体工商户雇工。

5. 生育保险

参加职工基本医疗保险的在职职工同步参加生育保险。职工参加生育保险,由用人单位按照国家规定缴纳生育保险费,职工不缴纳生育保险费。

知识点7:社会保险费征缴相关规定

(1)用人单位应当自行申报、按时足额缴纳社会保险费,非因不可抗力等法定事由不得缓缴、减免。职工应当缴纳的社会保险费由用人单位代扣代缴,用人单位应当按月将缴纳社会保险费的明细情况告知本人。

无雇工的个体工商户、未在用人单位参加社会保险的非全日制从业人员以及其他灵活就业人员,可以直接向社会保险费征收机构缴纳社会保险费。

(2)社会保险费征收机构应当依法按时足额征收社会保险费,并将缴费情况定期告知用人单位和个人。

(3)用人单位未按规定申报应当缴纳的社会保险费数额的,按照该单位上月缴费额的110%确定应当缴纳数额;缴费单位补办申报手续后,由社会保险费征收机构按照规定结算。

(4)用人单位未按时足额缴纳社会保险费的,由社会保险费征收机构责令其限期缴纳或者补足。

用人单位逾期仍未缴纳或者补足社会保险费的,社会保险费征收机构可以向银行和其他金融机构查询其存款账户;并可以申请县级以上有关行政部门作出划拨社会保险费的决定,书面通知其开户银行或者其他金融机构划拨社会保险费。用人单位账户余额少于应当缴纳的社会保险费的,社会保险费征收机构可以要求该用人单位提供担保,签订延期缴费协议。

用人单位未足额缴纳社会保险费且未提供担保的,社会保险费征收机构可以申请人民法院扣押、查封、拍卖其价值相当于应当缴纳的社会保险费的财产,以拍卖所得抵缴社会保险费。

◆ 社会保险费申报

知识点 1:单位社会保险费申报

(1)社会保险费单位缴费人应当依照法律、行政法规规定或者税务机关依照法律、行政法规规定确定的申报期限、申报内容,申报缴纳社会保险费。单位缴费人包括依照法律、法规、规章规定应当缴纳社会保险费的国家机关、事业单位、企业、民办非企业单位、社会团体、代征单位等组织和城镇个体劳动者。

(2)企业缴纳各项社会保险费统一以本月企业全部职工工资总额为缴费基数。企业全部职工工资总额以国家统计局规定的口径为准。依据国家统计局有关文件规定,工资总额是指各单位在一定时期内直接支付给本单位全部职工的劳动报酬总额。工资总额的计算应以直接支付给职工的全部劳动报酬为根据,由计时工资、计件工资、奖金、加班加点工资、特殊情况下支付的工资、津贴和补贴等部分组成。参保职工工资须经社会保险经办机构核定后,在规定的期限内缴纳社会保险费。

(3)建筑施工企业应依法参加工伤保险,按照工程项目向税务机关申报缴纳工伤保险费。其相对固定的职工,应按用人单位参加工伤保险。

(4)涉及劳动关系存续和补欠基数标准确定等政策性补费问题,需要社保经办机构按政策核定应缴费额后,缴费人再按照核定的应缴费款向税务机关申报,税务机关完成征缴。

(5)城镇个体劳动者可以按照简并征期等简易方式申报和缴纳社会保险费。可以委托经税务机关认定的银行或其他金融机构办理费款划缴,不需提交申报表,系统可根据社保经办机构核定的缴费金额批量扣款。

(6)缴费单位必须按月向税务机关申报应缴纳的社会保险费数额。用人单位未按时足额缴纳社会保险费的,由社会保险费征收机构责令其限期缴纳或者补足,并自欠缴之日起,按日加收万分之五的滞纳金;逾期仍不缴纳的,由有关行政部门处欠缴数额一倍以上三倍以下的罚款。

知识点2:灵活就业人员社会保险费申报

(1)无雇工的个体工商户、未在用人单位参加社会保险的非全日制从业人员以及其他灵活就业人员参加社会保险的缴费人依照法律、行政法规及相关规定的期限和内容,向税务机关缴纳有关社会保险费。

(2)灵活就业人员按照社会保险经办机构核定的应缴费额,通过银行协议账户自动扣款、银行柜面缴费、支付宝、微信、自助机缴费、电子税务局缴费、上门缴费等方式向税务机关缴纳社会保险费,无须申报。

知识点3:城乡居民社会保险费申报

(1)参加城乡居民社会保险的缴费人以及拟采用社保费虚拟户方式管理的乡镇(街道)、学校、银行等代征单位,依照法律、行政法规及相关规定的期限和内容,向税务机关缴纳有关社会保险费。

(2)参加城乡居民社会保险费的缴费人员按照社会保险经办机构核定的应缴费额,通过银行协议账户自动扣款、银行柜面缴费、支付宝、微信、自助机缴费、电子税务局缴费、上门缴费等方式向税务机关缴纳社会保险费,无须申报。

◆ 非税收入基础知识

知识点1:文化事业建设费

1. 缴纳义务人和扣缴义务人

(1)在中华人民共和国境内提供广告服务的广告媒介单位和户外广告经营单位、提供娱乐服务的单位和个人,应按照规定缴纳文化事业建设费。

(2)中华人民共和国境外的广告媒介单位和户外广告经营单位在境内提供广告服务,在境内未设有经营机构的,以广告服务接受方为文化事业建设费的扣缴义务人。

2. 征收范围

征收范围是在中华人民共和国境内提供特定广告服务和娱乐服务。

3. 计征依据、费率和应缴费额计算

(1)提供广告服务

缴纳义务人应按照提供广告服务取得的计费销售额和3%的费率计算应缴费额。计算公式如下:

$$应缴费额＝计费销售额×3\%$$

计费销售额,为纳税人提供广告服务取得的全部含税价款和价外费用,减除支付给其他广告公司或广告发布者的含税广告发布费后的余额。缴纳义务人减除价款的,应当取得增值税专用发票或国家税务总局规定的其他合法有效凭证,否则不得减除。

(2)提供娱乐服务

缴纳义务人应按照提供娱乐服务取得的计费销售额和3%的费率计算娱乐服务应缴费额,计算公式如下:

$$娱乐服务应缴费额＝娱乐服务计费销售额×3\%$$

娱乐服务计费销售额,为缴纳义务人提供娱乐服务取得的全部含税价款和价外费用。

4. 应扣缴费额计算

按规定扣缴文化事业建设费的,扣缴义务人应按下列公式计算应扣缴费额:

$$应扣缴费额＝支付的广告服务含税价款×费率$$

知识点2:废弃电器电子产品处理基金

1. 缴纳义务人

废弃电器电子产品处理基金(以下简称基金)的缴纳义务人是中华人民共和国境内电器电子产品的生产者、进口电器电子产品的收货人或者其代理人。电器电子产品生产者包括自主品牌生产企业和代工生产企业。

基金缴纳义务人受托加工生产应征基金产品的,不论原料和主要材料由何方提供,不论在财务上是否做销售处理,均由受托方缴纳基金。

2. 征收范围和计费依据

(1)征收范围

根据《废弃电器电子产品处理目录(2014年版)》,具体征收范围是:电冰箱、空气调节器、吸油烟机、洗衣机、电热水器、燃气热水器、打印机、复印机、传真机、电视机、监视器、微型计算机、移动通信手持机、电话单机。目前开征的是电视机类、电冰箱类、洗衣机类、房间空调器类、微型计算机类五类产品。

基金缴纳义务人将应征基金产品用于生产非应征基金产品、在建工程、管理部门、非生产机构、提供劳务、馈赠、赞助、集资、广告、样品、职工福利、奖励等方面,于移送使用时缴纳基金。

(2)计费依据

基金分别按照电器电子产品生产者销售、进口电器电子产品的收货人或者其代理人进口的电器电子产品数量定额征收。

3. 征收标准和应缴纳基金计算

(1)征收标准

基金分别按照电器电子产品生产者销售、进口电器电子产品的收货人或者其代理人进口的电器电子产品数量定额征收。

现行基金征收标准为：

①电视机类：13元/台。

②电冰箱类：12元/台。

③洗衣机类：7元/台。

④房间空调器类：7元/台。

⑤微型计算机类：10元/台。

（2）费额计算

基金缴纳义务人销售或受托加工生产相关电器电子产品，按照从量定额的办法计算应缴纳基金。应缴纳基金的计算公式为：

$$应缴纳基金＝销售数量（受托加工数量）×征收标准$$

下列项目可以在计算应缴纳基金时扣除：

①基金缴纳义务人购进或者收回委托加工电器电子产品已缴纳基金的，从应征基金产品销售数量中扣除；不足扣除部分，可留待下期继续扣除。

②基金缴纳义务人已缴纳基金的电器电子产品发生销货退回的，准予在当期申报中扣除，不足扣除部分，可留待下期继续扣除。

③电器电子产品生产者生产用于出口的电器电子产品免征基金，由电器电子产品生产者依据《中华人民共和国海关出口货物报关单》列明的出口产品名称和数量，向国家税务局申请从应缴纳基金的产品销售数量中扣除。

④电器电子产品生产者进口电器电子产品已缴纳基金的，国内销售时免征基金，由电器电子产品生产者依据《中华人民共和国海关进口货物报关单》和《进口废弃电器电子产品处理基金缴款书》列明的进口产品名称和数量，向国家税务局申请从应缴纳基金的产品销售数量中扣除。

知识点3：残疾人就业保障金

1. 缴纳义务人和征收范围

在本省行政区域内的机关、团体、企业事业单位、民办非企业单位、个体工商经济组织等各类用人单位（包括中央部属、外省市驻浙单位），均须按本单位在职职工总数1.5%的比例安排残疾人就业，安排未达比例的，依法缴纳残疾人就业保障金（以下简称保障金）。

2. 征收标准和保障金缴纳额的计算

（1）基本标准和计算公式。

用人单位安排残疾人就业的比例不得低于本单位在职职工总数的 1.5%,达不到比例的,应当缴纳保障金。

保障金按上年用人单位安排残疾人就业未达到规定比例的差额人数和本单位在职职工年平均工资之积计算缴纳。计算公式如下:

$$\text{保障金年缴纳额} = \left(\text{上年用人单位在职职工人数} \times 1.5\% - \text{上年用人单位实际安排的残疾人就业人数}\right) \times \text{上年用人单位在职职工年平均工资}$$

(2)用人单位在职职工,是指用人单位在编人员或依法与用人单位签订 1 年以上(含 1 年)劳动合同(服务协议)的人员。季节性用工应当折算为年平均用工人数。以劳务派遣用工的,计入派遣单位在职职工人数。

用人单位安排残疾人就业未达到规定比例的差额人数,以公式计算结果为准,可以不是整数。

上年用人单位在职职工年平均工资,按用人单位上年在职职工工资总额除以用人单位在职职工人数计算。

3. 优惠政策

(1)残疾人就业保障金征收标准上限,按照当地社会平均工资 2 倍执行。当地社会平均工资按照所在地城镇非私营单位就业人员平均工资和城镇私营单位就业人员平均工资加权计算。

(2)自 2020 年 1 月 1 日起至 2022 年 12 月 31 日,对残疾人就业保障金实行分档减缴政策。其中:用人单位安排残疾人就业比例达到 1%(含)以上,但未达到所在地省、自治区、直辖市人民政府规定比例的,按规定应缴费额的 50% 缴纳残疾人就业保障金;用人单位安排残疾人就业比例在 1% 以下的,按规定应缴费额的 90% 缴纳残疾人就业保障金。

(3)自 2020 年 1 月 1 日起至 2022 年 12 月 31 日,在职职工人数在 30 人(含)以下的企业,暂免征收残疾人就业保障金。

知识点 4:石油特别收益金

(1)石油特别收益金,是指国家对石油开采企业销售国产原油因价格超过一定水平所获得的超额收入按比例征收的收益金。

(2)凡在中华人民共和国陆地领域和所辖海域独立开采并销售原油的企业,以及在上述领域以合资、合作等方式开采并销售原油的其他企业(以下简称合资合作企业),均应当按照规定缴纳石油特别收益金。

合资合作企业应当缴纳的石油特别收益金由合资合作的中方企业代扣代缴。

(3)石油特别收益金实行 5 级超额累进从价定率计征,按月计算、按季缴纳。

(4)石油特别收益金征收比率按石油开采企业销售原油的月加权平均价格确定。

为便于参照国际市场油价水平,原油价格按美元/桶计价,从 2015 年 1 月 1 日起,石油特别收益金起征点提高至 65 美元/桶。

知识点 5:油价调控风险准备金

(1)油价调控风险准备金的缴纳义务人为中华人民共和国境内生产、委托加工和进口汽、柴油的成品油生产经营企业。

(2)当国际市场原油价格低于国家规定的成品油价格调控下限时,缴纳义务人应按照汽油、柴油的销售数量和规定的征收标准缴纳风险准备金。

(3)汽油、柴油销售数量是指缴纳义务人于相邻两个调价窗口期之间实际销售数量。

(4)油价调控风险准备金征收标准按照成品油价格未调金额确定。

(5)成品油价格未调金额由国家发展改革委、财政部根据国际原油价格变动情况,按照现行成品油价格形成机制计算核定,于每季度前 10 个工作日内,将上季度每次调价窗口期的征收标准,书面告知征收机关。

知识点 6:适用通用申报的非税收入项目

(1)户外广告招标及拍卖收入,是利用户外空间公共资源设置广告而取得的收入,是国有资源有偿使用收入的一部分。缴纳义务人为公共户外广告资源有偿使用收入的取得者。

(2)小客车总量调控增量指标竞价收入,包括单位和个人以竞价方式取得中小客车总量调控增量指标并按规定缴交的竞价款,以及因未按规定缴交竞价款而不予退还的竞价保证金所构成的收入。

(3)市政公共资源有偿使用收入,是指县级及县级以上地方人民政府出让或者以其他有偿方式(出租、出借等)转让市政公共资源的占有权、使用权、收益权、经营权及其相关权益所取得的收入。

(4)国家重大水利工程建设基金是经国务院批准,为支持南水北调工程建设、解决三峡工程后续问题以及加强中西部地区重大水利工程建设而设立的政府性基金。

重大水利基金的缴纳义务人是各类电力用户。目前,除地方独立电网销售电量外,重大水利基金由省级电网企业负责代征。重大水利基金以各省、自治区、直辖市扣除国家扶贫开发工作重点县农业排灌用电后的全部销售电量为计费依据。浙江省现行的征收标准为 8.0775 厘/千瓦时。

(5)可再生能源发展基金是为促进可再生能源的开发利用,根据《中华人民共和国可再生能源法》设立的政府性基金。

可再生能源电价附加收入的缴纳义务人是各类电力用户,目前由电网企业负责代征。可再生能源电价附加以各省、自治区、直辖市扣除农业生产用电(含农业排灌用电)后的销售电量为计费依据。目前,浙江省的征收标准是每千瓦时1.9分钱。

(6)大中型水库移民后期扶持基金,是国家为扶持大中型水库农村移民解决生产生活问题而设立的政府性基金。

后期扶持基金由各省级电网企业在向电力用户收取电费时一并代征。后期扶持基金向各省(区、市)区域内的电力用户征收,以省级电网企业在本省(区、市)区域内扣除农业生产用电后的全部销售电量为计费依据。浙江省的现行征收标准为6.225厘/千瓦时。

(7)核电站乏燃料处理处置基金是经国务院批准,为规范乏燃料处理处置,促进核电事业发展而设立的政府性基金。

处理处置基金的缴纳义务人是拥有已投入商业运行5年以上压水堆核电机组的核电厂。处理处置基金按照核电厂已投入商业运行5年以上压水堆核电机组的实际上网销售电量征收,征收标准为0.026元/千瓦时。

(8)免税商品特许经营费是国家对经营免税商品业务的企业征收的一种特许经营收入。

凡经营免税商品的企业,应按经营免税商品业务年销售收入的1‰,向国家上缴特许经营费。免税商品是指免征关税、进口环节税的进口商品和实行退(免)税(增值税、消费税)进入免税店销售的国产商品。

(9)核事故应急准备专项收入是指国家征收的用于核事故各项应急准备工作的专项资金。

核电企业承担上缴的场外核应急专项收入,在基建期和运行期分别按以下标准缴纳:①基建期按设计额定容量每千瓦5元人民币的标准缴纳;②运行期按年度上网销售电量每千瓦时0.2厘人民币的标准缴纳;③核电企业承担上缴的场外核应急专项收入,基建期应在核电工程浇灌第一罐混凝土的当年起3年内按规定承担数额的30%、40%和30%分年度缴清;运行期应在商业运行后的次年开始,根据上一年的实际上网销售电量按规定标准缴纳。

(10)在山区、丘陵区、风沙区以及水土保持规划确定的容易发生水土流失的其他区域开办生产建设项目或者从事其他生产建设活动,损坏水土保持设施、地貌植被,不能恢复原有水土保持功能的单位和个人,应当缴纳水土保持补偿费。

水土保持补偿费的具体征收标准由各省、自治区、直辖市价格主管部门、财政部门会同水行政主管部门根据本地实际情况制定。我省规定的征收标准是:①对一般性生产建设项目,按照征占用土地面积一次性计征,收费标准为每平方米1元(不足1平方米的按 1 平方米计)。对水利水电工程建设项目,水库淹没区不在水土保持补偿费计征范围之内。②开采矿产资源的,建设期间,按照征占用土地面积一次性计征,具体收费标准按照本条第一款执行。开采期间,根据主管部门核定的开采量(采掘、采剥总量)按销售额的 1‰计征。③取土、挖砂(河道采砂除外)、采石以及烧制砖、瓦、瓷、石灰的,根据主管部门核定的取土、挖砂、采石量,按照 0.2 元/吨计征。④排放废弃土、石、渣的,根据土、石、渣量,按照每立方米 1 元计征(不足 1 立方米的按 1 立方米计)。对缴纳义务人已按前三种方式计征水土保持补偿费的,不再重复计征。

目前,我省水土保持补偿费按上述规定标准的 80%征收。

(11)将省级大中型水库库区基金、小型水库移民扶助基金合并为地方水库移民扶持基金。省级大中型水库库区基金征收对象为浙江省境内总装机容量在 2.5 万千瓦以上(含)有发电收入的单独水库和水电站。

库区基金根据有发电收入水库实际上网销售电量,按 8 厘/千瓦时的标准征收。新建投产发电的省内有发电收入水库从上网之日起均按此标准征收库区基金。

(12)排污权出让收入是指政府以有偿出让方式配置排污权取得的收入,包括采取定额出让方式出让排污权收取的排污权使用费和通过公开拍卖等方式出让排污权取得的收入。

排污权,是指排污单位按照国家或者地方规定的污染物排放标准,以及污染物排放总量控制要求,经核定允许其在一定期限内排放污染物的种类和数量。

试点地区地方人民政府采取定额出让或通过市场公开出让(包括拍卖、挂牌、协议等)方式出让排污权。对现有排污单位取得排污权,采取定额出让方式。对新建项目排污权和改建、扩建项目新增排污权,以及现有排污单位为达到污染物排放总量控制要求新增排污权,通过市场公开出让方式。

排污权使用费的征收标准由试点地区省级价格、财政、环境保护部门根据当地环境资源稀缺程度、经济发展水平、污染治理成本等因素确定。

排污权有效期原则上为 5 年。有效期满后,排污单位需要延续排污权的,应当按照地方环境保护部门重新核定的排污权,继续缴纳排污权使用费。

(13)在人防重点城市的市区(直辖市含近郊区)新建民用建筑,要按照规定修建防空地下室。应当修建防空地下室的民用建筑,有下列情形之一的,建设单位经人民防空行政主管部门核实可以不建或者少建防空地下室的,应当在申领施工许可证前,按照规定标准一次性足额缴纳人民防空工程易地建设费:

①所在地块被禁止、限制开发利用地下空间的;

②所在控制性详细规划确定的地块内已建人民防空工程已达到国家和省有关人民防空工程建设规划要求的;

③因流沙、暗河、基岩埋深较浅等地质条件限制不能修建的；

④因建设场地周边建筑物或者地下管道设施密集,防空地下室不能施工或者施工难以保证自身及其周边安全的；

⑤不能满足防空地下室最小净高要求的；

⑥国家规定可以不建或者少建的其他情形。

防空地下室易地建设费的收费标准,由省、自治区、直辖市价格主管部门会同同级财政、人防主管部门按照当地防空地下室的造价制定,报国家计委、财政部、国家人防办备案。

(14)国有建设用地按规定被认定为闲置土地的,除属于政府、政府有关部门的行为造成动工开发延迟的情形外,未动工开发满1年的,由市、县国土资源主管部门报经本级人民政府批准后,向国有建设用地使用权人下达《征缴土地闲置费决定书》,按照土地出让或者划拨价款的20%征缴土地闲置费。

(15)城市生活垃圾是指城市人口在日常生活中产生或为城市日常生活提供服务产生的固体废物,以及法律、行政法规规定,视为城市生活垃圾的固体废物(包括建筑垃圾和渣土,不包括工业固体废物和危险废物)。所有产生生活垃圾的国家机关、企事业单位(包括交通运输工具)、个体经营者、社会团体、城市居民和城市暂住人口等,均应按规定缴纳生活垃圾处理费。

(16)国有土地使用权出让收入是政府以出让等方式配置国有土地使用权取得的全部土地价款,包括受让人支付的征地和拆迁补偿费用、土地前期开发费用和土地出让收益等。国有土地使用权受让人应按照规定要求,在规定时间内将应缴的国有土地使用权出让收入及时足额缴纳。

国有土地使用权出让收入的征缴分下列两种情形：

①涉及竞买保证金的,由自然资源部门、公共资源交易中心将竞买保证金抵作国有土地使用权出让收入代竞得人向税务部门申报缴纳；同时向税务部门推送合同、缴费期限等费源信息,税务部门依据自然资源部门推送的费源信息按合同负责征收剩余价款,向竞得人开具《缴款通知书》,涉及分期、逐年缴款的,应按期向竞得人开具《缴款通知书》,督促竞得人缴费,未按时缴纳的及时催缴。

②按照规定标准确定出让金额,不涉及竞买保证金的,由自然资源部门向税务部门推送缴费人、缴费金额、缴费期限等费源信息。税务部门依据自然资源部门推送的费源信息向缴费人开具《缴款通知书》,督促缴费人缴费,未按时缴纳的及时催缴。

(17)矿产资源专项收入包括探矿权采矿权使用费和矿业权出让收益。在中华人民共和国领域及管辖海域勘查、开采矿产资源,均须按规定缴纳矿业权出让收益和探矿权、采矿权使用费收入。

根据《国务院关于印发矿产资源权益金制度改革方案的通知》(国发〔2017〕29号)的规定,在矿业权出让环节,将探矿权采矿权价款调整为矿业权出让收益;在矿业权占有环节,将探矿权采矿权使用费整合为矿业权占用费;在矿产开采环节,组织实施资源税改革,将矿产资源补偿费并入资源税;在矿山环境治理恢复环节,将矿山环境治理恢复保证金调整为矿山环境治理恢复基金。由矿山企业单设会计科目,按照销售收入的一定比例计提,计入企业成本,由企业统筹用于开展矿山环境保护和综合治理。

(18)国家实行海域有偿使用制度。单位和个人使用海域,应当按照国务院的规定缴纳海域使用金。海域使用金统一按照用海类型、海域等别以及相应的海域使用金征收标准计算征收。其中,对填海造地、非透水构筑物、跨海桥梁和海底隧道等项目用海实行一次性计征海域使用金,对其他项目用海按照使用年限逐年计征海域使用金。使用海域不超过6个月的,按年征收标准的50%一次性计征海域使用金;超过6个月不足1年的,按年征收标准一次性计征海域使用金。经营性临时用海按年征收标准的25%一次性计征海域使用金。

(19)无居民海岛使用金,是指国家在一定年限内出让无居民海岛使用权,由无居民海岛使用者依法向国家缴纳的无居民海岛使用权价款,不包括无居民海岛使用者取得无居民海岛使用权应当依法缴纳的其他相关税费。

◆ 非税收入申报

知识点1:文化事业建设费申报

(1)在中华人民共和国境内提供广告服务的广告媒介单位和户外广告经营单位、提供娱乐服务的单位和个人,依照税收法律法规及相关规定确定的申报期限、申报内容,向税务机关申报缴纳文化事业建设费。

(2)中华人民共和国境外的缴纳义务人,在境内未设有经营机构的,以服务接受方为扣缴义务人。文化事业建设费的扣缴义务人依照税收法律法规及相关规定确定的申报期限、申报内容,就应税项目向税务机关申报入库其代扣代缴的文化事业建设费。

(3)文化事业建设费的缴纳期限、缴纳义务发生时间和缴纳地点,与缴纳义务人的增值税纳税期限、纳税义务发生时间和纳税地点相同。文化事业建设费的扣缴义务发生时间,为缴纳义务人的增值税纳税义务发生时间。文化事业建设费的扣缴义务人应当向其机构所在地或者居住地主管税务机关申报缴纳其扣缴的文化事业建设费。

知识点2:废弃电器电子产品处理基金申报

(1)中华人民共和国境内电子产品的生产者,依照法律法规及相关规定确定的申报期限、申报内容,向税务机关申报缴纳废弃电器电子产品处理基金。

(2)缴纳义务人按季申报缴纳基金。缴纳义务人应当自季度终了之日起 15 日内申报缴纳基金,向主管税务机关报送《废弃电器电子产品处理基金申报表》。

知识点 3:残疾人就业保障金申报

(1)浙江省行政区域内未按规定比例安排残疾人就业的机关、团体、企业事业单位、民办非企业单位等各类用人单位,依照规定的期限、内容,向税务机关申报缴纳残疾人就业保障金(以下简称保障金)。

(2)残疾人就业服务机构应当配合保障金征收机关做好保障金征收工作。用人单位应按规定时限如实向残疾人就业服务机构申报上年本单位安排的残疾人就业人数。未在规定时限申报的,视为未安排残疾人就业。

残疾人就业服务机构进行审核后,确定用人单位实际安排的残疾人就业人数,并及时提供给保障金征收机关。

(3)从 2020 年 1 月 1 日起,保障金的缴费次数由以前年度的按月(或按季)缴纳调整为按年一次性缴纳,缴纳时间为每年 9 月征期。

知识点 4:石油特别收益金申报

(1)凡在中华人民共和国陆地领域和所辖海域独立开采并销售原油的企业,以及在上述领域以合资、合作等方式开采并销售原油的其他企业,均应依照法律、行政法规规定或者税务机关依照法律、行政法规规定确定的申报期限、申报内容,申报缴纳石油特别收益金。

(2)石油开采企业集团公司下属多家石油开采企业的,石油特别收益金以石油开采企业集团公司为单位汇总缴纳。

缴纳石油特别收益金的石油开采企业,应当如实填写石油特别收益金申报表,各集团公司汇总后,在每季度结束后的 10 个工作日内,向征收机关申报缴纳。

知识点 5:油价调控风险准备金申报

(1)在中华人民共和国境内生产、委托加工和进口汽、柴油的成品油生产经营企业,在国际市场原油价格低于国家规定的成品油价格调控下限(每桶 40 美元)时,应依照法律、行政法规规定或者税务机关依照法律、行政法规规定确定的申报期限、申报内容,申报缴纳油价调控风险准备金。

(2)缴纳义务人可以选择按季度或者按年度缴纳风险准备金。具体缴纳方式由缴纳义务人报征收机关核准。缴纳方式一经确定,不得随意变更。

知识点 6:非税收入通用申报

下列收入项目适用非税收入通用申报:

(1)存在户外广告招标及拍卖收入、小客车总量调控增量指标竞价收入、市政公共资源有偿使用收入、市场公共资源有偿使用收入的缴费人按照税收法律法规及相关规定确定的申报期限、申报内容申报缴纳非税收入。

(2)存在财政部专员办征收的国家重大水利工程建设基金、农网还贷资金、可再生能源发展基金、中央水库移民扶持基金(含大中型水库移民后期扶持基金、三峡水库库区基金、跨省大中型水库库区基金)、三峡电站水资源费、核电站乏燃料处理处置基金、免税商品特许经营费、核事故应急准备专项收入、国家留成油收入的缴费人按照税收法律法规及相关规定确定的申报期限、申报内容申报缴纳非税收入。

(3)存在地方政府及有关部门负责征收的国家重大水利工程建设基金,以及向企事业单位和个体经营者征收的水利建设基金的缴费人按照税收法律法规及相关规定确定的申报期限、申报内容申报缴纳非税收入。

(4)存在水土保持补偿费、地方水库移民扶持基金、排污权出让收入、防空地下室易地建设费的缴费人按照税收法律法规及相关规定确定的申报期限、申报内容申报缴纳非税收入。

(5)存在土地闲置费、住房和城乡建设等部门负责征收的按行政事业性收费管理的城镇垃圾处理费的缴费人按照税收法律法规及相关规定确定的申报期限、申报内容申报缴纳非税收入。

(6)自2021年7月1日起,选择在河北、内蒙古、上海、浙江、安徽、青岛、云南省(自治区、直辖市、计划单列市)以省(市、区)为单位开展国有土地使用权出让收入、矿产资源专项收入、海域使用金、无居民海岛使用金四项政府非税收入划转试点的缴费人,按照税收法律法规及相关规定确定的申报期限、申报内容在2022年1月1日起申报缴纳非税收入。

第九节 出口退抵税申报

知识点 1:出口货物劳务免抵退税申报

生产企业出口货物,在办理出口退(免)税备案后,可以在规定的退(免)税申报期内按规定申报增值税退(免)税,以及消费税退(免)税。

出口货物劳务免抵退税申报包括:出口货物免抵退税申报、视同出口货物免抵退税申报、对外加工修理修配劳务免抵退税申报。

一般纳税人转登记为小规模纳税人的,其在一般纳税人期间出口适用增值税退(免)税政策的货物劳务,继续按照现行规定申报和办理出口退(免)税相关事项。

实行免抵退税办法的出口企业出口货物劳务后,应在货物报关出口之日次月起至次年4月30日前的各增值税纳税申报期内收齐有关凭证,向主管税务机关申请办理免抵退税申报业务。

出口货物劳务的出口日期,按以下原则确定:属于向海关报关出口的货物劳务,以出口货物报关单信息上注明的出口日期为准;属于非报关出口销售的货物以出口发票或普通发票的开具时间为准;属于保税区内出口企业或其他单位出口的货物以及经保税区出口的货物,以货物离境时海关出具的出境货物备案清单上注明的出口日期为准。

纳税人出口货物劳务适用免抵退税办法的,可以在同一申报期内,既申报免抵退税又申请办理留抵退税。当期可申报免抵退税的出口销售额为零的,应办理免抵退税零申报。纳税人既申报免抵退税又申请办理留抵退税的,税务机关应先办理免抵退税。办理免抵退税后,纳税人仍符合留抵退税条件的,再办理留抵退税。

1. 出口货物免抵退税申报

出口货物免抵退税申报是指生产企业以自营出口或委托出口方式销售给境外单位或个人的货物,在海关报关并实际离境后于规定申报期限内向主管税务机关提交免抵退税申报。

出口货物免抵退税申报业务中的出口货物除指生产企业常规性出口货物外,还包括视同自产货物、先退税后核销出口货物、列名生产企业出口的非自产货物、经保税区仓储企业出口货物、适用启运港退税政策出口货物、边境贸易人民币结算出口货物。

2. 视同出口货物免抵退税申报

视同出口货物免抵退税申报的货物范围包括:销售到特殊区域货物、进入列名出口监管仓库的国内货物、对外承包工程的出口货物、境外投资的出口货物、中标机电产品、海洋工程结构物产品、销售给国际航班的航空食品、销售到特殊区域的列明原材料等。

3. 对外提供加工修理修配劳务免抵退税申报

对外提供加工修理修配劳务免抵退税申报是指出口企业对进境复出口货物或从事国际运输的运输工具进行的加工修理修配业务在规定申报期限内向主管税务机关提交免抵退税申报。对外提供加工修理修配劳务业务类型包括:修理修配船舶、飞机、其他进境复出口货物以及航线维护(航次维修)。

知识点 2:增值税零税率应税服务免抵退税申报

增值税零税率应税服务免抵退税申报事项是指实行免抵退税办法的出口企业向境外单位提供增值税零税率应税服务后,向主管税务机关申请办理免抵退税申报业务。

适用免抵退税办法的出口企业提供增值税零税率跨境应税服务的,收齐有关凭证后,应在财务作销售收入次月起至次年 4 月 30 日前的各增值税纳税申报期内向主管税务机关申报退(免)税。

纳税人发生跨境应税行为,适用免抵退税办法的,可以在同一申报期内,既申报免抵退税又申请办理留抵退税。当期可申报免抵退税的出口销售额为零的,应办理免抵退税零申报。纳税人既申报免抵退税又申请办理留抵退税的,税务机关应先办理免抵退税。

知识点 3:出口货物劳务免退税申报

外贸企业自营或委托出口的货物,在办理出口退(免)税备案后,可以在规定的退(免)税申报期内按规定申报增值税退(免)税,以及消费税退(免)税。

出口货物劳务免退税申报事项包括出口货物免退税申报、视同出口货物免退税申报、对外加工修理修配劳务免退税申报。

一般纳税人转登记为小规模纳税人的,其在一般纳税人期间出口适用增值税退(免)税政策的货物劳务,继续按照现行规定申报和办理出口退(免)税相关事项。

实行免退税办法的出口企业出口货物劳务后,应在货物报关出口之日次月起至次年 4 月 30 日前的各增值税纳税申报期内收齐有关凭证,向主管税务机关办理出口货物增值税、消费税免退税申报。

出口企业出口或视同出口适用增值税免税政策的货物,免征消费税,但不退还其以前环节已征的消费税,且不允许在内销应税消费品应纳消费税款中抵扣。

出口货物劳务的出口日期,按以下原则确定:属于向海关报关出口的货物劳务,以出口货物报关单信息上注明的出口日期为准;属于非报关出口销售的货物以出口发票或普通发票的开具时间为准;属于保税区内出口企业或其他单位出口的货物以及经保税区出口的货物,以货物离境时海关出具的出境货物备案清单上注明的出口日期为准。

1. 出口货物免退税申报

出口货物免退税申报核准是指外贸企业以自营出口或委托出口方式销售给境外单位或个人的货物,在海关报关并实际离境后于规定申报期限内向主管税务机关提交免退税申报,税务机关按规定办理核准手续。

出口货物免退税申报核准业务中的出口货物除出口企业常规性出口货物外,还包括经保税区仓储企业出口货物、适用启运港退税政策出口货物、边境贸易人民币结算出口货物、跨境贸易人民币结算出口货物。

2. 视同出口货物免退税申报

视同出口货物免退税申报核准的货物范围包括:对外承包工程出口货物,销售给外轮、远洋国轮货物,境外实物投资出口货物,对外援助出口货物,中标机电产品,销售给特殊区域货物,进入列名出口监管仓库的国内货物,免税品经营企业运入海关监管仓库货物,上海虹桥、浦东机场海关隔离区内免税店销售货物,融资租赁货物,销售横琴、平潭企业的货物,境外带料加工装配业务的出口货物等。

3. 对外提供加工修理修配劳务免退税申报

对外提供加工修理修配劳务免退税申报是指出口企业对进境复出口货物或从事国际运输的运输工具进行的加工修理修配业务在规定申报期限内向主管税务机关提交免退税申报。对外提供加工修理修配劳务业务类型包括:修理修配船舶、其他进境复出口货物以及航线维护(航次维修)。

知识点4:增值税零税率应税服务免退税申报

增值税零税率应税服务免退税申报事项是指实行免退税办法的出口企业外购零税率应税服务、无形资产出口或向境外单位提供增值税零税率应税服务后,向主管税务机关申请办理免退税申报业务。

适用免退税办法的出口企业外购零税率应税服务、无形资产出口或提供增值税零税率跨境应税服务的,收齐有关凭证后,应在财务作销售收入次月起至次年4月30日前的各增值税纳税申报期内向主管税务机关申报退(免)税。

知识点5:外贸综合服务企业代办退税申报

外贸综合服务企业代办退税申报事项是指外贸综合服务企业(以下简称综服企业)符合商务部等部门规定的综服企业定义并向主管税务机关备案,且企业内部已建立较为完善的代办退税内部风险管控制度并已向主管税务机关备案的,可向综服企业所在地主管税务机关集中代为办理国内生产企业出口退(免)税事项(以下称代办退税)。

综服企业出口货物劳务后,应在货物报关出口之日次月起至次年4月30日前的各增值税纳税申报期内收齐有关凭证,向主管税务机关申请办理代办退税申报。综服企业应参照外贸企业出口退税申报相关规定,向主管税务机关单独申报代办退税。

知识点 6:出口已使用过的设备免退税申报

出口已使用过的设备免退税申报事项是指出口企业对出口的未计算抵扣进项税额的已使用过设备,向主管税务机关申请办理增值税免退税申报业务。

已使用过的设备是指出口企业根据财务会计制度已经计提折旧的固定资产。本事项涉及的已使用过的设备包括:出口企业出口的在 2008 年 12 月 31 日以前购进的设备、2009 年 1 月 1 日以后购进但按照有关规定不得抵扣进项税额的设备、非增值税纳税人购进的设备,以及营业税改征增值税试点地区的出口企业出口在本企业试点以前购进的设备。

出口企业和其他单位应在已使用过的设备报关出口之日次月起至次年 4 月 30 日前的各增值税纳税申报期内,向主管税务机关单独申报退税。

知识点 7:购进自用货物免退税申报

购进自用货物免退税申报事项包括输入特殊区域内生产企业耗用的水、电、气免退税申报和研发机构采购国产设备免退税申报。

享受购进自用货物免退税政策的出口企业,应在购进自用货物增值税专用发票的开具之日次月起至次年 4 月 30 日前的各增值税纳税申报期内向主管税务机关申请办理购进自用货物免退税的申报。

知识点 8:退税代理机构离境退税结算

退税代理机构离境退税结算事项是指境外旅客购物离境退税资金,由退税代理机构向境外旅客垫付后,应于每月 15 日前,向主管税务机关申报上月境外旅客离境退税结算。

退税代理机构首次向主管税务机关申报境外旅客离境退税结算时,应首先提交与省税务局签订的服务协议、《出口退(免)税备案表》进行备案。

知识点 9:生产企业进料加工业务免抵退税核销

生产企业进料加工业务免抵退税核销事项是指生产企业应在本年度 4 月 20 日前,向主管税务机关申请办理上年度海关已核销的进料加工手(账)册项下的进料加工业务核销手续。

生产企业申请核销前,应从主管税务机关获取海关联网监管加工贸易电子数据中的进料加工"电子账册(电子化手册)核销数据"以及进料加工业务的进、出口货物报关单数据作为申请核销的参考。

生产企业在办理年度进料加工业务核销后,如认为《生产企业进料加工业务免抵退税核销表》中的"上年度已核销手(账)册综合实际分配率"与企业当年度实际情况差别较大的,可在向主管税务机关提供当年度预计的进料加工计划分配率及书面合理理由后,将预计的进料加工计划分配率作为该年度的计划分配率。

第十节　申报相关服务

知识点 1:定期定额户申报

1. 定期定额户自行申报

实行定期定额征税的个体工商户依照税收法律法规及相关规定确定的申报期限、申报内容,填报《定期定额纳税申报表》及其他相关资料,向主管税务机关进行纳税申报。

定期定额户出现不适用简易申报、因未签署三方协议不能简易申报、简易申报失败后由纳税人自行申报、未达起征点双定户达到起征点后申报、超定额申报等情形时,应按照税收法律法规及相关规定,向税务机关办理申报纳税手续。

定期定额户应当自行申报经营情况,对未按照规定期限自行申报的,税务机关可以不经过自行申报程序,按照《个体工商户税收定期定额征收管理办法》(国家税务总局令第 16 号公布,国家税务总局令第 44 号修改)第七条规定的方法核定其定额。

定期定额个体工商户的定额与发票开具金额或税控收款机记录数据比对后,超过定额的经营额、所得额所应缴纳的税款;在税务机关核定定额的经营地点以外从事经营活动所应缴纳的税款,应当向税务机关办理相关纳税事宜。

对实行简并征期的定期定额户,其按照定额所应缴纳的税款在规定的期限内申报纳税不加收滞纳金。

定期定额户当期发生的经营额、所得额超过定额一定幅度的,应当在法律、行政法规规定的申报期限内向税务机关进行申报并缴清税款。具体幅度由省税务机关确定。

2. 定期定额户简易申报

实行简易申报的定期定额户,在税务机关规定的期限内按照法律、行政法规规定,通过财税库银电子缴税系统批量扣税或委托银行扣缴核定税款的,当期(指纳税期)可不办理申报手续,实行以缴代报。

凡委托银行或其他金融机构办理税款划缴的定期定额户,应当向税务机关书面报告开户银行及账号。其账户内存款应当足以按期缴纳当期税款。其存款余额低于当期应纳税款,致使当期税款不能按期入库的,税务机关按逾期缴纳税款处理;对实行简易申报的,按逾期办理纳税申报和逾期缴纳税款处理。

知识点2:通用申报(税及附征税费)

纳税人依照税收法律法规及相关规定确定的申报期限、申报内容,填报《通用申报表(税及附征税费)》,向税务机关进行流转税、所得税、财产和行为税及相关规费等多项税(费)种的纳税申报。

知识点3:委托代征报告

依法接受税务机关委托、行使代征税款的单位或人员,根据税务机关确定的代征范围、核定税额或计税依据、税率代征税款,在税款解缴期内填报《委托代征税款报告表》《委托代征税款明细报告表》及其他相关资料,向税务机关进行委托代征报告,并解缴税款。

税收委托代征工作中,代征人应当履行以下职责:①根据税务机关确定的代征范围、核定税额或计税依据、税率代征税款,并按规定及时解缴入库;②按照税务机关有关规定领取、保管、开具、结报缴销税收票证、发票,确保税收票证和发票安全;③代征税款时,向纳税人开具税收票证;④建立代征税款账簿,逐户登记代征税种税目、税款金额及税款所属期等内容;⑤在税款解缴期内向税务机关报送《代征代扣税款结报单》,以及受托代征税款的纳税人当期已纳税、逾期未纳税、管户变化等相关情况;⑥对拒绝代征人依法代征税款的纳税人,自其拒绝之时起24小时内报告税务机关;⑦在代征税款工作中获知纳税人商业秘密和个人隐私的,应当依法为纳税人保密。

纳税人拒绝缴纳的,受托代征人应自纳税人拒绝之时起24小时内将情况报告税务机关,税务机关应向纳税人追缴税款。受托代征人未将情况报告的,税务机关可按《委托代征协议书》的约定向代征人按日加收未征少征税款万分之五的违约金。

受托代征人应按规定期限解缴税款,未按规定期限解缴税款的,由税务机关责令限期解缴,并可从税款滞纳之日起按日加收未解缴税款万分之五的违约金。

知识点4:印花税票代售报告

税务机关根据有利于税收控管和方便纳税的原则,可以按照国家有关规定委托有关单位和个人代售印花税票,受托单位或者个人可以向税务机关提出代售印花税票的申请。代售户所售印花税票取得的税款,须专户存储,并按照规定的期限,向当地税务机关结报,或者填开专用缴款书直接向银行缴纳。

依法接受税务机关代售印花税票的单位或者个人,按照规定的期限,填报《印花税票代售报告表》,向税务机关报告并结报税款,或者填开专用缴款书直接向银行缴纳。

知识点5:代收代缴、代扣代缴申报

1. 代收代缴车船税申报

扣缴义务人依照税收法律、法规、规章及其他有关规定,在规定的纳税期限内,履行代收代缴车船税义务,填报《车船税代收代缴报告表》,向税务机关进行纳税申报。

从事机动车交通事故责任强制保险业务的保险机构已代收代缴车船税的,纳税人不再向车辆登记地的主管税务机关申报缴纳车船税。

2. 居民个人取得综合所得个人所得税预扣预缴申报

个人所得税以向个人支付所得的单位或者个人为扣缴义务人。居民个人取得综合所得,按年计算个人所得税;有扣缴义务人的,由扣缴义务人按月或者按次预扣预缴税款。扣缴义务人每月或者每次预扣、代扣的税款,在次月15日内,填报《个人所得税扣缴申报表》及其他相关资料,向税务机关纳税申报并缴入国库。

扣缴义务人向居民个人支付工资、薪金所得时,应当按照累计预扣法计算预扣税款,并按月办理扣缴申报。扣缴义务人向居民个人支付劳务报酬所得、稿酬所得、特许权使用费所得时,应当按次或者按月预扣预缴税款。

自2020年7月1日起,对一个纳税年度内首次取得工资、薪金所得的居民个人,扣缴义务人在预扣预缴个人所得税时,可按照5000元/月乘以纳税人当年截至本月月份数计算累计减除费用。正在接受全日制学历教育的学生因实习取得劳务报酬所得的,扣缴义务人预扣预缴个人所得税时,可按照《国家税务总局关于发布〈个人所得税扣缴申报管理办法(试行)〉的公告》(2018年第61号)规定的累计预扣法计算并预扣预缴税款。所称首次取得工资、薪金所得的居民个人,是指自纳税年度首月起至新入职时,未取得工资、薪金所得或者未按照累计预扣法预扣预缴过连续性劳务报酬所得个人所得税的居民个人。

自2021年1月1日起,对上一完整纳税年度内每月均在同一单位预扣预缴工资、薪金所得个人所得税且全年工资、薪金收入不超过6万元的居民个人,扣缴义务人在预扣预缴本年度工资、薪金所得个人所得税时,累计减除费用自1月份起直接按照全年6万元计算扣除。即,在纳税人累计收入不超过6万元的月份,暂不预扣预缴个人所得税;在其累计收入超过6万元的当月及年内后续月份,再预扣预缴个人所得税。扣缴义务人应当按规定办理全员全额扣缴申报,并在《个人所得税扣缴申报表》相应纳税人的备注栏注明"上年各月均有申报且全年收入不超过6万元"字样。对按照累计预扣法预扣预缴劳务报酬所得个人所得税的居民个人,扣缴义务人比照上述规定执行。

享受子女教育、继续教育、住房贷款利息或者住房租金、赡养老人专项附加扣除的

纳税人,自符合条件开始,可以向支付工资、薪金所得的扣缴义务人提供上述专项附加扣除有关信息,由扣缴义务人在预扣预缴税款时,按其在本单位本年可享受的累计扣除额办理扣除;也可以在次年3月1日至6月30日内,向汇缴地主管税务机关办理汇算清缴申报时扣除。居民个人向扣缴义务人提供有关信息并依法要求办理专项附加扣除的,扣缴义务人应当按照规定在工资、薪金所得按月预扣预缴税款时予以扣除,不得拒绝。

纳税人同时从两处以上取得工资、薪金所得,并由扣缴义务人减除专项附加扣除的,对同一专项附加扣除项目,在一个纳税年度内只能选择从一处取得的所得中减除。

支付工资、薪金所得的扣缴义务人应当于年度终了后两个月内,向纳税人提供其个人所得和已扣缴税款等信息。纳税人年度中间需要提供上述信息的,扣缴义务人应当提供。纳税人取得除工资、薪金所得以外的其他所得,扣缴义务人应当在扣缴税款后,及时向纳税人提供其个人所得和已扣缴税款等信息。

纳税人年度中间更换工作单位的,在原单位任职、受雇期间已享受的专项附加扣除金额,不得在新任职、受雇单位扣除。原扣缴义务人应当自纳税人离职不再发放工资薪金所得的当月起,停止为其办理专项附加扣除。

扣缴义务人应当按照纳税人提供的信息计算税款、办理扣缴申报,不得擅自更改纳税人提供的信息。扣缴义务人发现纳税人提供的信息与实际情况不符,纳税人拒绝修改的,扣缴义务人应当报告税务机关。纳税人拒绝扣缴义务人依法履行代扣代缴义务的,扣缴义务人应当及时报告税务机关。

扣缴义务人对纳税人提供的《个人所得税专项附加扣除信息表》,应当按照规定妥善保存备查,并依法对纳税人报送的专项附加扣除等相关涉税信息和资料保密。纳税人报送给扣缴义务人的《个人所得税专项附加扣除信息表》,扣缴义务人应当自预扣预缴年度的次年起留存5年。

3. 居民个人取得分类所得个人所得税代扣代缴申报

个人所得税以向个人支付所得的单位或者个人为扣缴义务人。扣缴义务人向居民个人支付利息、股息、红利所得,财产租赁所得,财产转让所得或者偶然所得时,应当按月或按次代扣代缴个人所得税,在次月15日填报《个人所得税扣缴申报表》及其他相关资料,向主管税务机关纳税申报。

4. 非居民个人所得税代扣代缴申报

扣缴义务人向非居民个人支付应税所得时,履行代扣代缴应税所得个人所得税的义务,并在次月15日内向主管税务机关报送《个人所得税扣缴申报表》和主管税务机关要求报送的其他有关资料。

5. 限售股转让所得扣缴个人所得税申报

证券机构技术和制度准备完成前形成的限售股,其转让所得应缴纳的个人所得税采取证券机构预扣预缴、纳税人自行申报清算方式征收。

证券机构技术和制度准备完成后新上市公司的限售股,纳税人在转让时应缴纳的个人所得税,采取证券机构直接代扣代缴的方式征收。

证券机构每月所扣个人所得税款,于次月 15 日内填报《限售股转让所得扣缴个人所得税报告表》,向当地主管税务机关纳税申报。

6. 单一投资基金核算的合伙制创业投资企业个人所得税扣缴申报

创投企业可以选择按单一投资基金核算或者按创投企业年度所得整体核算两种方式之一,对其个人合伙人来源于创投企业的所得计算个人所得税应纳税额。合伙制创业投资企业选择按单一投资基金核算的,个人合伙人按照其应从基金年度股权转让所得中分得的份额计算其应纳税额,并由创投企业在次年 3 月 31 日前代扣代缴个人所得税,填报《单一投资基金核算的合伙制创业投资企业个人所得税扣缴申报表》,并向税务机关纳税申报。

创投企业选择按单一投资基金核算的,应当在按规定完成备案的 30 日内,向主管税务机关进行核算方式备案;未按规定备案的,视同选择按创投企业年度所得整体核算。创投企业选择按单一投资基金核算的,其个人合伙人从该基金应分得的股权转让所得和股息红利所得,按照 20% 税率计算缴纳个人所得税。创投企业选择按年度所得整体核算的,其个人合伙人应从创投企业取得的所得,按照"经营所得"项目、5%~35% 的超额累进税率计算缴纳个人所得税。

创投企业选择按单一投资基金核算或按创投企业年度所得整体核算后,3 年内不能变更;满 3 年需要调整的,应当在满 3 年的次年 1 月 31 日前,重新向主管税务机关备案。

7. 扣缴储蓄存款利息所得个人所得税申报

办理个人储蓄业务的储蓄机构,在向个人结付储蓄存款利息时,应依法代扣代缴其应缴纳的个人所得税税款,并在代扣税款的次月 15 日内,填报《储蓄存款利息所得扣缴个人所得税报告表》,向税务机关纳税申报。储蓄存款在 2008 年 10 月 9 日后(含 10 月 9 日)孳生的利息所得,暂免征收个人所得税。

8. 其他代扣代缴、代收代缴申报

扣缴义务人除扣缴企业所得税申报、扣缴个人所得税申报、代收代缴车船税申报、代扣代缴文化事业建设费申报、代扣代缴证券交易印花税申报外,就其他代扣代缴、代收代缴义务按照税收法律法规及相关规定,填报《代扣代缴、代收代缴税款报告表》,向税务机关申报入库相关应纳税款。

知识点6:对纳税人延期申报的核准

纳税人、扣缴义务人因特殊困难,需要延期的,向税务机关提出书面延期申请,经税务机关核准,在核准的期限内办理申报。有两种情形:

(1)因不可抗力,不能按期办理纳税申报或者报送代扣代缴、代收代缴税款报告表的,可以延期办理。但应当在不可抗力情形消除后立即向税务机关报告。所谓不可抗力,是指人们无法预见、无法避免、无法克服的自然灾害,如水灾、火灾、风灾、地震等。

(2)因财务处理上的特殊原因,账务未处理完毕,不能计算应纳税额,按照规定的期限办理纳税申报或者报送代扣代缴、代收代缴税款报告表确有困难,需要延期的。

纳税人不能按期办理纳税申报的,经税务机关核准,可以延期申报,但要在纳税期内按照上期实际缴纳的税额或者税务机关核定的税额预缴税款,并在核准的延期内办理税款结算。预缴税款之后,按照规定期限办理税款结算的,不适用《税收征管法》第三十二条关于纳税人未按期缴纳税款而被加收滞纳金的规定。当预缴税额大于应纳税额时,税务机关结算退税但不向纳税人计退利息;当预缴税额小于应纳税额时,税务机关在纳税人结算补税时不加收滞纳金。

该业务属于税务行政许可事项。

知识点7:对纳税人延期缴纳税款的核准

纳税人不能按期缴纳税款的,应当在缴纳税款期限届满前提出申请,经省税务机关批准,可以延期缴纳税款,但是最长不得超过3个月。纳税人因有下列情形,不能按期缴纳税款的,应当在缴纳税款期限届满前提出申请,经省税务机关批准,可以延期缴纳税款,但是最长不得超过3个月:

(1)因不可抗力,导致纳税人发生较大损失,正常生产经营活动受到较大影响的。

(2)当期货币资金在扣除应付职工工资、社会保险费后,不足以缴纳税款的。

该业务属于税务行政许可事项。

知识点8:对纳税人变更纳税定额的核准

申请人对税务机关采取以下方法核定的应纳税额有异议的,应当提供相关证据,经税务机关认定后,调整应纳税额:

(1)参照当地同类行业或者类似行业中经营规模和收入水平相近的纳税人的税负水平核定。

(2)按照营业收入或者成本加合理的费用和利润的方法核定。

(3)按照耗用的原材料、燃料、动力等推算或者测算核定。

（4）按照其他合理的方法核定。

该业务属于税务行政许可事项。

知识点9：误收多缴退抵税

纳税人有因税务机关误收或纳税人误缴而产生的超过应纳税额缴纳的税款,纳税人自结算缴纳税款之日起3年内发现的,可以向税务机关申请退还多缴的税款并加算银行同期活期存款利息。

以下业务也属于误收多缴退抵税范围：

（1）"营改增"试点纳税人提供应税服务在本地区试点实施之日前已缴纳营业税,本地区试点实施之日（含）后因发生退款减除营业额的,应当向主管税务机关申请退还已缴纳的营业税；

（2）对于"税务处理决定书多缴税费""行政复议决定书多缴税费""法院判决书多缴税费"等类多缴税款办理退税。

知识点10：入库减免退抵税

入库减免退抵税,是指纳税人经批准符合政策规范可以享受减免的税款,由于此前已经缴纳入库,纳税人可以申请退抵已缴纳的税款。

（1）增值税即征即退。符合增值税即征即退税收优惠条件的,按税法规定缴纳的税款,由税务机关征收入库后,再由税务机关按规定的程序给予部分或全部退还已纳税款。

纳税人适用增值税即征即退政策的,应当在首次申请增值税退税时,按规定向主管税务机关提供退税申请材料和相关政策规定的证明材料。从2021年4月1日起,纳税人后续申请增值税退税时,相关证明材料未发生变化的,无须重复提供,仅需提供退税申请材料并在退税申请中说明有关情况。纳税人享受增值税即征即退条件发生变化的,应当在发生变化后首次纳税申报时向主管税务机关书面报告。

除另有规定外,纳税人不再符合增值税优惠条件的,应当自不符合增值税优惠条件的当月起,停止享受增值税优惠。

增值税即征即退的情形具体包括：

①残疾人就业企业增值税退税；

②资源综合利用产品和劳务即征即退增值税退税；

③软件产品增值税即征即退；

④飞机维修劳务增值税即征即退；

⑤光伏发电增值税即征即退；

⑥管道运输服务增值税即征即退;

⑦融资租赁业务增值税即征即退;

⑧动漫软件产品增值税即征即退;

⑨新型墙体材料增值税即征即退;

⑩风力发电增值税即征即退;

⑪生产销售铂金增值税即征即退。

(2)非居民纳税人可享受但未享受协定待遇,可以申请退还多缴税款的情况。

(3)其他减免税政策发布时间滞后于执行时间已入库税款的退税,也属于减免退税。

(4)"营改增"试点纳税人提供应税服务在本地区试点实施之日前已缴纳营业税,本地区试点实施之日后(含)因享受减免税政策,而退还试点前发生业务的营业税,向主管税务机关申请退还已缴纳的营业税。

知识点 11:汇算清缴结算多缴退抵税

实行分期预缴、按期汇算结算的纳税人,在清算过程中形成的多缴税款,可以向税务机关申请办理退抵税费。

以下业务也属于汇算清缴结算多缴退抵税:

(1)"营改增"试点纳税人提供应税服务,按照国家有关营业税政策规定差额征收营业税的,因取得的全部价款和价外费用不足以抵减允许扣除项目金额,截至本地区试点实施之日尚未扣除的部分,不得在计算试点纳税人本地区试点实施之日后的销售额时予以抵减,应当向原主管税务机关申请退还营业税。

(2)土地增值税清算原因导致多缴企业所得税的退税。

(3)对房产税、城镇土地税税源信息修改,以及增值税、消费税申报税款小于预缴税款,导致发生多缴税款。

(4)纳税人在批准临时占用耕地的期限内恢复所占耕地原状的,全额退还已缴纳的耕地占用税。

知识点 12:增值税期末留抵税额退税

增值税留抵税额退税优惠办理是指对符合条件的增值税一般纳税人特定事项产生的留抵税额,按照一定的计算公式予以计算退还,具体包括:

(1)符合条件的集成电路重大项目增值税留抵税额退税。

(2)对外购用于生产乙烯、芳烃类化工产品的石脑油、燃料油价格中消费税部分的增值税额退税。

(3)符合条件的大型客机和新支线飞机增值税留抵税额退税。

(4)自2019年4月1日起,同时符合以下条件的纳税人,可以向主管税务机关申请退还增量留抵税额:

①自2019年4月税款所属期起,连续6个月(按季纳税的,连续两个季度)增量留抵税额均大于零,且第六个月增量留抵税额不低于50万元;

②纳税信用等级为A级或者B级;

③申请退税前36个月未发生骗取留抵退税、出口退税或虚开增值税专用发票情形的;

④申请退税前36个月未因偷税被税务机关处罚两次及以上的;

⑤自2019年4月1日起未享受即征即退、先征后返(退)政策的。

增量留抵税额,是指与2019年3月底相比新增加的期末留抵税额。

(5)自2019年6月1日起,同时符合以下条件的部分先进制造业纳税人,可以自2019年7月及以后纳税申报期向主管税务机关申请退还增量留抵税额:

①增量留抵税额大于零;

②纳税信用等级为A级或者B级;

③申请退税前36个月未发生骗取留抵退税、出口退税或虚开增值税专用发票情形;

④申请退税前36个月未因偷税被税务机关处罚两次及以上;

⑤自2019年4月1日起未享受即征即退、先征后返(退)政策。

上述部分先进制造业纳税人是指按照《国民经济行业分类》,生产并销售非金属矿物制品、通用设备、专用设备及计算机、通信和其他电子设备销售额占全部销售额的比重超过50%的纳税人。

增量留抵税额,是指与2019年3月底相比新增加的期末留抵税额。

(6)自2021年4月1日起,享受上述政策的先进制造业纳税人的范围进一步扩大至"医药""化学纤维""铁路、船舶、航空航天和其他运输设备""电气机械和器材""仪器仪表"等七大行业。

(7)自2022年4月1日起,将先进制造业按月全额退还增值税增量留抵税额政策范围扩大至符合条件的小微企业(含个体工商户),并一次性退还小微企业存量留抵税额。

①符合条件的小微企业,可以自2022年4月纳税申报期起向主管税务机关申请退还增量留抵税额。

②符合条件的微型企业,可以自2022年4月纳税申报期起向主管税务机关申请一次性退还存量留抵税额;符合条件的小型企业,可以自2022年5月纳税申报期起向

主管税务机关申请一次性退还存量留抵税额。

(8)自2022年4月1日起,加大"制造业""科学研究和技术服务业""电力、热力、燃气及水生产和供应业""软件和信息技术服务业""生态保护和环境治理业"和"交通运输、仓储和邮政业"(以下称制造业等行业)增值税期末留抵退税政策力度,将先进制造业按月全额退还增值税增量留抵税额政策范围扩大至符合条件的制造业等行业企业(含个体工商户,下同),并一次性退还制造业等行业企业存量留抵税额。

①符合条件的制造业等行业企业,可以自2022年4月纳税申报期起向主管税务机关申请退还增量留抵税额。

②符合条件的制造业等行业中型企业,可以自2022年5月纳税申报期起向主管税务机关申请一次性退还存量留抵税额;符合条件的制造业等行业大型企业,可以自2022年6月纳税申报期起向主管税务机关申请一次性退还存量留抵税额。

(9)自2022年7月1日起,扩大全额退还增值税留抵税额政策行业范围,将2022年第14号公告第二条规定的制造业等行业按月全额退还增值税增量留抵税额、一次性退还存量留抵税额的政策范围,扩大至"批发和零售业""农、林、牧、渔业""住宿和餐饮业""居民服务、修理和其他服务业""教育""卫生和社会工作"和"文化、体育和娱乐业"(以下称批发零售业等行业)企业(含个体工商户)。

①符合条件的批发零售业等行业企业,可以自2022年7月纳税申报期起向主管税务机关申请退还增量留抵税额。

②符合条件的批发零售业等行业企业,可以自2022年7月纳税申报期起向主管税务机关申请一次性退还存量留抵税额。

知识点13:石脑油、燃料油消费税退税

石脑油、燃料油消费税退税是指符合石脑油、燃料油消费税退税条件的纳税人,将相关资料报送税务机关,税务机关按规定程序确认后方可享受,具体包括:

将自产石脑油、燃料油用于连续生产乙烯、芳烃类化工产品的企业,将外购的含税石脑油、燃料油用于生产乙烯、芳烃类化工产品的企业,且生产的乙烯、芳烃类化工产品产量占本企业用石脑油、燃料油生产全部产品总量的50%以上(含)的,可按实际耗用量计算退还所含已缴纳的消费税。

使用企业申请退税的国内采购的含税石脑油、燃料油,应取得符合规定的成品油值税专用发票,发票应注明石脑油、燃料油及数量。未取得或发票未注明石脑油、燃料油及数量的,不予退税。

知识点14:车辆购置税退税

已征车辆购置税的车辆退回车辆生产或销售企业,纳税人申请退还车辆购置税

的,应退税额计算公式如下:应退税额=已纳税额×(1—使用年限×10%),应退税额不得为负数。使用年限的计算方法是,自纳税人缴纳税款之日起,至申请退税之日止。

自2020年6月1日起,纳税人购置并已完税的应税车辆,纳税人申请车辆购置税退税时,税务机关核对纳税人提供的退车发票与发票电子信息无误后,按规定办理退税;核对不一致的,纳税人换取合规的发票后,依法办理退税申报;没有发票电子信息的,销售方向税务机关传输有效发票电子信息后,纳税人依法办理退税申报。

知识点15:车船税退抵税

已经缴纳车船税的车船,因质量原因被退回生产企业或者经销商的,纳税人可以向税务机关申请退还自退货月份起至该纳税年度终了期间的税款。

在一个纳税年度内,已完税的车船被盗抢、报废、灭失的,纳税人可以凭有关管理机关出具的证明和完税证明,向纳税所在地的主管税务机关申请退还自被盗抢、报废、灭失月份起至该纳税年度终了期间的税款。

纳税人在购买"交强险"时,已由扣缴义务人代收代缴车船税,车辆登记地主管税务机关再次征收的,纳税人可向税务机关申请退还已经缴纳的车船税。

知识点16:申报错误更正

(1)纳税人、缴费人、扣缴义务人办理纳税申报后,发现申报表存在错误,完成修改更正或作废。申报错误更正时(除个人所得税)只能全量更正或者申报作废,不允许差额更正或补充申报。

作废申报表只能在对应申报当期的申报期限之内,且未开具完税凭证或划缴税款的情况下进行,否则不能作废申报表,只能对已申报的申报表进行更正处理。

(2)个人所得税允许增量更正和部分更正:

①如纳税人已完成年度申报,不允许更正预缴申报;

②年度综合所得申报中有上年度的结转时,如更正上年度的综合所得年度申报,应提醒纳税人一并更正本年年度综合所得申报;

③同一扣缴义务人连续性综合所得已有下期预缴申报的,可采用部分、增量更正方式进行更正,更正时需采集扣缴义务人更正申报的原因等信息,如年中更正预缴的,也需连带更正后期的预缴申报,并作相应更正的提示信息,对未进行后期更正的,不允许进行正常预缴申报,对更正涉及的纳税人,在更正完成后通知相应的纳税人更正的情况;

④限售股已进行清算后,不能更正该人的限售股的扣缴申报。

(3)社保费申报错误需要更正时,在满足条件的情况下,可以作废原申报表,重新申报。针对企业申报后的是否已开票或入库的不同情况，能否作废的规定如下：

①当月已申报未开票未入库的，可以作废申报；

②当月已申报已开票未入库的，应当作废已开票信息，再进行作废申报；

③当月已申报已开票已入库的，不可以作废申报，可以补充申报。

 本章习题

一、单项选择题

1. 某公司为按季申报的小规模纳税人，2022年4—6月销售货物销售额为54.72万元，自建不动产销售金额为15.75万元。该纳税人一季度应缴纳的增值税为（   ）万元。

A. 0.75   B. 1.17

C. 1.47   D. 0

答案：A

解析：根据《财政部 税务总局关于对增值税小规模纳税人免征增值税的公告》（财政部 税务总局公告2022年第15号）规定，自2022年4月1日至2022年12月31日，增值税小规模纳税人适用3%征收率的应税销售收入，免征增值税；适用3%预征率的预缴增值税项目，暂停预缴增值税。其销售不动产取得的销售额适用5%征收率，应按现行规定申报纳税。因此，该公司应缴纳的增值税为15.75÷(1+5%)×5%＝0.75（万元）。

2. 依据现行《中华人民共和国增值税暂行条例》及相关规定，下列行为不属于视同销售的是（   ）。

A. 将自产的货物无偿赠送他人   B. 以外购的货物用于职工福利

C. 将委托加工的货物无偿赠送他人   D. 将购买的货物无偿赠送他人

答案：B

解析：根据《中华人民共和国增值税暂行条例》第十条规定，外购的货物用于职工福利属于进项税额不得从销项税额中抵扣的情形，不属于视同销售。

3. 某公司从事国家非限制和禁止行业，2021年从业人数100人，资产总额3 000万元，当年营业收入1 000万元，当年度应纳税所得额150万元，则该公司当年应纳企业所得税为（   ）万元。

A. 5   B. 7.5

C. 10   D. 15

答案：B

解析：该企业符合小型微利企业的条件，自2021年1月1日至2022年12月31日，对小型微利企业年应纳税所得额不超过100万元的部分，减按12.5%计入应纳税所得额，按20%的税率缴纳企业所得税；自2019年1月1日至2021年12月31日，对年应纳税所得额超过 100 万元但不超过 300 万元的部分,减按 50% 计入应纳税所得额,按 20% 的税率缴纳企业所得税。2021 年应缴纳企业所得税 $= 100 \times 12.5\% \times 20\% + 50 \times 50\% \times 20\% = 7.5$ 万元。

4. 下列纳税人,可以实行简易申报方式的是( )。

A. 当期未发生纳税义务的纳税人　　B. 当期开始享受免税待遇的纳税人

C. 实行定期定额方式缴纳税款的纳税人　D. 不能按期缴税且有特殊困难的纳税人

答案:C

解析:根据《中华人民共和国税收征收管理法实施细则》第三十六条规定,实行定期定额方式缴纳税款的纳税人,可以实行简易申报、简并征期等申报纳税方式。

5. 下列关于企业所得税加速折旧优惠政策的说法,正确的是( )。

A. 2022 年中小微企业新购进单台价值 600 万元的生产机器,可一次性全额在税前扣除

B. 企业选择享受一次性税前扣除政策的,其资产的税务处理可与会计处理不一致

C. 价值不超过 500 万元的固定资产在投入使用月份的当月一次性税前扣除

D. 采取缩短折旧年限的,最低折旧年限不得低于规定折旧年限的 50%

答案:B

解析:选项 A,中小微企业在 2022 年 1 月 1 日至 2022 年 12 月 31 日期间新购进的最低折旧年限为 4、5、10 年的设备、器具,单位价值超过 500 万元的,单位价值的 50% 可在税前一次性扣除;选项 C,固定资产在投入使用月份的次月一次性税前扣除;选项 D,采取缩短折旧年限方法的,最低折旧年限不得低于规定年限的 60%。

6. 自 2018 年 1 月 1 日起,当年具备高新技术企业或科技型中小企业资格的企业,其具备资格年度之前 5 个年度发生的企业所得税尚未弥补完的亏损,准予结转以后年度弥补,最长结转年限由 5 年延长至( )年。

A. 10　　　　　　　　　　　　B. 9

C. 8　　　　　　　　　　　　D. 7

答案:A

解析:根据规定,当年具备高新技术企业或科技型中小企业资格的企业,其具备资格年度之前 5 个年度发生的企业所得税尚未弥补完的亏损,最长结转年限由 5 年延长至 10 年。

7. 增值税一般纳税人申报抵扣异常凭证,同时符合下列情形的,其对应开具的增值税专用发票列入异常凭证范围,下列说法错误的是( )。

A. 异常凭证进项税额累计占同期全部增值税专用发票进项税额 70%(含)以上的

B. 纳税人尚未申报抵扣、尚未申报出口退税,其涉及的进项税额不计入异常凭证进项税额的计算

C. 异常凭证进项税额累计超过 10 万元的

D. 纳税人已作进项税额转出的异常凭证,其涉及的进项税额不计入异常凭证进项税额的计算

答案:C

解析:2020 年 2 月 1 日起,增值税一般纳税人申报抵扣异常凭证,同时符合下列情形的,其对应开具的增值税专用发票列入异常凭证范围:(1)异常凭证进项税额累计占同期全部增值税专用发票进项税额 70%(含)以上的;(2)异常凭证进项税额累计超过 5 万元的。纳税人尚未申报抵扣、尚未申报出口退税或已作进项税额转出的异常凭证,其涉及的进项税额不计入异常凭证进项税额的计算。所以,选项 C 错误。

8. 某酒店为增值税一般纳税人(符合生活服务业加计抵减政策),2022 年 1 月不含税销售收入如下:餐饮收入 30 万元(其中包括外卖收入 5 万元),住宿收入 15 万元;当月取得可抵扣进项 1.2 万元,无留抵税额,上期末加计抵减额余额 0.7 万元。该纳税人当月实际缴纳增值税为( )。

A. 0.62 万元
B. 0.68 万元
C. 0.97 万元
D. 1.03 万元

答案:A

解析:2019 年 10 月 1 日至 2022 年 12 月 31 日,允许生活性服务业纳税人按照当期可抵扣进项税额加计 15%,抵减应纳税额。外卖收入属于餐饮收入,适用 6% 的增值税税率。实际缴纳增值税=(30+15)×6%-1.2×(1+15%)-0.7=0.62 万元。

9. 某化妆品制造公司,2021 年营业收入 100 万元,发生广告费和业务宣传费支出 60 万元,关于广告费和业务宣传费的企业所得税处理,以下说法正确的是( )。

A. 当年准予扣除 15 万元,余下部分准予在以后纳税年度结转扣除

B. 当年准予扣除 15 万元,余下部分不得在以后纳税年度结转扣除

C. 当年准予扣除 30 万元,余下部分准予在以后纳税年度结转扣除

D. 当年准予扣除 30 万元,余下部分不得在以后纳税年度结转扣除

答案:C

解析:根据《财政部 税务总局关于广告费和业务宣传费支出税前扣除有关事项的公告》(财政部 税务总局公告 2020 年第 43 号)规定:自 2021 年 1 月 1 日起至 2025 年 12 月 31 日,对化妆品制造或销售、医药制造和饮料制造(不含酒类制造)企业发生的广告费和业务宣传费支出,不超过当年销售(营业)收入 30% 的部分,准予扣除;超过部分,准予在以后纳税年度结转扣除。

10. 在计算个人所得税时,下列所得属于来源于中国境内所得的是( )。

A. 中国公民张某到境外工作,取得境外公司支付的工资

B. 中国公民李某将财产出租给在英国境内某公司使用取得的租金

C. 日本公民受雇于中国境内的中日合资公司取得的工资

D. 中国专家将专利权提供给美国境内公司使用取得的所得

答案：C

解析：下列所得,不论支付地点是否在中国境内,均为来源于中国境内的所得:(1)因任职、受雇、履约等在中国境内提供劳务取得的所得;(2)将财产出租给承租人在中国境内使用而取得的所得;(3)许可各种特许权在中国境内使用而取得的所得。

11. 下列各项所得,按工资、薪金所得缴纳个人所得税的是(　　)。

A. 合伙人张三从其合伙企业按月取得的工资收入

B. 律师以个人名义聘请的其他人员从律师处获得的报酬

C. 王某在某公司任职并兼任董事取得的董事费收入

D. 某报社记者李某在其他报社的报刊上发表作品取得的收入

答案：C

解析：选项 A,按照"个体工商户的生产、经营所得"缴纳个人所得税;选项 B,按照"劳务报酬所得"缴纳个人所得税;选项 D,按照"稿酬所得"缴纳个人所得税。

12. 关于资源税的税务处理,下列说法错误的是(　　)。

A. 以自采原矿加工为非应税产品,视同销售非应税产品不缴纳资源税

B. 纳税人以自采原矿洗选加工为选矿产品销售,或者将选矿产品自用于应当缴纳资源税情形的,按照选矿产品计征资源税,在原矿移送环节不缴纳资源税

C. 以自采原矿直接销售,按照原矿计征资源税

D. 以自采原矿用于利润分配,视同销售原矿缴纳资源税

答案：A

解析：根据规定,纳税人以自采原矿(经过采矿过程采出后未进行选矿或者加工的矿石)直接销售,或者自用于应当缴纳资源税情形的,按照原矿计征资源税。选项 A 的情形视同销售原矿缴纳资源税。

13. 小王 2022 年 1 月将自己市区的一套住房出租给李女士,双方签订了一年的租赁合同,合同约定年租金为 6 万元,小王和李女士当年应缴纳的印花税合计为(　　)元。(租赁合同的印花税税率为 1‰)

A. 0　　　　　　　　　　　　　　　　　B. 30

C. 60　　　　　　　　　　　　　　　　D. 120

答案：A

解析：根据规定,个人出租、承租住房签订的租赁合同,免征印花税。因此,小王和李女士应缴纳的印花税均为 0 元。

14. 从事小汽车应税消费品生产、委托加工、零售的纳税人,办理消费税纳税申报时需报送(　　)。

A.《消费税及附加税费申报表》

B.《小汽车消费税纳税申报表》及其附报资料

C.《其他应税消费品消费税纳税申报表》及其附报资料

D.《已核定最低计税价格清单》

答案： A

解析： 根据《国家税务总局关于增值税 消费税与附加税费申报表整合有关事项的公告》(国家税务总局公告 2021 年第 20 号)规定,自 2021 年 8 月 1 日起,消费税分别与城市维护建设税、教育费附加、地方教育附加申报表整合,启用《消费税及附加税费申报表》。

15. 2021 年小张发生的以下涉税业务,说法正确的是(   )。

A. 小张将名下的一处房产作股投入小张本人的独资经营企业,需就该房产申报缴纳契税

B. 小张经营企业通过招拍挂取得一处土地,因当地政策支持减免土地出让金 50%,契税也可以享受 50% 减免

C. 小张将名下的一处房产赠与朋友小王,双方无须缴纳契税

D. 小张的父亲去世,继承父亲的一处房产,不征契税

答案： D

解析： 选项 A,根据《财政部 税务总局关于继续执行企业、事业单位改制重组有关契税政策的公告》(财政部 税务总局公告 2021 年第 17 号)规定,同一投资主体内部所属企业之间土地、房屋权属的划转,包括母公司与其全资子公司之间,同一公司所属全资子公司之间,同一自然人与其设立的个人独资企业、一人有限公司之间土地、房屋权属的划转,免征契税。选项 B,《国家税务总局关于免征土地出让金出让国有土地使用权征收契税的批复》明确:"对承受国有土地使用权所应支付的土地出让金,要计征契税。不得因减免土地出让金,而减免契税。"选项 C,根据《中华人民共和国契税法》规定,房屋买卖、赠与、互换应当征收契税。

16. 小规模纳税人 A 公司持有一栋房产,房产原值 1 000 万元,2022 年 1 月 1 日将其对外出租,租赁合同约定租期 5 年,每月收取租金 1 万元并免收 2022 年 1—3 月租金。已知当地省政府规定计算房产余值的减除比例为 30%,六税二费减按 50% 计征。2022 年该公司就上述房产应缴纳房产税(   )万元。

A. 3.18   B. 0.12

C. 1.59   D. 2.22

答案： C

解析： 对出租房产,租赁双方签订的租赁合同约定有免收租金期限的,免收租金期间由产权所有人按照房产原值缴纳房产税。该房屋 1—3 月从价计算房产税,4—12 月从租计算房产税。全年应纳税额＝[房产原值×(1－30%)×1.2%×3/12＋月租金收入×

$12\% \times$月数$] \times 50\% = [1\ 000 \times (1-30\%) \times 1.2\% \times 3/12 + 1 \times 12\% \times 9] \times 50\% = 1.59$(万元)。

17. 关于土地增值税清算,下列表述错误的是(　　)。

A. 纳税人按规定预缴土地增值税后,清算补缴的土地增值税,在税务机关规定期限内补缴的,不加收滞纳金

B. 纳税人整体转让未竣工决算房地产开发项目的,应进行土地增值税清算

C. 符合土地增值税清算条件的纳税人,须在满足清算条件之日起60日内到主管税务机关办理清算手续

D. 清算时,房地产开发企业逾期开发缴纳的土地闲置费不得扣除

答案:C

解析:选项C中,纳税人应当在满足条件之日起90日内到主管税务机关办理清算手续。

18. 外交官李先生购置一辆市场价格30万元的小汽车自用,购置时因符合免税条件而未缴纳车辆购置税。购置使用4年后,将其以13万元的价格转让给张某。张某不享受免税政策。若同类型新车最低计税价格是25万元,则张某就该车应缴纳的车辆购置税为(　　)万元。

A. 1.8　　　　　　　　　　　　　B. 1.5

C. 1.6　　　　　　　　　　　　　D. 2.5

答案:A

解析:应纳税额$=30 \times (1-10\% \times 4) \times 10\% = 1.8$(万元)

19. 下列各项中,不属于环境保护税征税范围的是(　　)。

A. 砖厂排放的大气污染物　　　　B. 房屋建筑商夜间施工产生的噪声

C. 印染厂直接向外排放的污水　　D. 医院产生的医疗废弃物

答案:B

解析:根据《中华人民共和国环境保护税法》规定,建筑施工噪声不属于环境保护税征税范围。

20. 下列项目中,可以作为计算教育费附加计征依据的是(　　)。

A. 补缴的消费税税款　　　　　　B. 因漏缴增值税而缴纳的滞纳金

C. 因漏缴增值税而缴纳的罚款　　D. 进口货物缴纳的增值税税款

答案:A

解析:根据规定,滞纳金、罚款和进口环节缴纳的增值税不是教育费附加的计征依据。

21. 根据《中华人民共和国社会保险法》的规定,我国社会保险制度必须坚持的方针是(　　)。

A. 广覆盖、多层次、可持续、保享受　　B. 全覆盖、高水平、多层次、保基本

C. 全覆盖、高水平、保基本、多层次　　D. 广覆盖、保基本、多层次、可持续

答案：D

解析：根据《中华人民共和国社会保险法》第三条规定,社会保险制度坚持广覆盖、保基本、多层次、可持续的方针,社会保险水平应当与经济社会发展水平相适应。

22. 全国的社会保险管理工作由(　　)负责。

A. 国务院社会保险行政部门　　B. 国家税务总局

C. 国家财政局　　D. 国家医疗保障局

答案：A

解析：根据《中华人民共和国社会保险法》第七条规定,国务院社会保险行政部门负责全国的社会保险管理工作,国务院其他有关部门在各自的职责范围内负责有关的社会保险工作。

23. 根据《浙江省医疗保障条例》,用人单位应按照不低于本单位职工工资总额(　　)的比例缴纳职工基本医疗保险费。

A.5%　　B.5.5%

C.6%　　D.6.5%

答案：B

解析：根据《浙江省医疗保障条例》,职工基本医疗保险费由用人单位和职工共同缴纳。用人单位按照不低于本单位职工工资总额5.5%的比例缴纳。职工按照个人工资收入的国家规定比例缴纳。

24. 目前,各省应以本省(　　)核定社保个人缴费基数上下限,合理降低部分参保人员和企业的社保缴费基数。

A. 全口径城镇单位就业人员平均工资　　B. 国有单位就业人员平均工资

C. 城镇非私营单位就业人员平均工资　　D. 城镇私营单位就业人员平均工资

答案：A

解析：根据国务院下发的《降低社会保险费率综合方案》(国办发〔2019〕13号),调整就业人员平均工资计算口径。各省应以本省城镇非私营单位就业人员平均工资和城镇私营单位就业人员平均工资加权计算的全口径城镇单位就业人员平均工资,核定社保个人缴费基数上下限,合理降低部分参保人员和企业的社保缴费基数。

25. 浙江省从2023年1月1日起,企业职工基本养老保险单位缴费比例调整为(　　)。

A.17%　　B.16%

C.15%　　D.14%

答案：B

解析：根据《浙江省人力资源和社会保障厅 浙江省财政厅 国家税务总局浙江省税务局关于调整全省企业职工基本养老保险参保用人单位缴费比例的通知》（浙人社发〔2022〕6号），从2023年1月1日起，全省企业职工基本养老保险参保用人单位（含有雇工的个体工商户）缴费比例执行全国统一标准，调整为16%。

26. 缴费单位必须按月向税务机关申报应缴纳的社会保险费数额。用人单位未按时足额缴纳社会保险费的，由社会保险费征收机构责令其限期缴纳或者补足，并自欠缴之日起，按日加收（　　）的滞纳金。

A. 千分之一
B. 千分之三
C. 万分之三
D. 万分之五

答案：D

解析：根据《中华人民共和国社会保险法》第八十六条规定，用人单位未按时足额缴纳社会保险费的，由社会保险费征收机构责令其限期缴纳或者补足，并自欠缴之日起，按日加收万分之五的滞纳金；逾期仍不缴纳的，由有关行政部门处欠缴数额一倍以上三倍以下的罚款。

27. 2021年，浙江省某单位在编人员75人，工资总额900万元，当地社会平均工资为7万元，在编人员中有1人为残疾人，已按规定时限向残疾人联合会申报，该单位还在4—7月聘用季节性用工6人，工资总额12万元，该单位2022年需缴纳的残疾人就业保障金为（　　）。

A. 1.5万元
B. 1.835 8万元
C. 1.652 3万元
D. 0.917 9万元

答案：D

解析：根据《残疾人就业保障金征收使用管理办法》（财税〔2015〕72号）、《财政部关于调整残疾人就业保障金征收政策的公告》（财政部公告2019年第98号）的规定，该单位年度职工平均工资＝（900＋12）÷（75＋6×4/12）＝11.844 2（万元），安排残疾人比例＝1/77大于1%，可享受减征50%的优惠，应缴纳残疾人就业保障金＝11.844 2×（77×1.5%－1）×50%＝0.917 9（万元）。

28. 凡经营免税商品的企业，均按经营免税商品业务年销售收入（额）的（　　），向国家上缴特许经营费。

A. 1%
B. 2%
C. 3%
D. 5%

答案：A

解析：《免税商品特许经营费缴纳办法》（财企〔2004〕241号）。

29. 浙江省省级大中型水库库区基金的缴纳义务人是（　　）。

A. 所有大中型水库

B. 总装机容量在 1.5 万千瓦 以上(含)有发电收入的单独水库和水电站

C. 总装机容量在 2.5 万千瓦 以上(含)有发电收入的单独水库和水电站

D. 各类电力用户

答案：C

解析：《浙江省财政厅 省发改委 省水利厅 省物价局 省移民办关于印发浙江省大中型水库库区基金征收使用管理实施细则的通知》(浙财综〔2010〕75号)。

30. 石油特别收益金的缴纳标准为(   )。

A. 7级超额累进从价定率,按月计算,按季缴纳

B. 5级超额累进从价定率,按月计算,按月缴纳

C. 7级超额累进从价定率,按月计算,按月缴纳

D. 5级超额累进从价定率,按月计算,按季缴纳

答案：D

解析：《石油特别收益金征收管理办法》(财企〔2006〕72号)。

二、多项选择题

1. 下列旅客运输服务凭证可以计算抵扣进项税额的有(   )。

A. 纸质出租车票和定额车票　　　　　B. 国际机票

C. 注明旅客身份信息的高铁票　　　　D. 注明旅客身份信息的轮船票

答案：CD

解析：根据《财政部 税务总局 海关总署关于深化增值税改革有关政策的公告》(财政部 税务总局 海关总署公告2019年第39号)第六条规定,纳税人购进国内旅客运输服务,其进项税额允许从销项税额中抵扣。由于纸质出租车票和定额车票未注明旅客身份信息,因此不得抵扣进项税额;国际机票非购进国内旅客运输服务的凭证,不得抵扣进项税额。故选项A、B错误。

2. 下列情形中,应当办理增值税一般纳税人登记的有(   )。

A. 远行加油站年成品油销售额 100 万元

B. 笨笨熊童装旗舰店服装年销售额 500 万元

C. 嘉禾农业合作社农产品年销售额 600 万元

D. 张三销售一辆高级跑车取得收入 700 万元

答案：AC

解析：根据规定,增值税小规模纳税人标准为年应征增值税销售额 500 万元及以下,选项 B 不超过 500 万销售额,选项 C 超过 500 万销售额。从事成品油销售的加油站无论销售额是否超标,一律由主管税务机关登记为增值税一般纳税人,选项 A 为加油站。年应税销售额超过规定标准的其他个人不属于一般纳税人,选项 D 为自然人。

3. 一般纳税人发生下列应税行为,可以选择适用简易计税方法计税的有( )。

A. 公路经营企业中的一般纳税人收取试点前开工的高速公路的车辆通行费

B. 一般纳税人以清包工方式提供建筑服务

C. 房地产开发企业中的一般纳税人销售自行开发的房地产老项目

D. 铁路旅客运输服务

答案:ABC

解析:根据《营业税改征增值税试点有关事项的规定》(财税〔2016〕36号)规定,一般纳税人发生公共交通运输服务、公路经营企业中的一般纳税人收取试点前开工的高速公路的车辆通行费、一般纳税人以清包工方式提供建筑服务、房地产开发企业中的一般纳税人销售自行开发的房地产老项目,可以选择适用简易计税方法计税。公共交通运输服务,包括轮客渡、公交客运、地铁、城市轻轨、出租车、长途客运、班车。一般纳税人提供的铁路旅客运输服务,不属于可以选择按照简易计税方法计算缴纳增值税的情形。

4. 根据企业所得税法律制度的规定,下列依照中国法律、行政法规成立的公司、企业中,属于企业所得税纳税人的有( )。

A. 国有独资公司   B. 合伙企业

C. 个人独资企业   D. 一人有限责任公司

答案:AD

解析:根据《中华人民共和国企业所得税法》第一条规定,在中华人民共和国境内,企业和其他取得收入的组织(以下统称企业)为企业所得税的纳税人,依照该法的规定缴纳企业所得税。个人独资企业、合伙企业不适用该法。故选项B、C错误。

5. 科技人员张某发生下列业务,其签订的合同属于印花税税目"产权转移书据"的有( )。

A. 张某与甲公司签订专有技术使用权转让合同

B. 张某与乙公司签订非专利技术转让合同

C. 张某与房地产开发公司签订一份房屋购买合同

D. 张某与非上市公司丙公司签订一份股权转让合同

答案:ACD

解析:选项B中,非专利技术转让合同按"技术合同"税目征收印花税。

6. 下列土地属于城镇土地使用税征税范围的有( )。

A. 城市中属于国有企业的土地

B. 农村中属于私营企业所有的土地

C. 建制镇中属于外资企业所有的土地

D. 城市郊区中属于股份制企业所有的土地

答案:ACD

解析：在城市、县城、建制镇、工矿区范围内使用土地的单位和个人应当应依照规定，向税务机关进行纳税申报缴纳城镇土地使用税。选项B农村的土地不属于城镇土地使用税的征税范围。

7.2022年4月，某集团公司因资金周转困难，不能按期缴纳上个月实现的增值税税款，拟向主管税务机关提出延期缴纳税款申请。下列关于延期缴纳税款的说法中错误的有(　　)。

A. 该公司应当在2022年4月30日以前提出延期缴纳税款的申请

B. 经省级税务机关批准，方可以延期缴纳税款

C. 第一次申请延期缴纳税款3个月，到期前如果纳税人有特殊困难，仍不能按期缴纳税款的，最多还可以再次申请延期缴纳税款1个月

D. 延期缴纳税款申请经批准后，在批准的延期内不加收滞纳金

答案：AC

解析：根据《中华人民共和国税收征收管理法实施细则》第四十二条规定，纳税人需要延期缴纳税款的，应当在缴纳税款期限届满前提出申请。税务机关应当自收到申请延期缴纳税款报告之日起20日内作出批准或者不予批准的决定；不予批准的，从缴纳税款期限届满之日起加收滞纳金。故该公司应在2022年4月15日前提出延期缴纳税款的申请，选项A错误。根据《中华人民共和国税收征收管理法》第三十一条规定，纳税人因有特殊困难，不能按期缴纳税款的，经省、自治区、直辖市税务局批准，可以延期缴纳税款，但是最长不得超过3个月。故选项C错误。

8. 以下关于车船税的说法，不正确的有(　　)。

A. 在一个纳税年度内，已完税的车船被盗抢后，纳税人可以凭公安机关证明和完税证明，向税务机关申请退还该纳税年度的税款

B. 已办理退税的被盗抢车船失而复得的，纳税人应当从公安机关出具相关证明的次月起计算缴纳车船税

C. 已缴纳车船税的车船在同一纳税年度内办理转让过户的，不另纳税，也不退税

D. 已缴纳车船税的车船在同一纳税年度内办理转让过户的，先退税再办理纳税手续

答案：ABD

解析：根据车船税管理的相关规定，在一个纳税年度内，已完税的车船被盗抢、报废、灭失的，纳税人可以凭有关管理机关出具的证明和完税证明，向纳税所在地的主管税务机关申请退还自被盗抢、报废、灭失月份起至该纳税年度终了期间的税款，故选项A不正确。已办理退税的被盗抢车船失而复得的，纳税人应当从公安机关出具相关证明的当月起计算缴纳车船税，故选项B不正确。已缴纳车船税的车船在同一纳税年度内办理转让过户的，不另纳税，也不退税，故选项C正确，选项D不正确。

9. 甲企业将原值28万元的房产评估作价30万元投资乙企业，乙企业办理产权登记

后又将该房产以 40 万元价格售与丙企业,当地契税税率为 3‰,则下列说法正确的有( )。(以上价格均为不含增值税价格)

A. 丙企业缴纳契税 1.2 万元　　　　B. 丙企业缴纳契税 0.9 万元

C. 乙企业缴纳契税 0.9 万元　　　　D. 甲企业缴纳契税 0.84 万元

答案: AC

解析: 乙企业按评估作价入股金额计算契税＝30×3‰＝0.9 万元;丙企业按成交价格计算契税＝40×3‰＝1.2 万元。

10. 根据耕地占用税的相关规定,下列说法中错误的有( )。

A. 军事设施占用耕地免征耕地占用税

B. 占用基本农田的,应当按照耕地占用税法确定的当地适用税额,按 200‰征收

C. 耕地占用税以纳税人实际占用的属于耕地占用税征税范围的土地面积为计税依据,按应税土地当地适用税额计税,实行按年征收

D. 占用园地建设直接为农业生产服务的生产设施的,不缴纳耕地占用税

答案: BC

解析: 选项 B,占用基本农田的,应当按照耕地占用税法确定的当地适用税额,按 150‰征收,而非 200‰。选项 C,耕地占用税以纳税人实际占用的属于耕地占用税征税范围的土地面积为计税依据,按应税土地当地适用税额计税,实行一次性征收,而非按年征收。

11. 下列关于资源税征收管理的说法中,正确的有( )。

A. 某矿业公司从巴西进口铁矿在该公司所在地缴纳资源税

B. 海上开采的原油和天然气资源税由海洋石油税务管理机构征收管理

C. 煤矿资源税在开采地缴纳

D. 海盐的资源税在销售地缴纳

答案: BC

解析: 资源税进口不征,故选项 A 错误。根据《财政部 税务总局关于资源税有关问题执行口径的公告》(财政部 税务总局公告 2020 年第 34 号)规定,海上开采的原油和天然气资源税由海洋石油税务管理机构征收管理,故选项 B 正确。根据《财政部 税务总局关于资源税有关问题执行口径的公告》(财政部 税务总局公告 2020 年第 34 号)规定,纳税人应当在矿产品的开采地或者海盐的生产地缴纳资源税,故选项 C 正确,选项 D 错误。

12. 下列合同适用万分之三印花税税率的有( )。

A. 桥梁设计合同　　　　B. 融资租赁合同

C. 铁路运输合同　　　　D. 保管合同

答案: AC

解析: 桥梁设计合同属于建设工程合同,按照 0.3‰贴花,故选项 A 正确。融资租赁

合同按0.05‰贴花,选项B错误。铁路运输合同属于"运输合同",按0.3‰贴花,故选项C正确。保管合同按1‰贴花,故选项D错误。

13. 下列情形中,不需要缴纳土地增值税的有( )。

A. 个人销售商铺

B. 企业吸收合并过程中涉及房地产过户

C. 因国家建设需要而被政府收回的房地产

D. 因城市实施规划而搬迁,企业自行转让原房地产

答案：BCD

解析：根据规定,个人销售商铺需要缴纳土地增值税。

14. 纳税人张某转让其持有的某上市公司的限售股和流通股共计5万股,下列说法正确的有( )。

A. 张某将手中持有的限售股出售,按照"财产转让所得"征收个人所得税

B. 张某转让限售股时以每次转让的全部收入为应纳税所得额,不扣除任何费用

C. 张某表示不能提供完整、真实的限售股原值凭证,不能准确计算限售股原值,主管税务机关按限售股转让收入的10%核定限售股原值及合理费用

D. 张某转让其持有的流通股取得的所得,免征个人所得税

答案：AD

解析：个人转让限售股,以每次限售股转让收入,减除股票原值和合理税费后的余额,为应纳税所得额,故选项B错误;纳税人未能提供完整、真实的限售股原值凭证,不能准确计算限售股原值,主管税务机关一律按限售股转让收入的15%核定限售股原值及合理税费,故选项C错误。个人转让上市公司公开发行的股票取得的所得,免征个人所得税,故选项D正确。

15. 下列行为中,属于车辆购置税应税行为的有( )。

A. 销售应税车辆的行为　　　　B. 对外捐赠应税车辆的行为

C. 进口自用应税车辆的行为　　D. 获奖自用应税车辆的行为

答案：CD

解析：根据规定,车辆购置税应税行为是指在中华人民共和国境内购置应税车辆的行为。选项A销售应税车辆和选项B对外捐赠应税车辆不属于车辆购置税的应税行为。

16. 某市纳税人张某在A城区经营一家个体工商户,在B城区经营一家个人独资企业,均为查账征收。2021年分别取得经营所得50万元和60万元,以下说法正确的有( )。

A. 张某预缴申报时应分别向A城区和B城区报送《个人所得税自行纳税申报表(B表)》

B. 张某预缴申报时应分别向A城区和B城区报送《个人所得税经营所得纳税申报表

（A 表）》

C. 张某应当于取得所得的次年 3 月 31 日前办理汇算清缴,报送《个人所得税经营所得纳税申报表(B 表)》

D. 张某应当于取得所得的次年 3 月 31 日前选择 A 城区或者 B 城区办理年度汇总纳税申报,并报送《个人所得税经营所得纳税申报表(C 表)》

答案: BCD

解析: 根据《国家税务总局关于个人所得税自行纳税申报有关问题的公告》(国家税务总局公告 2018 年第 62 号)规定,纳税人取得经营所得,按年计算个人所得税,由纳税人在月度或季度终了后 15 日内,向经营管理所在地主管税务机关办理预缴纳税申报,并报送《个人所得税经营所得纳税申报表(A 表)》。在取得所得的次年 3 月 31 日前,向经营管理所在地主管税务机关办理汇算清缴,并报送《个人所得税经营所得纳税申报表(B 表)》;从两处以上取得经营所得的,选择向其中一处经营管理所在地主管税务机关办理年度汇总申报,并报送《个人所得税经营所得纳税申报表(C 表)》。纳税人从两处以上取得经营所得,应当于取得所得的次年 3 月 31 日前办理年度汇总纳税申报。故选项 A 错误,选项 B、C、D 正确。

17. 以下情形当中,纳税人需要办理个人所得税综合所得汇算清缴的有(　　　　)。

A. 张三 2021 年在两个公司任职,共取得收入 50 万元,仅有一家公司为其取得的收入进行了预扣个人所得税

B. 李四 2021 年因病住院支付医疗费 20 万元(全部属于医保范围自付部分)

C. 王五 2021 综合所得收入额为 5.5 万元,单位为其预扣了个人所得税 200 元,王五准备申请退税

D. 外籍个人汤姆 2021 年 1 月与中国境内企业签订 5 个月的雇用合同,因工作延期导致合同延期到 2022 年 3 月

答案: ABCD

解析: 《国家税务总局关于办理 2021 年度个人所得税综合所得汇算清缴事项的公告》(国家税务总局公告 2022 年第 1 号)规定:"符合下列情形之一的,纳税人需办理年度汇算:(一)已预缴税额大于年度汇算应纳税额且申请退税的;(二)纳税年度内取得的综合所得收入超过 12 万元且需要补税金额超过 400 元的。因适用所得项目错误或者扣缴义务人未依法履行扣缴义务,造成纳税年度内少申报或者未申报综合所得的,纳税人应当依法据实办理年度汇算。"故选项 A、C 正确。"下列在纳税年度内发生的,且未申报扣除或未足额扣除的税前扣除项目,纳税人可在年度汇算期间填报扣除或补充扣除:(一)纳税人及其配偶、未成年子女符合条件的大病医疗支出;(二)纳税人符合条件的子女教育、继续教育、住房贷款利息或住房租金、赡养老人专项附加扣除,以及减除费用、专项扣除、依法确定的其他扣除;(三)纳税人符合条件的公益慈善事业捐赠。"故选项 B 正确。无住所个人预先判

定为非居民个人,因延长居住天数达到居民个人条件的,一个纳税年度内税款扣缴方法保持不变,年度终了后按照居民个人有关规定办理汇算清缴,因此选项 D 正确。

18. 依据企业所得税的相关规定,下列行为应视同销售确认收入的有( )。

A. 将外购货物用于交际应酬　　　　B. 将自产货物用于职工奖励

C. 将自建商品房转为固定资产　　　　D. 将自产货物用于职工宿舍建设

答案:AB

解析:根据《中华人民共和国企业所得税法实施条例》第二十五条规定,企业发生非货币性资产交换,以及将货物、财产、劳务用于捐赠、偿债、赞助、集资、广告、样品、职工福利或者利润分配等用途的,应当视同销售货物、转让财产或者提供劳务,但国务院财政、税务主管部门另有规定的除外。选项 A、B 中,企业资产所有权转移出企业,在企业所得税中视同销售。选项 C、D 中,企业资产所有权未转移出企业,不视同销售。

19. 下列消费品中,在零售环节征收消费税的有( )。

A. 超豪华小汽车　　　　B. 鞭炮焰火

C. 高档手表　　　　D. 金银首饰

答案:AD

解析:消费税纳税环节包括:生产销售环节、委托加工环节、进口环节、零售环节(超豪华小汽车;金银首饰、铂金首饰、钻石及钻石饰品)、批发环节(卷烟)。

20. 下列税种中,纳税人首次申报时应进行财产和行为税税源信息报告的有( )。

A. 个人所得税　　　　B. 印花税

C. 环境保护税　　　　D. 耕地占用税

答案:BCD

解析:根据规定,选项 A 个人所得税申报首次申报无须办理财产和行为税税源信息报告。

21.《中华人民共和国社会保险法》规定,需由用人单位和职工本人共同缴纳的社会保险费有( )。

A. 基本养老保险　　　　B. 基本医疗保险

C. 工伤保险　　　　D. 失业保险

答案:ABD

解析:根据《社会保险法》第十条、第二十三条、第三十三条。

22. 以下用人单位及其职工,应当参加职工基本医疗保险的有( )。

A. 国家机关　　　　B. 企事业单位

C. 社会团体　　　　D. 有雇工的个体工商户

答案:ABCD

解析:国家机关、企业事业单位、社会团体、社会服务机构、有雇工的个体工商户等用人单位及其职工,应当参加职工基本医疗保险。

23. 用人单位应当按照国家规定的本单位职工工资总额的比例缴纳基本养老保险费,工资总额包括( )。

A. 计时工资、计件工资　　　　　B. 奖金

C. 津贴和补贴　　　　　　　　　D. 加班加点工资

答案:ABCD

解析:根据国家统计局1990年发布的《关于工资总额组成的规定》第四条规定,工资总额由下列六个部分组成:(一)计时工资;(二)计件工资;(三)奖金;(四)津贴和补贴;(五)加班加点工资;(六)特殊情况下支付的工资。

24. 以下人员应参加企业职工基本医疗保险的有( )。

A. 企业职工　　　　　　　　　　B. 机关事业单位职工

C. 个体工商户的雇工　　　　　　D. 灵活就业人员

答案:ABC

解析:根据《社会保险费征缴暂行条例》第三条的规定,基本医疗保险费的征缴范围包括国有企业、城镇集体企业、外商投资企业、城镇私营企业和其他城镇企业及其职工,国家机关及其工作人员,事业单位及其职工,民办非企业单位及其职工,社会团体及其专职人员。根据《中华人民共和国社会保险法》第二十三条规定,职工应当参加职工基本医疗保险,由用人单位和职工按照国家规定共同缴纳基本医疗保险费。无雇工的个体工商户、未在用人单位参加职工基本医疗保险的非全日制从业人员以及其他灵活就业人员可以参加职工基本医疗保险,由个人按照国家规定缴纳基本医疗保险费。

25. 下列非税收入申报使用《非税收入通用申报表》的有( )。

A. 国家重大水利工程建设基金

B. 免税商品特许经营费

C. 油价调控风险准备金

D. 利用政府投资建设的城市道路和公共场地设置的停车泊位经营权转让收入

答案:ABD

解析:根据《"最多跑一次"办税指南》。

26. 废弃电器电子产品处理基金只在一个环节征收,已经缴纳基金的电器电子产品发生下列情形,可以从应征基金产品销售数量中扣除( )。

A. 购进已缴纳基金的电器电子产品再销售

B. 收回委托加工已缴纳基金的电器电子产品再销售

C. 已缴纳基金的电器电子产品发生销货退回的

D. 已缴纳基金的进口电器电子产品在国内销售的

答案:ABCD

解析：根据《废弃电器电子产品处理基金征收使用管理办法》(财综〔2012〕34号)第十三条、《废弃电器电子产品处理基金征收管理规定》(国家税务总局公告2012年第41号)第十条、第十二条。

27. 文化事业建设费的缴纳义务人有( )。

A. 提供广告服务的单位和个人

B. 提供广告服务的广告媒介单位和户外广告经营单位和个人

C. 提供广告服务的广告媒介单位和户外广告经营单位

D. 提供娱乐服务的单位和个人

答案：CD

解析：根据《财政部 国家税务总局关于营业税改征增值税试点有关文化事业建设费政策及征收管理问题的通知》(财税〔2016〕25号)、《财政部 国家税务总局关于营业税改征增值税试点有关文化事业建设费政策及征收管理问题的补充通知》(财税〔2016〕60号)的规定。

28. 下列非税收入由我省税务部门负责征收的有( )。

A. 水土保持补偿费　　　　　　　　B. 城镇垃圾处理费

C. 无居民海岛使用金　　　　　　　D. 国家电影事业发展专项资金

答案：ABC

解析：《关于水土保持补偿费等四项非税收入划转税务部门征收的通知》(财税〔2020〕58号)、《关于将国有土地使用权出让收入、矿产资源专项收入、海域使用金、无居民海岛使用金四项政府非税收入划转税务部门征收有关问题的通知》(财综〔2021〕19号)、《国家税务总局等五部门关于土地闲置费 城镇垃圾处理费划转有关征管事项的公告》(国家税务总局 财政部 自然资源部 住房和城乡建设部 中国人民银行公告2021年第12号)。

29. 矿产资源专项收入包括探矿权采矿权使用费和矿业权出让收益。依据现行规定，矿产资源专项收入具体包括( )。

A. 矿业权出让收益　　　　　　　　B. 矿业权占用费

C. 矿产资源补偿费　　　　　　　　D. 矿山环境治理恢复基金

答案：ABC

解析：根据《国务院关于印发矿产资源权益金制度改革方案的通知》(国发〔2017〕29号)的规定,在矿业权出让环节,将探矿权采矿权价款调整为矿业权出让收益;在矿业权占有环节,将探矿权采矿权使用费整合为矿业权占用费;在矿产开采环节,组织实施资源税改革,将矿产资源补偿费并入资源税(尚未完成);在矿山环境治理恢复环节,将矿山环境治理恢复保证金调整为矿山环境治理恢复基金。由矿山企业单设会计科目,按照销售收入的一定比例计提,计入企业成本,由企业统筹用于开展矿山环境保护和综合治理。

30. 排污权有偿使用和交易试点地区地方人民政府采取( )等方式出让排污权。

A. 定额出让   B. 挂牌

C. 拍卖   D. 协议

答案：ABCD

解析：根据《排污权出让收入管理暂行办法》(财税〔2015〕61号)第九条。

三、判断题

1. 2022年2月,增值税一般纳税人购进农产品A,当月全部用于生产销售13％税率的货物,该农产品应按照10％的扣除率计算进项税额。（ ）

答案：正确

解析：2019年4月1日后,纳税人购进用于生产或者委托加工13％税率货物的农产品,按照10％的扣除率计算进项税额。

2. 某建设公司在城中村租赁了一块土地用于存放车辆,该土地属于集体所有建设用地,应由该集体申报缴纳城镇土地使用税。（ ）

答案：错误

解析：根据《财政部 税务总局关于承租集体土地城镇土地使用税有关政策的通知》(财税〔2017〕29号)规定,在城镇土地使用税征税范围内,承租集体所有建设用地的,由直接从集体经济组织承租土地的单位和个人,缴纳城镇土地使用税。因此,应由该公司申报缴纳城镇土地使用税。

3. 根据消费税制度的规定,纳税人生产的应税消费品,于纳税人销售时纳税。纳税人自产自用的应税消费品,用于连续生产应税消费品的,不纳税;用于其他方面的,于移送使用时纳税。（ ）

答案：正确

解析：根据《中华人民共和国消费税暂行条例》第四条规定,纳税人生产的应税消费品,于纳税人销售时纳税。纳税人自产自用的应税消费品,用于连续生产应税消费品的,不纳税;用于其他方面的,于移送使用时纳税。

4. 自2018年9月1日至2023年12月31日,对金融机构向小型企业、微型企业和个体工商户发放小额贷款取得的利息收入,免征增值税。（ ）

答案：正确

解析：根据《国家税务总局关于进一步加大增值税期末留抵退税政策实施力度有关征管事项的公告》(国家税务总局2022年第4号)的规定。

5. 非正常户纳税人未向税务机关申报或未按规定缴纳税款的增值税专用发票,列入异常增值税扣税凭证。（ ）

答案：正确

解析：根据《国家税务总局关于异常增值税扣税凭证管理等有关事项的公告》(国家

税务总局公告 2019 年第 38 号)的规定。

6. 居民个人取得综合所得,按年计算个人所得税,需要办理汇算清缴的,应当在取得所得的次年 3 月 1 日至 5 月 30 日内办理汇算清缴。( )

答案:错误

解析:居民个人取得综合所得,按年计算个人所得税,需要办理汇算清缴的,应当在取得所得的次年 3 月 1 日至 6 月 30 日内办理汇算清缴。

7. 增值税小规模纳税人、小型微利企业和个体工商户已依法享受资源税、城市维护建设税、房产税、城镇土地使用税、印花税、耕地占用税、教育费附加、地方教育附加其他优惠政策的,可叠加享受在 50% 的税额幅度内减征的优惠政策。( )

答案:正确

解析:依据是《财政部 税务总局关于进一步实施小微企业"六税两费"减免政策的公告》(财政部 税务总局公告 2022 年第 10 号)第一条。

8. 为便利纳税人享受企业所得税优惠政策,纳税人在年度首次确认适用 10% 加计抵减政策时,无须提交任何资料,直接通过申报享受即可。( )

答案:错误

解析:根据规定,纳税人在年度首次确认适用 10% 加计抵减政策时,应向主管税务机关提交《适用加计抵减政策的声明》。

9. 2022 年 5 月 1 日,小王出租自家房屋一次性收取当年租金 120 万元,租赁期为 2022 年 5 月至 2022 年 12 月,再无其他的增值税应税收入,当年的租金收入可以免征增值税。( )

答案:正确

解析:根据规定,自 2021 年 4 月 1 日起,其他个人,采取一次性收取租金形式出租不动产取得的租金收入,可在对应的租赁期内平均分摊,分摊后的月租金收入未超过 15 万元的,免征增值税。

10. 企业在 2018 年 1 月 1 日至 2023 年 12 月 31 日期间新购进的固定资产,单位价值不超过 500 万元的,允许一次性计入当期成本费用在计算应纳税所得额时扣除,不再分年度计算折旧。( )

答案:错误

解析:根据规定,适用该优惠政策的固定资产仅指新购进的设备、器具。

11. 两个或两个以上的公司,依照法律规定、合同约定,合并为一个公司,且原投资主体存续的,对合并后公司承受原合并各方土地、房屋权属,免征契税。( )

答案:正确

解析:根据《财政部 税务总局关于继续执行企业 事业单位改制重组有关契税政策的公告》(财政部 税务总局公告 2021 年第 17 号)第三条规定,两个或两个以上的公司,依照法律规定、合同约定,合并为一个公司,且原投资主体存续的,对合并后公司承受原合并各方土地、房屋权属,免征契税。

12. 纳税人转让房地产坐落在两个或以上地区的,可选择其中一处房地产所在地合并申报土地增值税。( )

答案: 错误

解析: 根据规定,纳税人转让房地产坐落在两个或以上地区的,应按房地产所在地分别申报土地增值税,不得任选一处进行合并申报。

13. 对实行增值税期末留抵退税的纳税人,允许其从城市维护建设税、教育费附加和地方教育附加的计税(征)依据中扣除退还的增值税税额。( )

答案: 正确

解析: 根据财税〔2018〕80号规定,对实行增值税期末留抵退税的纳税人,允许其从城市维护建设税、教育费附加和地方教育附加的计税(征)依据中扣除退还的增值税税额。

14. 应税大气污染物的环境保护税应纳税额为污染当量数乘以具体适用税额。( )

答案: 正确

解析: 根据《中华人民共和国环境保护税法》第十一条第一款。

15. 实行查账征收的丁企业,在2021年的企业所得税汇算清缴中产生了5万元的当年多缴税款,申请退税时被税务机关告知当年的多缴税款可以在下一年应纳税款中抵缴,但不办理退税。( )

答案: 错误

解析: 根据规定,实行分期预缴、按期汇算结算的纳税人,在清算过程中形成的多缴税款,可以向税务机关申请办理退抵税费。

16. 出口企业出口或视同出口适用增值税免税政策的货物,免征消费税,以前环节已征的消费税可在内销应税消费品应纳消费税款中抵扣。( )

答案: 错误

解析: 根据规定,出口企业出口或视同出口适用增值税免税政策的货物,免征消费税,但不退还其以前环节已征的消费税,且不允许在内销应税消费品应纳消费税款中抵扣。

17. 企业持有房产期间发生评估增值,应缴纳土地增值税。( )

答案: 错误

解析: 根据规定,转让国有土地使用权、地上的建筑物及其附着物并取得收入的单位和个人,为土地增值税的纳税义务人,故持有房产期间评估增值因未发生有偿转让不征收土地增值税。

18. 车船登记管理部门应在办理车船登记时代收车船税,并出具代收税款凭证。( )

答案：错误

解析：根据规定，从事机动车第三者责任强制保险业务的保险机构为机动车车船税的扣缴义务人，应当在收取保险费时依法代收车船税，并出具代收税款凭证。车船登记管理部门尚无此项职责。

19. 纳税人应当在向公安机关交通管理部门办理车辆注册登记后，缴纳车辆购置税。（　　）

答案：错误

解析：根据规定，纳税人应当在办理登记前缴纳车辆购置税。

20. 同一应税凭证由两方以上当事人书立的，由某一方当事人就凭证所载金额全额贴花。（　　）

答案：错误

解析：同一应税凭证由两方以上当事人书立的，按照各自涉及的金额分别计算应纳税额。

21. 缴费单位必须按月向税务机关申报应缴纳的社会保险费数额，参保职工工资须经主管税务机关机构核定后，在规定的期限内缴纳社会保险费。（　　）

答案：错误

解析：缴费单位必须按月向税务机关申报应缴纳的社会保险费数额，参保职工工资须经社会保险经办机构核定后，在规定的期限内缴纳社会保险费。

22. 2022年4月30日前，工伤保险基金可支付月数在24个月以上的统筹区，除一类行业外，其余各类行业现行费率下调20%。（　　）

答案：错误

解析：2022年4月30日前，工伤保险基金可支付月数在24个月以上的统筹区，除一类行业外，其余各类行业现行费率下调50%；可支付月数在18～23个月的统筹区，除一类行业外，其余各类行业现行费率下调20%；可支付月数不足18个月的统筹区，现行费率不下调。

23. 从2020年1月1日起，残疾人保障金的缴费次数由以前年度的按月（或按季）缴纳调整为按年一次性缴纳，缴纳时间为每年5月征期。（　　）

答案：错误

解析：根据《国家税务总局浙江省税务局 浙江省财政厅 浙江省残疾人联合会关于调整残疾人就业保障金缴费次数的公告》（2019年第18号）规定，缴纳时间为每年9月征期。

24. 残疾人就业保障金征收标准上限，按照当地社会平均工资3倍执行。当地社会平均工资按照所在地城镇非私营单位就业人员平均工资和城镇私营单位就业人员平均工资加权计算。（　　）

答案：错误

解析：根据《财政部关于调整残疾人就业保障金征收政策的公告》（财政部公告 2019 年第 98 号）的规定，残疾人就业保障金征收标准上限，按照当地社会平均工资 2 倍执行。当地社会平均工资按照所在地城镇非私营单位就业人员平均工资和城镇私营单位就业人员平均工资加权计算。

25. 提供广告服务的文化事业计费销售额，为缴纳义务人提供广告服务取得的全部含税价款和价外费用，减除支付给其他广告公司或广告发布者的含税广告发布费后的余额。（　　）

答案：正确

解析：《关于营业税改征增值税试点有关文化事业建设费征收管理问题的通知》（财综〔2013〕88 号）。

26. 在中华人民共和国境内生产、委托加工、批发、零售成品油的企业，在国际市场原油价格低于国家规定的成品油价格调控下限（每桶 40 美元）时，应依照规定申报缴纳油价调控风险准备金。

答案：错误

解析：根据《油价调控风险准备金征收管理办法》（财税〔2016〕137 号）的规定，在中华人民共和国境内生产、委托加工和进口汽、柴油的成品油生产经营企业，在国际市场原油价格低于国家规定的成品油价格调控下限（每桶 40 美元）时，应依照规定申报缴纳油价调控风险准备金。

27. 应当修建防空地下室的民用建筑，符合规定情形，建设单位经人民防空行政主管部门核实可以不建或者少建防空地下室的，应当在工程竣工验收前，按照规定标准一次性足额缴纳人民防空工程易地建设费。（　　）

答案：错误

解析：根据《关于规范和调整人防工程易地建设费的通知》（浙价费〔2016〕211 号）的规定，应当修建防空地下室的民用建筑，符合规定情形，建设单位经人民防空行政主管部门核实可以不建或者少建防空地下室的，应当在申领施工许可证前，按照规定标准一次性足额缴纳人民防空工程易地建设费。

28. 单位和个人使用海域，应当按照国务院的规定缴纳海域使用金。根据不同的用海性质或者情形，海域使用金应当按照规定一次性足额缴纳。（　　）

答案：错误

解析：根据《中华人民共和国海域使用管理法》的规定，根据不同的用海性质或者情形，海域使用金可以按照规定一次缴纳或者按年度逐年缴纳。

四、综合题

1. 注册在甲省 A 县的某建筑公司，为建筑业增值税一般纳税人。2021 年 4 月，在乙省B县承接了一项工程施工项目,合同约定的施工期限为2021年5月1日至2022年4月30日,项目适用增值税一般计税方法计税。

根据上述材料,回答下列问题:

(1)(单选题)该建筑公司跨省临时从事生产经营活动的,应办理跨区域涉税事项报告,报告的税务机关是( )。

A. 甲省税务机关
B. A县税务机关
C. 乙省税务机关
D. B县税务机关

答案:B

解析:根据规定,纳税人跨省(自治区、直辖市和计划单列市)临时从事生产经营活动的,向机构所在地的税务机关填报《跨区域涉税事项报告表》,机构所在地为甲省A县。

(2)(多选题)因天气原因,该建筑公司在乙省B县的工程施工项目合同延期到2022年6月,可办理报验管理有效期限延期手续的税务机关有( )。

A. 甲省税务机关
B. A县税务机关
C. 乙省税务机关
D. B县税务机关

答案:BD

解析:根据规定,纳税人跨区域经营合同延期的,可以选择在经营地或机构所在地的税务机关办理报验管理有效期限延期手续,机构所在地为甲省A县,经营地为乙省B县。

(3)(单选题)该建筑公司在乙省B县预缴的建筑服务增值税的预征率是( )。

A.1%
B.2%
C.3%
D.5%

答案:B

解析:根据规定,纳税人提供建筑服务取得预收款,适用增值税一般计税方法计税的项目预征率为2%,适用简易计税方法计税的项目预征率为3%。

(4)(单选题)2021年12月,在B县取得项目含税建筑工程款169万元,支付含税分包工程款60万元,取得增值税普通发票,该建筑公司当月应在B市预缴的建筑服务增值税为( )万元。

A.1.39
B.3.38
C.2.1
D.2

答案:D

解析:适用增值税一般计税方法计税的项目预征率为2%,分包款取得合法有效凭证可以扣除,故应预缴的增值税=(169-60)/(1+9%)×2%=2万元。

(5)(多选题)2022年6月项目完工,该建筑公司需办理的涉税事项有( )。

A. 结清乙省B县税务机关的应纳税款

B. 向乙省B县税务机关填报《经营地涉税事项反馈表》

C. 返回甲省 A 县后,向甲省 A 县税务机关反馈外出经营情况

D. 向乙省 B 县税务机关办理注销报验登记

答案:AB

解析:纳税人跨区域经营活动结束后,应当结清经营地税务机关的应纳税款以及其他涉税事项,向经营地税务机关填报《经营地涉税事项反馈表》。经营地的税务机关核对《经营地涉税事项反馈表》后,及时将相关信息反馈给机构所在地的税务机关。纳税人不需要另行向机构所在地的税务机关反馈。故选项 C,该建筑公司返回甲省 A 县后,无须另行向甲省 A 县税务机关反馈外出经营情况;选项 D,向乙省 B 县税务机关办理反馈后系统自动核销报验登记,无须单独办理。

2. 某市一家居民企业为增值税一般纳税人,主要生产销售冰箱和空调。该企业 2021 年度的销售(营业)收入为 8 800 万元,会计利润为 852.36 万元。其中部分信息如下:

(1)销售费用 1 650 万元,其中广告费 1 400 万元;

(2)管理费用 850 万元,其中业务招待费 90 万元;

(3)实发工资 540 万元,职工教育经费 47.7 万元,均已计入相关的成本、费用。

(4)营业外支出 300 万元,其中包括通过公益性社会组织向希望小学的捐款 150 万元。

要求:根据上述材料,回答下列问题:

(1)(单选题)该企业 2021 年广告费应调增的应纳税所得额为(　　)万元。

A.0　　　　　　　　　　　　B.80

C.120　　　　　　　　　　　D.240

答案:B

解析:广告费扣除限额=8 800×15%=1 320 万元,应纳税调增=1 400−1 320=80 万元。

(2)(单选题)该企业 2021 年业务招待费应调增的应纳税所得额为(　　)万元。

A.40　　　　　　　　　　　　B.44

C.46　　　　　　　　　　　　D.54

答案:C

解析:8 800×5‰=44<90×60%=54,可税前扣除的业务招待费为 44 万元,应纳税调增=90−44=46 万元。

(3)(单选题)该企业 2021 年职工教育经费应调增的应纳税所得额合计为(　　)万元。

A.0　　　　　　　　　　　　B.4.5

C.9　　　　　　　　　　　　D.34.2

答案:B

解析:职工教育经费扣除限额=540×8%=43.2 万元,应纳税调增=47.7−43.2=

4.5万元。

(4)(单选题)该企业2021年度公益性捐赠支出应调增的应纳税所得额为(   )万元。

A. 47.72　　　　　　　　　　　　B. 53.26

C. 45.6　　　　　　　　　　　　　D. 47.36

答案： A

解析： 公益性捐赠支出扣除限额＝852.36×12％＝102.28万元，应纳税调增＝150－102.28＝47.72万元。

(5)(单选题)该企业2021年应缴纳的企业所得税为(   )万元。

A. 213.07　　　　　　　　　　　B. 233.09

C. 245.72　　　　　　　　　　　D. 257.65

答案： D

解析： 应纳税所得额＝852.36＋80＋46＋4.5＋47.72＝1 030.58万元，应纳税额＝1 030.58×25％＝257.65万元。

第五章

税收优惠

第一节　优惠办理概述

知识点:优惠办理概述

(1)优惠办理,是指税务机关和税务人员在为符合条件的纳税人办理部分减少或全部免除纳税义务的过程中提供的涉税服务。

(2)减免税享受形式分为申报享受税收减免、税收减免备案、税收减免核准三种。其中,申报享受税收减免的优惠办理分为需在申报享受时随申报表报送附列资料和无须报送附列资料两种情形。享受税收优惠的纳税人,按规定到税务机关办理减税、免税,税务机关按规定办理并及时录入信息管理系统。

(3)纳税人销售货物、应税劳务或者发生销售服务、无形资产或者不动产行为,适用免税、减税规定的,可以放弃免税、减税,报主管税务机关备案。

适用增值税免税政策的出口货物劳务,出口企业或其他单位如果放弃免税,实行按内销货物征税的,应向主管税务机关提出书面报告。

一般纳税人在享受增值税免税、减税政策后,要求放弃免税、减税权的,应当以书面形式提交纳税人放弃免(减)税权声明,报主管税务机关备案。一般纳税人自提交备案资料的次月起,按照规定计算缴纳增值税,36个月内不得再申请免税、减税。

一般纳税人一经放弃免税权,其生产销售的全部增值税应税行为均应按照适用税率征税,不得选择某一免税项目放弃免税权,也不得根据不同的销售对象选择部分应税行为放弃免税权。

第二节 申报享受税收减免

知识点 1：申报享受税收减免概述

符合申报享受税收减免条件的纳税人，在首次申报享受时随申报表报送附列资料，或直接在申报表中填列减免税信息，无须报送资料。

知识点 2：申报享受税收减免无须报送资料的情形（举例说明）

（1）增值税小规模纳税人发生增值税应税销售行为，合计月销售额未超过 15 万元（以 1 个季度为 1 个纳税期的，季度销售额未超过 45 万元，下同）的，免征增值税的销售额等项目应当填写在《增值税及附加税费申报表（小规模纳税人适用）》"小微企业免税销售额"或者"未达起征点销售额"相关栏次。合计月销售额超过 15 万元的，免征增值税的全部销售额等项目应当填写在《增值税及附加税费申报表（小规模纳税人适用）》"其他免税销售额"栏次及《增值税减免税申报明细表》对应栏次。

（2）对小型微利企业年应纳税所得额不超过 100 万元的部分，减按 12.5％计入应纳税所得额，按 20％的税率缴纳企业所得税。对小型微利企业年应纳税所得额超过 100 万元但不超过 300 万元的部分，减按 25％计入应纳税所得额，按 20％的税率缴纳企业所得税。小型微利企业在预缴和汇算清缴企业所得税时，通过填写纳税申报表，即可享受小型微利企业所得税优惠政策。

（3）制造业企业开展研发活动中实际发生的研发费用，未形成无形资产计入当期损益的，在按规定据实扣除的基础上，自 2021 年 1 月 1 日起，再按照实际发生额的 100％在税前加计扣除；形成无形资产的，自 2021 年 1 月 1 日起，按照无形资产成本的 200％在税前摊销。科技型中小企业开展研发活动中实际发生的研发费用，未形成无形资产计入当期损益的，在按规定据实扣除的基础上，自 2022 年 1 月 1 日起，再按照实际发生额的 100％在税前加计扣除；形成无形资产的，自 2022 年 1 月 1 日起，按照无形资产成本的 200％在税前摊销。

企业享受研发费用加计扣除优惠政策采取"真实发生、自行判别、申报享受、相关资料留存备查"办理方式，由企业依据实际发生的研发费用支出，自行计算加计扣除金额，填报《中华人民共和国企业所得税月（季）度预缴纳税申报表（A 类）》享受税收优惠，并根据享受加计扣除优惠的研发费用情况（前三季度）填写《研发费用加计扣除优惠明细表》（A107012）。《研发费用加计扣除优惠明细表》（A107012）与规定的其他资料一并留存备查。

企业在 10 月份预缴申报时,自行判断本年度符合科技型中小企业条件的,可选择暂按规定享受科技型中小企业研发费用加计扣除优惠政策,年度汇算清缴时再按照取得入库登记编号的情况确定是否可以享受科技型中小企业研发费用加计扣除优惠政策。

(4)对个体工商户经营所得年应纳税所得额不超过 100 万元的部分,在现行优惠政策基础上,再减半征收个人所得税。个体工商户不区分征收方式,均可享受。个体工商户需将按上述方法计算得出的减免税额填入对应经营所得纳税申报表"减免税额"栏次,并附报《个人所得税减免税事项报告表》。对于通过电子税务局申报的个体工商户,税务机关将提供该优惠政策减免税额和报告表的预填服务。实行简易申报的定期定额个体工商户,税务机关按照减免后的税额进行税款划缴。

知识点 3:申报享受税收减免需报送资料的情形

1. 车辆购置税申报享受税收减免

符合申报享受车辆购置税税收减免条件的纳税人,在首次申报享受时随申报表报送附列资料,或直接在申报表中填列减免税信息无须报送资料。本事项仅描述需报送资料的情形。

(1)防汛车辆免征车辆购置税(减免性质代码:13011603,政策依据:财税〔2001〕39号,财政部 税务总局公告 2019 年第 75 号),应报送:国家防汛抗旱总指挥部办公室随车配发的《防汛专用车证》原件及复印件(原件查验后退回),车辆内、外观彩色 5 寸照片。

(2)森林消防车辆免征车辆购置税(减免性质代码:13125002,政策依据:财税〔2001〕39 号,财政部 税务总局公告 2019 年第 75 号),应报送:国家森林草原防火指挥部办公室随车配发的《森林消防专用车证》原件及复印件(原件查验后退回),车辆内、外观彩色 5 寸照片。

(3)部队改挂车辆免征车辆购置税(减免性质代码:13129914,政策依据:财税〔2018〕163 号),应报送:公安现役部队和武警黄金、森林、水电部队改制单位提供的《改挂车辆牌证换发表》。

(4)悬挂应急救援专用号牌的国家综合性消防救援车辆免征车辆购置税(减免性质代码:13011608,政策依据:《中华人民共和国车辆购置税法》、国家税务总局公告 2019 年第 26 号),应报送:中华人民共和国应急管理部批准的相关文件原件及复印件(原件查验后退回)。

(5)城市公交企业购置公共汽电车辆(汽车)免征车辆购置税(减免性质代码:13061005,政策依据:《中华人民共和国车辆购置税法》、国家税务总局交通运输部公告

2019 年第 22 号、财政部 税务总局公告 2019 年第 71 号、国家税务总局公告 2019 年第 26 号），应报送：所在地县级以上（含县级）交通运输主管部门出具的《公共汽电车辆认定表》原件及复印件（原件查验后退回）。

（6）城市公交企业购置公共汽电车辆（有轨电车）免征车辆购置税（减免性质代码：13061006，政策依据：《中华人民共和国车辆购置税法》、国家税务总局交通运输部公告 2019 年第 22 号），应报送：所在地县级以上（含县级）交通运输主管部门出具的《公共汽电车辆认定表》原件及复印件（原件查验后退回）。

（7）"母亲健康快车"项目专用车辆免征车辆购置税（减免性质代码：13120605，政策依据：财政部 税务总局公告 2019 年第 75 号），应报送：《母亲健康快车专用车证》原件及复印件（原件查验后退回），车辆内、外观彩色 5 寸照片。

（8）来华专家购置车辆免征车辆购置税（减免性质代码：13129909，政策依据：财税〔2001〕39 号、财政部 税务总局公告 2019 年第 75 号、国家税务总局公告 2019 年第 26 号），应报送：国家外国专家局或者其授权单位核发的专家证或者 A 类和 B 类《外国人工作许可证》原件及复印件（原件查验后退回）。

（9）留学人员购买车辆免征车辆购置税（减免性质代码：13129912，政策依据：财税〔2001〕39 号、财政部 税务总局公告 2019 年第 75 号），应报送：海关核发的《中华人民共和国海关回国人员购买国产汽车准购单》原件及复印件（原件查验后退回）。

（10）外国驻华使领馆和国际组织驻华机构自用车辆免征车辆购置税（减免性质代码：13129915，政策依据：《中华人民共和国车辆购置税法》、国家税务总局公告 2019 年第 26 号），应报送：机构证明原件及复印件（原件查验后退回）。

（11）外国驻华使领馆和国际组织有关人员自用车辆免征车辆购置税（减免性质代码：13129916，政策依据：《中华人民共和国车辆购置税法》、国家税务总局公告 2019 年第 26 号），应报送：外交部门出具的身份证明原件及复印件（原件查验后退回）。

（12）设有固定装置的非运输专用作业车辆免征车辆购置税（减免性质代码：13129917，政策依据：《中华人民共和国车辆购置税法》、国家税务总局公告 2019 年第 26 号、国家税务总局工业和信息化部公告第 20 号），2020 年 12 月 31 日前（含）购置的车辆应报送：车辆内、外观彩色 5 寸照片。

2. 契税申报享受税收减免

符合申报享受契税税收减免条件的纳税人，在首次申报享受时随申报表报送附列资料，或直接在申报表中填列减免税信息无须报送资料。本事项仅描述需报送资料的情形。

（1）公有住房补缴土地出让价款成为完全产权住房免征契税（减免性质代码：15011737，政策依据：财政部税务总局公告 2021 年第 29 号），应报送：①补缴土地出让价款的付款凭证原件及复印件(原件查验后退回)。②公有住房相关材料原件及复印件(原件查验后退回)。

(2)经营管理单位回购经适房继续用于经适房房源免征契税优惠(减免性质代码:15011705,政策依据:财税〔2008〕24号),应报送:①经济适用房相关材料原件及复印件(原件查验后退回)。②经适房经营管理主体材料原件及复印件(原件查验后退回)。

(3)军建离退休干部住房及附属用房移交地方政府管理的免征契税优惠(减免性质代码:15011706,政策依据:财税字〔2000〕176号),应报送:军地双方土地、房屋权属变更、过户文书原件及复印件(原件查验后退回)。

(4)城镇职工第一次购买公有住房免征契税优惠(减免性质代码:15011738,政策依据:财税〔2000〕130号),应报送:购买公有住房或集资建房相关材料原件及复印件(原件查验后退回)。

(5)经营管理单位回购改造安置住房仍为安置房免征契税(减免性质代码:15011712,政策依据:财税〔2013〕101号),应报送①省级人民政府出具的改造安置住房相关材料。②回购合同(协议)复印件。

(6)婚姻关系存续期间夫妻之间变更土地房屋权属免征契税(减免性质代码:15011739,政策依据:《中华人民共和国契税法》),应报送:结婚证或户口簿原件及复印件(原件查验后退回)。

(7)土地使用权互换、房屋互换,按互换价格差额征收契税(减免性质代码:15011740,政策依据:《中华人民共和国契税法》),应报送:互换双方土地、房屋权属转移合同或其他具有土地、房屋权属互换合同性质的凭证原件及复印件(原件查验后退回)。

(8)土地、房屋被县级以上政府征用、占用后重新承受土地、房屋权属减免契税优惠(减免性质代码:15011734、15011735、15011741,政策依据:《中华人民共和国契税法》),应报送:土地、房屋被政府征用、占用的文书原件及复印件(原件查验后退回)。

(9)因不可抗力灭失住房而重新购买住房减征或免征契税优惠(减免性质代码:15011742,政策依据:《中华人民共和国契税法》),应报送:①房管部门出具的住房灭失相关材料原件及复印件(原件查验后退回)。②重新购置住房合同、协议,房屋权属变更、过户文书复印件。

(10)棚户区个人首次购买90平方米以下改造安置住房减按1%征收契税(减免性质代码:15011719,政策依据:财税〔2013〕101号),应报送:①棚户区改造相关材料原件及复印件(原件查验后退回)。②房屋征收(拆迁)补偿协议原件及复印件(原件查验后退回)。③出生医学证明、户口簿、结婚证(已婚的提供)等家庭成员信息证明原件及复印件(原件查验后退回)。纳税人可以自主选择是否对家庭成员信息证明适用告知承诺制办理,选择适用告知承诺制办理的,报送相应的《税务证明事项告知承诺书》,并对承诺的真实性承担法律责任。④家庭住房情况书面查询结果原件及复印件(原件查验后退回)。纳税人可以自主选择是否对家庭住房情况书面查询结果适用告知承诺制办理,选择适用告知承诺制办理的,报送相应的《税务证明事项告知承诺书》,并对承诺的真实性承担法律责任。

(11)棚户区购买符合普通住房标准的改造安置住房减半征收契税(减免性质代码:15011720,政策依据:财税〔2013〕101号),应报送:①棚户区改造相关材料原件及复印件(原件查验后退回)。②房屋征收(拆迁)补偿协议及购买改造安置住房合同(协议)原件及复印件(原件查验后退回)。

(12)棚户区被征收房屋取得货币补偿用于购买安置住房免征契税优惠(减免性质代码:15011721,政策依据:财税〔2013〕101号),应报送:①棚户区改造相关材料原件及复印件(原件查验后退回)。②房屋征收(拆迁)补偿协议原件及复印件(原件查验后退回)。

(13)棚户区用改造房屋换取安置住房免征契税优惠(减免性质代码:15011722,政策依据:财税〔2013〕101号),应报送:①棚户区改造相关材料原件及复印件(原件查验后退回)。②房屋征收(拆迁)补偿协议原件及复印件(原件查验后退回)。

(14)个人购买家庭唯一住房90平方米及以下减按1%征收契税(减免性质代码:15011724,政策依据:财税〔2016〕23号),应报送:①出生医学证明、户口簿、结婚证(已婚的提供)等家庭成员信息证明原件及复印件(原件查验后退回)。纳税人可以自主选择是否对家庭成员信息证明适用告知承诺制办理,选择适用告知承诺制办理的,报送相应的《税务证明事项告知承诺书》,并对承诺的真实性承担法律责任。②家庭住房情况书面查询结果原件及复印件(原件查验后退回)。纳税人可以自主选择是否对家庭住房情况书面查询结果适用告知承诺制办理,选择适用告知承诺制办理的,报送相应的《税务证明事项告知承诺书》,并对承诺的真实性承担法律责任。

(15)个人购买家庭唯一住房90平方米以上减按1.5%征收契税(减免性质代码:15011725,政策依据:财税〔2016〕23号),应报送:①出生医学证明、户口簿、结婚证(已婚的提供)等家庭成员信息证明原件及复印件(原件查验后退回)。纳税人可以自主选择是否对家庭成员信息证明适用告知承诺制办理,选择适用告知承诺制办理的,报送相应的《税务证明事项告知承诺书》,并对承诺的真实性承担法律责任。②家庭住房情况书面查询结果原件及复印件(原件查验后退回)。纳税人可以自主选择是否对家庭住房情况书面查询结果适用告知承诺制办理,选择适用告知承诺制办理的,报送相应的《税务证明事项告知承诺书》,并对承诺的真实性承担法律责任。

(16)个人购买家庭第二套改善性住房90平方米及以下减按1%征收契税(减免性

质代码:15011726,政策依据:财税〔2016〕23 号),应报送:①出生医学证明、户口簿、结婚证(已婚的提供)等家庭成员信息证明原件及复印件(原件查验后退回)。纳税人可以自主选择是否对家庭成员信息证明适用告知承诺制办理,选择适用告知承诺制办理的,报送相应的《税务证明事项告知承诺书》,并对承诺的真实性承担法律责任。②家庭住房情况书面查询结果原件及复印件(原件查验后退回)。纳税人可以自主选择是否对家庭住房情况书面查询结果适用告知承诺制办理,选择适用告知承诺制办理的,报送相应的《税务证明事项告知承诺书》,并对承诺的真实性承担法律责任。

(17)个人购买家庭第二套住房 90 平方米以上减按 2% 征收契税(减免性质代码:15011727,政策依据:财税〔2016〕23 号),应报送:①出生医学证明、户口簿、结婚证(已婚的提供)等家庭成员信息证明原件及复印件(原件查验后退回)。纳税人可以自主选择是否对家庭成员信息证明适用告知承诺制办理,选择适用告知承诺制办理的,报送相应的《税务证明事项告知承诺书》,并对承诺的真实性承担法律责任。②家庭住房情况书面查询结果原件及复印件(原件查验后退回)。纳税人可以自主选择是否对家庭住房情况书面查询结果适用告知承诺制办理,选择适用告知承诺制办理的,报送相应的《税务证明事项告知承诺书》,并对承诺的真实性承担法律责任。

(18)社区养老、托育、家政机构承受房屋、土地用于社区养老、托育、家政免征契税(减免性质代码:15012701,政策依据:财政部税务总局公告 2019 年第 76 号),应报送:①社区养老、托育、家政机构相关材料原件及复印件。②房屋、土地用于社区养老、托育、家政相关材料原件及复印件。

(19)青藏铁路公司承受土地、房屋权属用于办公及运输主业免征契税(减免性质代码:15033301,政策依据:财税〔2007〕11 号),应报送:土地、房屋用于办公及运输主业的相关材料复印件。

(20)企业改制后公司承受原企业土地、房屋权属免征契税(减免性质代码:15052515,政策依据:财税〔2018〕17 号),应报送:①上级主管机关批准其改制、重组或董事会决议等相关材料原件及复印件(原件查验后退回)。②改制前后的投资情况相关材料。

(21)事业单位改制企业承受原单位土地、房屋权属免征契税(减免性质代码:15052516,政策依据:财税〔2018〕17 号),应报送:①上级主管机关批准其改制的材料原件及复印件(原件查验后退回)。②改制前后的投资情况相关材料。

(22)公司合并后承受原公司土地、房屋权属免征契税(减免性质代码:15052517,政策依据:财税〔2018〕17 号),应报送:①上级主管机关批准其改制、重组或董事会决议等相关材料原件及复印件(原件查验后退回)。②改制前后的投资情况相关材料。

(23)公司分立后承受原公司土地、房屋权属免征契税(减免性质代码:15052518,

政策依据:财税〔2018〕17号),应报送:①上级主管机关批准其改制、重组或董事会决议等相关材料原件及复印件(原件查验后退回)。②分立前后各方的投资情况材料原件及复印件(原件查验后退回)。

(24)承受破产企业抵偿债务的土地、房屋权属减征或免征契税(减免性质代码:15052519、15052524,政策依据:财税〔2018〕17号),应报送:①人民法院宣告其破产的法律文书、上级主管机关批准其破产或董事会决议等相关材料原件及复印件(原件查验后退回)。②债权人债务情况的相关材料原件及复印件(原件查验后退回)。(债权人提供)③非债权人妥善安置原企业职工,签订服务年限不少于三年的劳动用工合同相关材料原件及复印件(原件查验后退回)。(非债权人提供)

(25)承受行政性调整、划转土地、房屋权属免征契税(减免性质代码:15052520,政策依据:财税〔2018〕17号),应报送:县级以上人民政府或国有资产管理部门按规定进行行政性调整、划转国有土地、房屋权属的相关材料原件及复印件(原件查验后退回)。

(26)承受同一投资主体内部划转土地、房屋权属免征契税(减免性质代码:15052521,政策依据:财税〔2018〕17号),应报送:同一投资主体内部所属企业之间土地、房屋权属划转的相关材料原件及复印件(原件查验后退回)。

(27)子公司承受母公司增资土地、房屋权属免征契税(减免性质代码:15052522,政策依据:财税〔2018〕17号),应报送:母公司以土地、房屋权属向其全资子公司增资(视同划转)的相关材料原件及复印件(原件查验后退回)。

(28)债权转股权后新设公司承受原企业的土地、房屋权属免征契税(减免性质代码:15052523,政策依据:财税〔2018〕17号),应报送:国务院批准实施债权转股权相关文件原件及复印件(原件查验后退回)。

(29)被撤销金融机构接收债务方土地使用权、房屋所有权免征契税优惠(减免性质代码:15081502,政策依据:财税〔2003〕141号),应报送:中国人民银行撤销该机构的相关材料。

(30)4家金融资产公司按规定收购、承接和处置政策性剥离不良资产免征契税(减免性质代码:15083902,政策依据:财税〔2001〕10号、财税〔2003〕212号),应报送:处置不良资产合同或协议原件及复印件(原件查验后退回)。

(31)承受荒山等土地使用权用于农、林、牧、渔业生产免征契税优惠(减免性质代码:15099902,政策依据:《中华人民共和国契税法》),应报送:政府主管部门出具的土地用途相关材料、承受土地性质相关材料原件及复印件(原件查验后退回)。

(32)易地扶贫搬迁人口取得安置住房免征契税(减免性质代码:15011728,政策依据:财税〔2018〕135号,财政部 税务总局公告2021年第6号),应报送:①易地扶贫搬迁贫困人口相关材料原件及复印件(原件查验后退回)。②安置住房相关材料原件及复印件(原件查验后退回)。

(33)易地扶贫搬迁实施主体取得安置住房土地免征契税(减免性质代码：15011729,政策依据：财税〔2018〕135号,财政部 税务总局公告2021年第6号),应报送：①易地扶贫搬迁项目实施主体相关材料原件及复印件(原件查验后退回)。②土地用于安置住房相关材料原件及复印件(原件查验后退回)。

(34)易地扶贫搬迁实施主体安置住房房源免征契税(减免性质代码：15011730,政策依据：财税〔2018〕135号,财政部 税务总局公告2021年第6号),应报送：①易地扶贫搬迁项目实施主体相关材料原件及复印件(原件查验后退回)。②购买住房作为安置住房房源相关材料原件及复印件(原件查验后退回)。

(35)农村集体经济组织股份制改革免征契税(减免性质代码：15092303,政策依据：财税〔2017〕55号),应报送：农村集体经济组织股份合作制改革相关材料原件及复印件(原件查验后退回)。

(36)农村集体经济组织以及代行集体经济组织职能的村民委员会、村民小组进行清产核资收回集体资产而承受土地、房屋权属免征契税(减免性质代码：15092304,政策依据：财税〔2017〕55号),应报送：农村集体经济组织清产核资相关材料原件及复印件(原件查验后退回)。

(37)售后回租期满,承租人回购原房屋、土地权属免征契税优惠(减免性质代码：15129902,政策依据：财税〔2012〕82号),应报送：融资租赁合同(有法律效力的中文版)复印件。

(38)国家机关、事业单位、社会团体、军事单位承受土地、房屋用于办公、教学、医疗、科研和军事设施免征契税(减免性质代码：15129909,政策依据：《中华人民共和国契税法》),应报送：土地、房屋权属用于办公、教学、医疗、科研和军事设施的材料原件及复印件(原件查验后退回)。

(39)个人购买经济适用住房减半征收契税优惠(减免性质代码：15129904,政策依据：财税〔2008〕24号),应报送：购买经济适用住房的合同原件及复印件(原件查验后退回)。

(40)符合法律规定的外国驻华使馆、领事馆和国际组织驻华代表机构承受土地房屋免征契税(减免性质代码：15123102,政策依据：《中华人民共和国契税法》),应报送：外交部出具的房屋、土地用途材料原件及复印件(原件查验后退回)。

(41)个体工商户与其经营者个人名下之间房屋、土地权属转移免征契税(减免性质代码：15129907,政策依据：财税〔2012〕82号),应报送：个体工商户身份证件原件及复印件(原件查验后退回)。

(42)合伙企业与其合伙人名下之间房屋、土地权属转移免征契税(减免性质代码：

15129907,政策依据:财税〔2012〕82号),应报送:合伙企业与其合伙人相关身份证件原件及复印件(原件查验后退回)。

(43)非营利性的学校、医疗机构、社会福利机构承受土地房屋用于办公、教学、医疗、科研、养老、救助免征契税(减免性质代码:15129908,政策依据:《中华人民共和国契税法》),应报送:①非营利性的学校、医疗机构、社会福利机构登记材料原件及复印件(原件查验后退回)。②土地、房屋权属用于办公、教学、医疗、科研、养老、救助的材料原件及复印件(原件查验后退回)。需要说明的是,土地、房屋权属用于教学的应提供县级以上人民政府教育行政主管部门或劳动行政主管部门审批并颁发的办学许可证原件及复印件(原件查验后退回)。纳税人可以自主选择是否对办学许可证适用告知承诺制办理,选择适用告知承诺制办理的,报送相应的《税务证明事项告知承诺书》,并对承诺的真实性承担法律责任。(选择适用告知承诺的纳税人须承诺在一定期限内取得相应的办学许可证,并提交税务机关,上述期限不得超过承诺之日起6个月)

(44)法定继承人通过继承承受土地房屋免征契税(减免性质代码:15011732,政策依据:《中华人民共和国契税法》),应报送:法定继承材料原件及复印件(原件查验后退回)。

(45)夫妻因离婚分割共同财产发生土地房屋权属变更的免征契税(减免性质代码:15011733,政策依据:财政部 税务总局公告2021年第29号),应报送:离婚证及离婚协议或生效法律文书等离婚信息材料原件及复印件(原件查验后退回)。

(46)按规定改制的外商独资银行承受原外国银行分行的房屋权属免征契税(减免性质代码:15081503,政策依据:财政部税务总局公告2021年第29号),应报送:经银行业监督管理机构批准的外商独资银行改制有关材料原件及复印件(原件查验后退回)。

(47)银监会各级派出机构承受中国人民银行各分支行无偿划转土地房屋用于办公设施免征契税(减免性质代码:15129910,政策依据:财税〔2005〕149号),应报送:无偿划转协议等材料原件及复印件(原件查验后退回)。

第三节　税收减免备案

知识点1:税收减免备案概述

符合备案类税收减免的纳税人,如需享受相应税收减免,应在首次享受减免税的申报阶段或在申报征期后的其他规定期限内提交相关资料向主管税务机关申请办理税收减免备案。纳税人在符合减免税条件期间,备案材料一次性报备,在政策存续期可一直享受,当减免税情形发生变化时,应当及时向税务机关报告。

知识点 2:税收减免备案的情形

1. 企业所得税税收减免备案

符合备案类税收减免的纳税人,如需享受相应企业所得税税收减免,应在首次享受减免税的申报阶段或在申报征期后的其他规定期限内提交相关资料向主管税务机关申请办理税收减免备案。纳税人在符合减免税条件期间,备案材料一次性报备,在政策存续期可一直享受,当减免税情形发生变化时,应当及时向税务机关报告。

境外投资者以分配利润直接投资暂不征收预提所得税(减免性质代码:04081524,政策依据:财税〔2018〕102号),应报送:《非居民企业递延缴纳预提所得税信息报告表》2份(原件);《中华人民共和国扣缴企业所得税报告表》1份(原件);相关合同1份(复印件);支付凭证1份(复印件);与鼓励类投资项目活动相关的资料1份(复印件)(根据条件选择报送);委托材料1份(原件)。

2. 个人所得税税收减免备案

符合备案类税收减免的纳税人,如需享受相应个人所得税税收减免,应在首次享受减免税的申报阶段或在申报征期后的其他规定期限内提交相关资料向主管税务机关申请办理税收减免备案。纳税人在符合减免税条件期间,备案材料一次性报备,在政策存续期可一直享受,当减免税情形发生变化时,应当及时向税务机关报告。

(1)残疾、孤老、烈属减征个人所得税优惠(减免性质代码:05012710,政策依据:《中华人民共和国个人所得税法》),应报送:《纳税人减免税备案登记表》2份;个人身份证件原件及复印件(原件查验后退回);残疾、孤老、烈属的资格相关材料原件及复印件(原件查验后退回)。

(2)合伙创投企业个人合伙人按投资额的一定比例抵扣从合伙创投企业分得的经营所得(减免性质代码:05129999,政策依据:财税〔2018〕55号、国家税务总局公告2018年第43号),应报送:《纳税人减免税备案登记表》2份;《合伙创投企业个人所得税投资抵扣备案表》。

(3)天使投资个人按投资额的一定比例抵扣转让初创科技型企业股权取得的应纳税所得额(减免性质代码:05129999,政策依据:财税〔2018〕55号),应报送:《纳税人减免税备案登记表》2份;《天使投资个人所得税投资抵扣备案表》;天使投资个人身份证件原件(查验后退回)。

3. 土地增值税税收减免备案

符合备案类税收减免的纳税人,如需享受相应土地增值税税收减免,应在首次享受减免税的申报阶段或在申报征期后的其他规定期限内提交相关资料向主管税务机关申请办理税收减免备案。纳税人在符合减免税条件期间,备案材料一次性报备,在政策存续期可一直享受,当减免税情形发生变化时,应当及时向税务机关报告。

(1)对个人销售住房暂免征收土地增值税(减免性质代码:11011701,政策依据:财税〔2008〕137号),应报送:《纳税人减免税备案登记表》2份。

(2)转让旧房作为保障性住房且增值额未超过扣除项目金额20%的免征土地增值税(减免性质代码:11011707,政策依据:财税〔2013〕101号),应报送:《纳税人减免税备案登记表》2份;不动产权属资料复印件;房地产转让合同(协议)复印件;扣除项目金额相关材料(如评估报告、发票等)。

(3)对企业改制、资产整合过程中涉及的土地增值税予以免征(减免性质代码:11052401、11052501、11059901、11059902、11083901、11083902、11083903,政策依据:财税〔2013〕53号、财税〔2011〕116号、财税〔2013〕3号、财税〔2011〕13号、财税〔2001〕10号、财税〔2003〕212号、财税〔2013〕56号),应报送:《纳税人减免税备案登记表》2份;不动产权属资料复印件;投资、联营双方的营业执照复印件;投资、联营合同(协议)复印件。

(4)被撤销金融机构清偿债务免征土地增值税(减免性质代码:11129901,政策依据:财税〔2003〕141号),应报送:《纳税人减免税备案登记表》2份;中国人民银行依法决定撤销的相关材料;不动产权属资料复印件;财产处置协议复印件。

(5)合作建房自用的土地增值税减免(减免性质代码:11129903,政策依据:财税字〔1995〕48号),应报送:《纳税人减免税备案登记表》2份;不动产权属资料复印件;合作建房合同(协议)复印件;房产分配方案相关材料。

第四节　税收减免核准

知识点1:税收减免核准概述

(1)符合核准类税收减免的纳税人,应当提交核准材料,提出申请,经依法具有批准权限的税务机关按规定核准确认后方可享受。未按规定申请或虽申请但未经有批准权限的税务机关核准确认的,纳税人不得享受。

(2)纳税人在减免税书面核准决定未下达之前应按规定进行纳税申报。纳税人在减免税书面核准决定下达之后,所享受的减免税应当进行申报。

知识点2:税收减免核准的情形

1. 个人所得税税收减免核准

符合个人所得税核准类税收减免的纳税人,应当提交核准材料,提出申请,经依法具有批准权限的税务机关按规定核准确认后方可享受。未按规定申请或虽申请但未经有批准权限的税务机关核准确认的,纳税人不得享受。

(1)其他地区地震受灾减免个人所得税(减免性质代码:05011601,政策依据:财税〔2008〕62号),应报送:《纳税人减免税申请核准表》1份;减免税申请报告;个人身份证件原件(查验退回);自然灾害损失相关材料原件及复印件(原件查验后退回)。

(2)其他自然灾害受灾减免个人所得税(减免性质代码:05011605,政策依据:《中华人民共和国个人所得税法》),应报送:《纳税人减免税申请核准表》1份;减免税申请报告;个人身份证件原件(查验退回);自然灾害损失相关材料原件及复印件(原件查验后退回)。

2. 资源税税收减免核准

符合资源税核准类税收减免的纳税人,应当提交核准材料,提出申请,经依法具有批准权限的税务机关按规定核准确认后方可享受。未按规定申请或虽申请但未经有批准权限的税务机关核准确认的,纳税人不得享受。

意外事故或者自然灾害等原因遭受重大损失减免资源税(减免性质代码:06011602,政策依据:《中华人民共和国资源税法》),应报送:《纳税人减免税申请核准表》;减免税申请报告;开采或生产应税产品过程中,因意外事故或自然灾害等原因遭受重大损失的相关材料。

3. 房产税税收减免核准

符合房产税核准类税收减免的纳税人,应当提交核准材料,提出申请,经依法具有批准权限的税务机关按规定核准确认后方可享受。未按规定申请或虽申请但未经有批准权限的税务机关核准确认的,纳税人不得享受。

企业纳税困难减免房产税(减免性质代码:08019902、08011607<抗击疫情>,政策依据:《中华人民共和国房产税暂行条例》),应报送:《纳税人减免税申请核准表》;减免税申请报告(列明减免税理由、依据、范围、期限、数量、金额);不动产权属资料或其他证明纳税人实际使用房产的材料原件及复印件(原件查验后退回);证明纳税人困难的相关材料(如财务报表)。

4. 城镇土地使用税税收减免核准

符合城镇土地使用税核准类税收减免的纳税人,应当提交核准材料,提出申请,经依法具有批准权限的税务机关按规定核准确认后方可享受。未按规定申请或虽申请但未经有批准权限的税务机关核准确认的,纳税人不得享受。

纳税人困难性减免城镇土地使用税优惠(减免性质代码:10129917、10011607<抗击疫情>,政策依据:《中华人民共和国城镇土地使用税暂行条例》),应报送:《纳税人减免税申请核准表》;减免税申请报告(列明减免税理由、依据、范围、期限、数量、金额);不动产权属资料或其他证明纳税人使用土地的文件原件及复印件(原件查验后退回);证明纳税人困难的相关材料(如财务报表)。

5. 土地增值税税收减免核准

符合土地增值税核准类税收减免的纳税人,应当提交核准材料,提出申请,经依法具有批准权限的税务机关按规定核准确认后方可享受。未按规定申请或虽申请但未经有批准权限的税务机关核准确认的,纳税人不得享受。

(1)普通标准住宅增值率不超过 20% 的土地增值税减免(减免性质代码:11011704,政策依据:《中华人民共和国土地增值税暂行条例》),应报送:《纳税人减免税申请核准表》1 份;减免税申请报告;开发立项及不动产权属资料复印件;土地增值税清算报告;相关的收入、成本、费用等相关材料。

(2)因城市实施规划、国家建设需要而搬迁,纳税人自行转让房地产免征土地增值税(减免性质代码:11129902,政策依据:财税〔2006〕21 号),应报送:《纳税人减免税申请核准表》1 份;减免税申请报告;不动产权属资料复印件;已审批通过的与转让房地产相关的城市规划复印件,或者国务院、省级人民政府、国务院有关部委批准建设的项目资料复印件,或者人民政府、政府有关主管部门限期搬迁文件复印件;房地产转让合同(协议)复印件。

(3)因国家建设需要依法征用、收回的房地产土地增值税减免(减免性质代码:11129905,政策依据:《中华人民共和国土地增值税暂行条例》),应报送:《纳税人减免税申请核准表》1 份;减免税申请报告;不动产权属资料复印件;政府征用、收回土地使用权补偿协议复印件。

第五节　跨境应税行为免征增值税报告

知识点 1:跨境应税行为免征增值税报告概述

纳税人发生向境外单位销售服务或无形资产等跨境应税行为符合免征增值税条件的,在首次享受免税的纳税申报期内或在各省、自治区、直辖市和计划单列市税务局规定的申报征期后的其他期限内,到主管税务机关办理跨境应税行为免税备案手续。

知识点 2:跨境应税行为免征增值税报告相关规定

纳税人向国内海关特殊监管区域内的单位或者个人销售服务、无形资产,不属于跨境应税行为,应照章征收增值税。纳税人向境外单位销售服务或无形资产,按规定免征增值税的,该项销售服务或无形资产的全部收入应从境外取得,否则,不予免征增值税。

纳税人发生跨境应税行为免征增值税的,应单独核算跨境应税行为的销售额,准确计算不得抵扣的进项税额,其免税收入不得开具增值税专用发票。

纳税人原签订的跨境销售服务或无形资产合同发生变更,或者跨境销售服务或无形资产的有关情况发生变化,变化后仍属于规定的免税范围的,纳税人应向主管税务机关重新办理跨境应税行为免税备案手续。

纳税人发生跨境应税行为享受免税的,应当按规定进行纳税申报。纳税人享受免税到期或实际经营情况不再符合规定的免税条件的,应当停止享受免税,并按照规定申报纳税。

纳税人发生实际经营情况不符合规定的免税条件、采用欺骗手段获取免税,或者享受减免税条件发生变化未及时向税务机关报告,以及未按照规定履行相关程序自行减免税的,税务机关依照《中华人民共和国税收征收管理法》有关规定予以处理。

纳税人发生的与香港、澳门、台湾有关的应税行为,参照执行。

纳税人发生符合规定的免税跨境应税行为,未办理免税备案手续但已进行免税申报的,按照规定补办备案手续;未进行免税申报的,按照规定办理跨境服务备案手续后,可以申请退还已缴税款或者抵减以后的应纳税额;已开具增值税专用发票的,应将全部联次追回后方可办理跨境应税行为免税备案手续。

第六节　国际税收优惠办理

知识点:非居民纳税人享受税收协定待遇办理

非居民纳税人享受协定待遇,采取"自行判断、申报享受、相关资料留存备查"的方式办理。非居民纳税人自行判断符合享受协定待遇条件的,可在纳税申报时,或通过扣缴义务人在扣缴申报时,自行享受协定待遇,同时按照规定归集和留存相关资料备查,并接受税务机关后续管理。

非居民纳税人自行申报的,自行判断符合享受协定待遇条件且需要享受协定待遇,应在申报时报送《非居民纳税人享受协定待遇信息报告表》,并按照规定归集和留存相关资料备查。

在源泉扣缴和指定扣缴情况下,非居民纳税人自行判断符合享受协定待遇条件且需要享受协定待遇的,应当如实填写《非居民纳税人享受协定待遇信息报告表》,主动提交给扣缴义务人,并按照规定归集和留存相关资料备查。扣缴义务人收到《非居民纳税人享受协定待遇信息报告表》后,确认非居民纳税人填报信息完整的,依国内税收法律规定和协定规定扣缴,并如实将《非居民纳税人享受协定待遇信息报告表》作为扣缴申报的附表报送主管税务机关。非居民纳税人未主动提交《非居民纳税人享受协定待遇信息报告表》给扣缴义务人或填报信息不完整的,扣缴义务人依国内税收法律规定扣缴。

上述所称非居民纳税人,是指按照税收协定居民条款规定应为缔约对方税收居民的纳税人。上述所称协定包括税收协定和国际运输协定。国际运输协定包括中华人民共和国政府签署的航空协定、海运协定、道路运输协定、汽车运输协定、互免国际运输收入税收协议或换函以及其他关于国际运输的协定。上述所称协定待遇,是指按照协定可以减轻或者免除按照国内税收法律规定应当履行的企业所得税、个人所得税纳税义务。上述所称扣缴义务人,是指按国内税收法律规定,对非居民纳税人来源于中国境内的所得负有扣缴税款义务的单位或个人,包括法定扣缴义务人和企业所得税法规定的指定扣缴义务人。上述所称主管税务机关,是指按国内税收法律规定,对非居民纳税人在中国的纳税义务负有征管职责的税务机关。

 本章习题

一、单项选择题

1. 纳税人享受减税、免税待遇的,在减税、免税期间应当按照规定办理纳税申报,填写( )。

A.《纳税人减免税备案表》　　　　B.《纳税人申报享受减免税备案表》

C.《税务资格备案表》　　　　　　D. 申报表及其附表上的优惠栏目

答案:D

解析:符合税收优惠条件的纳税人,在减税、免税期间,应按规定办理纳税申报,填写申报表及其附表上的优惠栏目。

2. 按照企业所得税法及其实施条例规定,居民企业取得下列各项收入,应并入应纳税所得额征收所得税的是( )。

A. 国债利息收入

B. 财政拨款

C. 居民企业持有其他居民企业公开发行并上市流通的股票不足10个月取得的投资收益

D. 300万元的技术转让所得

答案:C

解析：选项 A,国债利息收入属于企业所得税免税收入。选项 B,企业所得税收入总额中的下列收入为不征税收入:财政拨款、依法收取并纳入财政管理的行政事业性收费、政府性基金、国务院规定的其他不征税收入。选项 C,符合条件的居民企业之间的股息、红利等权益性投资收益属于企业所得税免税收入。所称股息、红利等权益性投资收益,不包括连续持有居民企业公开发行并上市流通的股票不足 12 个月取得的投资收益。选项 D,一个纳税年度内,居民企业符合条件的技术转让所得不超过 500 万元的部分,免征企业所得税;超过 500 万元的部分,减半征收企业所得税。

3. 享受税收减免核准的纳税人,在减免税书面核准决定未下达之前应(　　)。纳税人在减免税书面核准决定下达之后,所享受的减免税应当进行申报。

A. 按规定进行纳税申报　　　　　　B. 按规定进行优惠享受

C. 按规定进行纳税减免　　　　　　D. 暂时不进行纳税申报

答案：A

解析：纳税人在减免税书面核准决定未下达之前应按规定进行纳税申报。纳税人在减免税书面核准决定下达之后,所享受的减免税应当进行申报。

4. 科技型中小企业开展研发活动中实际发生的研发费用,未形成无形资产计入当期损益的,在按规定据实扣除的基础上,自 2022 年 1 月 1 日起,再按照实际发生额的(　　)在税前加计扣除;形成无形资产的,自 2022 年 1 月 1 日起,按照无形资产成本的(　　)在税前摊销。

A. 25%;125%　　　　　　　　　　B. 50%;150%

C. 75%;175%　　　　　　　　　　D. 100%;200%

答案：D

解析：科技型中小企业开展研发活动中实际发生的研发费用,未形成无形资产计入当期损益的,在按规定据实扣除的基础上,自 2022 年 1 月 1 日起,再按照实际发生额的 100% 在税前加计扣除;形成无形资产的,自 2022 年 1 月 1 日起,按照无形资产成本的 200% 在税前摊销。

5. 符合核准类税收减免的纳税人,应当提交核准材料,提出申请,经(　　)按规定核准确认后方可享受。未按规定申请或虽申请但未经有批准权限的税务机关核准确认的,纳税人不得享受。

A. 县级税务机关　　　　　　　　　B. 市级税务机关

C. 省级税务机关　　　　　　　　　D. 依法具有批准权限的税务机关

答案：D

解析：符合核准类税收减免的纳税人,应当提交核准材料,提出申请,经依法具有批准权限的税务机关按规定核准确认后方可享受。未按规定申请或虽申请但未经有批准权限的税务机关核准确认的,纳税人不得享受。

二、多项选择题

1. 根据增值税的税收优惠政策,下列各项免征增值税的有(　　)。

A. 农民销售自己种植的玉米　　　　B. 超市销售自己购进的花生

C. 销售向社会收购的古书　　　　　D. 直接用于教学的进口设备

答案:ACD

解析:选项A,农业生产者销售的自产农产品免征增值税。选项C,避孕药品和用具、古旧图书免征增值税。选项D,直接用于科学研究、科学试验和教学的进口仪器、设备免征增值税。

2. 申报享受税收减免的优惠办理分为以下(　　)情形。

A. 需在首次申报享受时随申报表报送附列资料

B. 需在首次申报享受后 15 日内报送附列资料

C. 需在首次申报享受后征期内报送附列资料

D. 无须报送附列资料

答案:AD

解析:申报享受税收减免的优惠办理分为需在申报享受时随申报表报送附列资料和无须报送附列资料两种情形。

3. 以下(　　)情形免征耕地占用税。

A. 军事设施占用应税土地

B. 学校、幼儿园占用应税土地

C. 社会福利机构、医疗机构占用应税土地

D. 铁路线路、公路线路、飞机场跑道、停机坪、港口、航道、水利工程占用应税土地

答案:ABC

解析:军事设施、学校、幼儿园、社会福利机构、医疗机构占用耕地免征耕地占用税。铁路线路、公路线路、飞机场跑道、停机坪、港口、航道、水利工程占用耕地,减按每平方米 2 元的税额征收耕地占用税。

4. 符合备案类税收减免的纳税人,如需享受相应税收减免,应在(　　)或(　　)提交相关资料向主管税务机关申请办理税收减免备案。

A. 首次享受减免税的申报阶段

B. 首次享受减免税的当月

C. 在申报征期后的其他规定期限内

D. 在申报征期后、下月申报期前的期限内

答案:AC

解析:符合备案类税收减免的纳税人,如需享受相应税收减免,应在首次享受减免税的申报阶段或在申报征期后的其他规定期限内提交相关资料向主管税务机关申请办理税

收减免备案。

5. 关于土地增值税征免税规定,下列说法正确的有( )。

A. 纳税人建造普通标准住宅出售,增值额未超过扣除项目金额20%的免征土地增值税

B. 某公司的厂房因修建高速公路被征收,免征土地增值税

C. 个人销售自己住的别墅应征收土地增值税

D. 单位、个人在改制重组时以房地产作价入股进行投资,对其将房地产转移、变更到被投资的企业,暂不征土地增值税

答案:ABD

解析:选项A,纳税人建造普通标准住宅出售,增值额未超过扣除项目金额20%的免征土地增值税。选项B,因国家建设需要依法征收、收回的房地产免征土地增值税。选项C,个人销售住房暂免土地增值税。选项D,单位、个人在改制重组时以房地产作价入股进行投资,对其将房地产转移、变更到被投资的企业,暂不征土地增值税。

三、判断题

1. 个人将购买2年以上(含2年)的住房对外销售的,免征增值税。这项政策适用于全国所有地区。( )

答案:错误

解析:根据财税〔2016〕36号规定,个人将购买不足2年的住房对外销售的,按照5%的征收率全额缴纳增值税;个人将购买2年以上(含2年)的住房对外销售的,免征增值税。上述政策适用于北京市、上海市、广州市和深圳市之外的地区。

2. 2022年1月,某地个体工商户因受大雪灾害,根据该省规定可以享受个人所得税经营所得减征的税收优惠,因此其需要向税务机关申请个人所得税优惠核准,并填制《纳税人减免税申请核准表》。( )

答案:正确

解析:因自然灾害遭受重大损失的,可以减征个人所得税属于税收减免核准事项,需要报送《纳税人减免税申请核准表》。

3. 国家需要重点扶持的高新技术企业,减按10%的税率征收企业所得税。( )

答案:错误

解析:国家需要重点扶持的高新技术企业,减按15%的税率征收企业所得税。

4. 城市公交企业购置的公共汽电车辆免征车辆购置税。( )

答案:正确

解析:城市公交企业购置的公共汽电车辆免征车辆购置税。

5. 纳税人享受资源税优惠政策,实行"自行判别、申报享受、有关资料留存备查"的办

理方式,另有规定的除外。(   )

答案:正确

解析:根据《国家税务总局关于资源税征收管理若干问题的公告》(国家税务总局公告 2020 年第 14 号)规定,纳税人享受资源税优惠政策,实行"自行判别、申报享受、有关资料留存备查"的办理方式,另有规定的除外。纳税人对资源税优惠事项留存材料的真实性和合法性承担法律责任。

第六章

证明办理

第一节　证明办理概述

知识点：证明办理

税收证明办理，是指税务机关依法为纳税人出具对其资产、行为、收入征（免）税情况的要式证明，供纳税人提交第三方使用。

第二节　证明开具

◆ 开具税收完税证明

知识点1：可以申请开具税收完税证明的情形

税收完税证明是税务机关为证明纳税人已经缴纳税款或者已经退还纳税人税款而开具的凭证。纳税人符合下列情形之一的，可以申请开具税收完税证明：

（1）通过横向联网电子缴税系统划缴税款到国库（经收处）后或收到从国库退还的税款后，当场或事后需要取得税收票证的；

（2）扣缴义务人代扣、代收税款后，已经向纳税人开具税法规定或国家税务总局认可的记载完税情况的其他凭证，纳税人需要换开正式完税凭证的；

（3）纳税人遗失已完税的各种税收票证（《出口货物完税分割单》、印花税票和《印花税票销售凭证》除外），需要重新开具的；

（4）对纳税人特定期间完税情况出具证明的；

（5）国家税务总局规定的其他需要为纳税人开具完税凭证的情形。

知识点 2:开具税收完税证明相关规定

(1)个人所得税纳税人就税款所属期为 2019 年 1 月 1 日(含)以后缴(退)税情况申请开具证明的,税务机关为其开具个人所得税《纳税记录》,不再开具税收完税证明(文书式)。

(2)纳税人遗失《出口货物完税分割单》、印花税票和《印花税票销售凭证》,不能重新开具。

(3)扣缴义务人未按规定为纳税人开具税收票证的,税务机关核实税款缴纳情况后,应当为纳税人开具税收完税证明(表格式)。

(4)纳税人提供加盖开具单位的相关业务章戳并已注明扣收税款信息的"成交过户交割凭单"或"过户登记确认书",可以向证券交易场所和证券登记结算机构所在地的主管税务机关申请出具《税收完税证明》。

◆ 开具个人所得税纳税记录

知识点 1:开具个人所得税纳税记录的情形

纳税人 2019 年 1 月 1 日以后取得个人所得税应税所得并由扣缴义务人向税务机关办理了全员全额扣缴申报,或根据税法规定自行向税务机关办理纳税申报的,不论是否实际缴纳税款,均可以申请开具个人所得税《纳税记录》。

知识点 2:开具个人所得税纳税记录相关规定

(1)个人所得税《纳税记录》涉及纳税人敏感信息,请妥善保存。

(2)纳税人对个人所得税《纳税记录》存在异议的,可以向该项记录中列明的税务机关申请核实。

(3)税务机关提供两种个人所得税《纳税记录》验证服务。一是通过手机 APP 扫描个人所得税《纳税记录》中的二维码进行验证;二是通过自然人税收管理系统输入个人所得税《纳税记录》中的验证码进行验证。

(4)个人所得税《纳税记录》因不同打印设备造成的色差,不影响使用效力。

(5)个人所得税《纳税记录》不作纳税人记账、抵扣凭证。

◆ 转开印花税票销售凭证

知识点 1:印花税票销售凭证

《印花税票销售凭证》是税务机关和印花税票代售人销售印花税票时一并开具的

专供购买方报销的纸质凭证。

知识点2:转开印花税票销售凭证

对纳税人特定期间购买印花税票情况出具证明的,税务机关可为其转开《印花税票销售凭证》。

◆《车辆购置税完税证明》更正

知识点:车辆购置税完税证明更正

车辆购置税完税证明内容与原申报资料不一致时且不影响车辆购置税应纳税额的情形,纳税人可以到发证税务机关办理完税证明的更正。

不属于可更正的情形:①车辆识别代号(车架号)和发动机号同时与原申报资料不一致的;②纳税人名称和证件号码同时与原申报资料不一致的;③完税或者免税信息更正影响到车辆购置税税款的。

◆ 开具无欠税证明

知识点1:无欠税证明概述

《无欠税证明》是指税务机关依纳税人申请,根据税收征管信息系统所记载的信息,为纳税人开具的表明其不存在欠税情形的证明。"不存在欠税情形",是指纳税人在税收征管信息系统中,不存在应申报未申报记录且无下列应缴未缴的税款:

(1)办理纳税申报后,纳税人未在税款缴纳期限内缴纳的税款;

(2)经批准延期缴纳的税款期限已满,纳税人未在税款缴纳期限内缴纳的税款;

(3)税务机关检查已查定纳税人的应补税额,纳税人未缴纳的税款;

(4)税务机关根据《中华人民共和国税收征收管理法》第二十七条、第三十五条核定纳税人的应纳税额,纳税人未在税款缴纳期限内缴纳的税款;

(5)纳税人的其他未在税款缴纳期限内缴纳的税款。

知识点2:无欠税证明开具

纳税人应境外上市、境外投标等需要,确需开具《无欠税证明》的,可以向主管税务机关申请办理。

第三节 出口退(免)税证明办理

◆ 出口退(免)税证明开具

知识点 1:出口退(免)税证明开具概述

出口退(免)税证明开具事项包括:代理出口货物证明开具、代理进口货物证明开具、出口货物退运已补税(未退税)证明开具、出口货物转内销证明开具、委托出口货物证明开具及中标证明通知书开具。

知识点 2:代理出口货物证明开具

受托方代理委托方企业出口业务后,需在自货物报关出口之日起至次年 4 月 15 日前向其主管税务机关申请开具《代理出口货物证明》,并及时转交给委托方。逾期的,受托方不得申报开具《代理出口货物证明》。代理出口业务如发生在受托方被停止出口退税权期间的,按规定不予出具证明。

知识点 3:代理进口货物证明开具

以双委托方式(生产企业进口料件、出口成品均委托出口企业办理)从事的进料加工业务,委托进口加工贸易料件,受托进口企业及时向其主管税务机关申请开具《代理进口货物证明》,并及时转交给委托方,委托方据此向其主管税务机关申请办理退(免)税相关业务。

知识点 4:委托出口货物证明开具

委托出口货物属于国家取消出口退税的,委托方应自货物报关出口之日起至次年 3 月 15 日前,凭委托代理出口协议(复印件)向主管税务机关申请开具《委托出口货物证明》,对于委托出口货物不属于国家取消出口退税的,税务机关不予办理。

知识点 5:出口货物已补税/未退税证明开具

出口货物报关离境、发生退运且海关已签发出口货物报关单(出口退税专用)的,出口企业应先向主管税务机关申请开具《出口货物已补税/未退税证明》,并携其到海关申请办理退运手续。委托出口的货物发生退运的,应由委托方向主管税务机关申请开具《出口货物已补税/未退税证明》转交受托方,受托方凭该证明向主管税务机关申请开具《出口货物已补税/未退税证明》。

知识点6:出口货物转内销证明开具

外贸企业发生原记入出口库存账的出口货物转内销或视同内销征税的,以及已申报退(免)税的出口货物发生退运并转内销的,外贸企业应于发生内销或视同内销的当月向主管税务机关申请开具《出口货物转内销证明》,并在取得出口货物转内销证明的下一个增值税纳税申报期内作为进项税额的抵扣凭证使用。

原执行免退税办法的企业,在批准变更次月的增值税纳税申报期内可将原计入出口库存账的且未申报免退税的出口货物向主管税务机关申请开具《出口转内销证明》。

知识点7:中标证明通知书开具

利用外国政府贷款或国际金融组织贷款建设的项目,招标机构需在中标企业签订的供货合同生效后,向其所在地主管税务机关申请办理《中标证明通知书》。《中标证明通知书》是中标企业主管税务机关对中标企业销售中标机电产品申请退(免)税业务的审核内容之一。不属于规定范围的贷款机构和中标机电产品,不予办理。

知识点8:出口退(免)税证明开具其他相关规定

(1)在税务机关停止为其办理出口退税期间,出口企业代理其他单位出口的货物,不得向税务机关申请开具《代理出口货物证明》。

(2)综服企业受中小企业委托代理出口的货物,由综服企业申请开具《代理出口货物证明》的,综服企业应在《代理出口货物证明申请表》"备注"栏内注明"WMZHFW"标识,委托企业申报退(免)税时不再提供纸质《代理出口货物证明》。

(3)出口企业或其他单位认为出口退税有关证明出具有误需要作废的,应向原出具证明的税务机关提出申请作废已出具证明,并提供已出具的纸质证明全部联次。

(4)纳税人申请开具《代理出口货物证明》《代理进口货物证明》《委托出口货物证明》《出口货物转内销证明》《中标证明通知书》的,税务机关为其开具电子证明,并通过电子税务局、国际贸易"单一窗口"等网上渠道向纳税人反馈。纳税人申报办理出口退(免)税相关涉税事项时,仅需填报上述电子证明编号等信息,无须另行报送证明的纸质件和电子件。

◆ 来料加工免税证明及核销办理

知识点1:来料加工免税证明及核销办理概述

来料加工免税证明及核销办理事项是指从事来料加工业务的出口企业针对其来

料加工出口货物,向主管税务机关申请办理来料加工免税证明及核销业务。

知识点2:来料加工免税证明办理

出口企业应在加工费的普通发票开具之日起至次月的增值税纳税申报期内,向主管税务机关退税部门申请出具《来料加工免税证明》,并将其转交给加工企业,加工企业持此证明向主管税务机关申报办理加工费的增值税、消费税免税手续。

出口企业在申请开具《来料加工免税证明》时,如提供的加工费增值税普通发票不是由加工贸易手(账)册上注明的加工单位开具的,主管税务机关应要求出口企业提供书面说明理由及主管海关出具的书面证明,否则不得申请开具《来料加工免税证明》,相应的加工费不得申报免税。

出口企业或其他单位认为出口退税有关证明出具有误需要作废的,应向原出具证明的税务机关提出申请作废已出具证明。

知识点3:来料加工出口货物免税核销办理

出口企业应当在海关办结核销手续的次年5月15日前,向主管税务机关办理来料加工出口货物免税核销手续。未按规定办理来料加工出口货物免税核销手续或者不符合办理免税核销规定的,委托方应按规定补缴增值税、消费税。

◆ 出口卷烟相关证明及免税核销办理

知识点1:出口卷烟相关证明及免税核销办理概述

出口卷烟相关证明及免税核销办理事项包括准予免税购进出口卷烟证明开具、出口卷烟已免税证明开具和出口卷烟免税核销管理。

知识点2:准予免税购进出口卷烟证明开具

卷烟出口企业向卷烟生产企业购进卷烟时,应先在免税出口卷烟计划内向主管税务机关申请开具《准予免税购进出口卷烟证明》,然后将其《准予免税购进出口卷烟证明》转交给卷烟生产企业,卷烟生产企业据此向主管税务机关申报办理免税手续。

知识点3:出口卷烟已免税证明开具

已准予免税购进的卷烟,卷烟生产企业需以不含消费税、增值税的价格销售给出口企业,并向主管税务机关报送《出口卷烟已免税证明申请表》。卷烟生产企业的主管税务机关核准免税后,出具《出口卷烟已免税证明》,并直接寄送卷烟出口企业主管税务机关。

知识点4：出口卷烟免税核销管理

卷烟出口企业(包括购进免税卷烟出口的企业、直接出口自产卷烟的生产企业、委托出口自产卷烟的生产企业)应在免税卷烟报关出口之日次月起至次年4月30日前的各增值税纳税申报期内,向主管税务机关办理出口卷烟的免税核销手续。

知识点5：出口卷烟相关证明及免税核销办理其他相关规定

(1)出口企业或其他单位认为出口退税有关证明出具有误需要作废的,应向原出具证明的税务机关提出申请作废已出具证明,并提供已出具的纸质证明全部联次。

(2)国家计划内出口的免税卷烟,因指定口岸海关职能变化不办理报关出口业务,而由其下属海关办理卷烟报关出口业务的,自海关职能变化之日起,下属海关视为指定口岸海关。从上述下属海关出口的免税卷烟,可按规定办理免税核销手续。

已实施通关一体化的地区,自本地区通关一体化实施之日起,从任意海关报关出口的免税卷烟,均可按规定办理免税核销手续。

◆ 补办出口退(免)税证明

知识点：补办出口退(免)税证明

出口企业或其他单位丢失出口退(免)税有关证明的,向原出具证明的税务机关提出书面申请,提供正式申报电子数据。原出具证明的税务机关在核实确曾出具过相关证明后,重新出具有关证明。

◆ 作废出口退(免)税证明

知识点1：作废出口退(免)税证明

出口企业作废出口退(免)税有关证明的,应向原出具证明的税务机关填报《关于作废出口退(免)税有关证明管理的申请》。

知识点2：作废出口退(免)税证明相关规定

纳税人需要作废《代理出口货物证明》《代理进口货物证明》《委托出口货物证明》《出口货物转内销证明》《中标证明通知书》《来料加工免税证明》等出口退(免)税电子证明的,应先行确认证明使用情况,已用于申报出口退(免)税相关事项的,不得作废证明；未用于申报出口退（免）税相关事项的，应向税务机关提出作废证明申请，税务机关核对无误后，予以作废。

◆ 出口货物劳务专用税收票证开具

知识点：出口货物劳务专用税收票证开具

出口货物劳务专用税收票证开具事项是指纳税人向税务机关申请开具专门用于纳税人缴纳出口货物劳务增值税、消费税或者证明该纳税人再销售给其他出口企业的货物已缴纳增值税、消费税的纸质税收票证。具体票证包括：

(1)《税收缴款书（出口货物劳务专用）》：由税务机关开具，专门用于纳税人缴纳出口货物劳务增值税、消费税时使用的纸质税收票证。纳税人以银行经收方式、税务收现方式，或者通过横向联网电子缴税系统缴纳出口货物劳务增值税、消费税时，均使用本缴款书。

(2)《出口货物完税分割单》：已经缴纳出口货物增值税、消费税的纳税人将购进货物再销售给其他出口企业时，为证明所售货物完税情况，便于其他出口企业办理出口退税，到税务机关换开的纸质税收票证。

第四节　国际税收证明开具

◆ 中国税收居民身份证明的开具

知识点 1：中国税收居民身份证明开具概述

企业或个人（以下称申请人）为享受中国政府与其他国家政府签署的税收协定，内地与香港、澳门签署的税收安排以及大陆与台湾签署的税收协议，航空协定税收条款，海运协定税收条款，汽车运输协定税收条款，互免国际运输收入税收协议或者换函的协定待遇，就其构成中国税收居民身份的任一公历年度向主管税务机关申请开具《中国税收居民身份证明》（以下简称《税收居民证明》）。

(1)申请人可以就其构成中国税收居民身份的任一公历年度申请开具《税收居民身份证明》。

(2)中国居民企业的境内、外分支机构应当通过其总机构向总机构主管税务机关提出申请。合伙企业应当以其中国居民合伙人作为申请人，向中国居民合伙人主管税务机关提出申请。

知识点2：中国税收居民身份证明开具相关规定

(1)缔约对方税务主管当局对《税收居民证明》样式有特殊要求的,申请人可提供特殊要求书面说明以及《税收居民证明》样式申请办理。

(2)主管税务机关或者上级税务机关根据申请人提交资料无法作出判断的,可以要求申请人补充提供相关资料,需要补充的内容应当一次性书面告知。申请人补充资料的时间不计入工作时限。

本章习题

一、单项选择题

1. 以下属于车辆购置税完税证明可更正情形的是( )。

A. 车辆识别代号(车架号)和发动机号同时与原申报资料不一致的

B. 纳税人名称和证件号码同时与原申报资料不一致的

C. 完税或者免税信息更正影响到车辆购置税税款的

D. 车辆厂牌型号与原申报资料不一致的

答案：D

解析：根据《国家税务总局关于车辆购置税征收管理有关事项的公告》(国家税务总局公告2019年第26号)第十二条的规定,纳税人名称、车辆厂牌型号、发动机号、车辆识别代号(车架号)、证件号码等应税车辆完税或者免税电子信息与原申报资料不一致的,纳税人可以到税务机关办理完税或者免税电子信息更正,但是不包括以下情形:(一)车辆识别代号(车架号)和发动机号同时与原申报资料不一致。(二)完税或者免税信息更正影响到车辆购置税税款。(三)纳税人名称和证件号码同时与原申报资料不一致。

2. 从2019年1月1日起,以下票证不再作为税收票证管理的是( )。

A.《税收完税证明》(文书式)　　　　B.《税收完税证明》(表格式)

C.《税收缴款书(税务收现专用)》　　D.《税收缴款书(银行经收专用)》

答案：A

解析：根据《国家税务总局关于调整部分税收票证管理工作有关事项的通知》(税总函〔2018〕552号)的规定,《税收完税证明》(文书式)不再作为税收票证管理。

3. 受托方代理委托方企业出口业务后,需在( )向其主管税务机关申请开具《代理出口货物证明》,并及时转交给委托方。

A. 自货物报关出口之日起至次年3月15日前

B. 自货物报关出口之日起至次年4月15日前

C. 自签订受托代理协议之日起至次年3月15日前

D. 自签订受托代理协议之日起至次年 4 月 15 日前

答案： B

解析： 根据《国家税务总局关于发布〈出口货物劳务增值税和消费税管理办法〉的公告》（国家税务总局公告 2012 年第 24 号）第十条的规定，委托出口的货物，受托方须自货物报关出口之日起至次年 4 月 15 日前，向主管税务机关申请开具《代理出口货物证明》，并将其及时转交委托方，逾期的，受托方不得申报开具《代理出口货物证明》。

4. 出口企业和其他单位以假报出口或者其他欺骗手段，骗取国家出口退税款，由主管税务机关追缴其骗取的退税款，并处骗取税款（　　）的罚款。

A. 一倍以上三倍以下　　　　　　　　B. 一倍以上五倍以下

C. 二倍以上五倍以下　　　　　　　　D. 三倍以上五倍以下

答案： B

解析： 根据《国家税务总局关于发布〈出口货物劳务增值税和消费税管理办法〉的公告》（国家税务总局公告 2012 年第 24 号）第十条的规定，出口企业和其他单位以假报出口或者其他欺骗手段，骗取国家出口退税款，由主管税务机关追缴其骗取的退税款，并处骗取税款一倍以上五倍以下的罚款；构成犯罪的，依法追究刑事责任。

5. 关于出口退（免）税证明开具，以下表述错误的是（　　）。

A. 在税务机关停止为其办理出口退税期间，出口企业代理其他单位出口的货物，不得向税务机关申请开具《代理出口货物证明》

B. 出口企业认为出口退税有关证明出具有误需要作废的，应向原出具证明的税务机关提申请作废已出具证明，并提供已出具的纸质证明全部联次

C. 纳税人需要作废出口退（免）税电子证明的，应先行确认证明使用情况，已用于申报出口退（免）税相关事项的，不得作废证明

D. 纳税人申报办理出口退（免）税相关涉税事项时，需单独报送各类证明的纸质件和电子件

答案： D

解析： 根据《国家税务总局关于进一步便利出口退税办理 促进外贸平稳发展有关事项的公告》（国家税务总局公告 2022 年第 9 号）第七条，纳税人申请开具《代理出口货物证明》《代理进口货物证明》《委托出口货物证明》《出口货物转内销证明》《中标证明通知书》《来料加工免税证明》的，税务机关为其开具电子证明，并通过电子税务局、国际贸易"单一窗口"等网上渠道（以下简称网上渠道）向纳税人反馈。纳税人申报办理出口退（免）税相关涉税事项时，仅需填报上述电子证明编号等信息，无须另行报送证明的纸质件和电子件。

6. 中国居民企业的境内分支机构应（　　）申请开具《中国税收居民身份证明》。

A. 直接向所在地主管税务机关

B. 直接向总机构主管税务机关

C. 通过其总机构向总机构主管税务机关

D. 通过其总机构向分支机构所在地主管税务机关

答案：C

解析：根据《国家税务总局关于调整〈中国税收居民身份证明〉有关事项的公告》（国家税务总局公告2019年第17号）第一条的规定，申请人应向主管其所得税的县税务局申请开具《税收居民证明》。中国居民企业的境内、境外分支机构应由其中国总机构向总机构主管税务机关申请。合伙企业应当以其中国居民合伙人作为申请人，向中国居民合伙人主管税务机关申请。

二、多项选择题

1. 下列情形中，可以申请开具税收完税证明的有（　　）。

A. 通过横向联网电子缴税系统划缴税款到国库（经收处）后或收到从国库退还的税款后，当场或事后需要取得税收票证的

B. 扣缴义务人代扣、代收税款后，已经向纳税人开具税法规定或国家税务总局认可的记载完税情况的其他凭证，纳税人需要换开正式完税凭证的

C. 纳税人遗失已完税的各种税收票证（《出口货物完税分割单》、印花税票和《印花税票销售凭证》除外），需要重新开具的

D. 纳税人申请开具税款所属期为2019年1月1日（含）以后的个人所得税缴（退）税情况证明的

答案：ABC

解析：根据规定，从2019年1月1日起，纳税人申请开具税款所属期为2019年1月1日（含）以后的个人所得税缴（退）税情况证明的，税务机关不再开具《税收完税证明》（文书式），选项D调整为开具《纳税记录》。

2. 以下税收证明，纳税人遗失后不能重新开具的有（　　）。

A.《出口货物完税分割单》　　　　B. 印花税票

C.《印花税票销售凭证》　　　　　D. 个人所得税《纳税记录》

答案：ABC

解析：根据《税收票证管理办法》（国家税务总局令第28号公布，国家税务总局令第48号修改）第十七条，税收完税证明是税务机关为证明纳税人已经缴纳税款或者已经退还纳税人税款而开具的纸质税收票证。其适用范围是：

（1）纳税人、扣缴义务人、代征代售人通过横向联网电子缴税系统划缴税款到国库（经收处）后或收到从国库退还的税款后，当场或事后需要取得税收票证的；

（2）扣缴义务人代扣代收税款后，已经向纳税人开具税法规定或国家税务总局认可的

记载完税情况的其他凭证,纳税人需要换开正式完税凭证的;

(3)纳税人遗失已完税的各种税收票证(《出口货物完税分割单》、印花税票和《印花税票销售凭证》除外),需要重新开具的;

(4)对纳税人特定期间完税情况出具证明的;

(5)国家税务总局规定的其他需要为纳税人开具完税凭证情形。

3. 关于开具个人所得税《纳税记录》,以下表述正确的有(   )。

A. 纳税人可以委托他人持规定证件和资料到办税服务厅代为开具个人所得《纳税记录》

B. 纳税人对个人所得税《纳税记录》存在异议的,可以向该项记录中列明的税务机关申请核实

C. 个人所得税《纳税记录》可作为纳税人记账、抵扣凭证使用

D. 个人所得税《纳税记录》因不同打印设备造成的色差,不影响使用效力

答案:ABD

解析:根据《国家税务总局关于将个人所得税〈税收完税证明〉(文书式)调整为〈纳税记录〉有关事项的公告》(国家税务总局公告2018年第55号)第四条的规定,纳税人可以委托他人持下列证件和资料到办税服务厅代为开具个人所得税《纳税记录》:(一)委托人及受托人有效身份证件原件;(二)委托人书面授权资料,因此A选项正确;根据第五条的规定,纳税人对个人所得税《纳税记录》存在异议的,可以向该项记录中列明的税务机关申请核实,因此B选项正确;根据个人所得税《纳税记录》说明,《纳税记录》不作为纳税人记账、抵扣凭证,因此C选项错误。根据关于《国家税务总局关于将个人所得税〈税收完税证明〉(文书式)调整为〈纳税记录〉有关事项的公告》的解读,个人所得税《纳税记录》因不同打印设备造成的色差,不影响使用效力,因此D选项正确。

4. 纳税人委托他人到办税服务厅代为开具个人所得税《纳税记录》,需要提交的资料有(   )。

A. 委托人有效身份证件原件　　　　B. 受托人有效身份证件原件

C. 委托人、受托人有效身份证件复印件　D. 委托人书面授权资料

答案:ABD

解析:根据《国家税务总局关于将个人所得税〈税收完税证明〉(文书式)调整为〈纳税记录〉有关事项的公告》(国家税务总局公告2018年第55号)第四条的规定,纳税人可以委托他人持下列证件和资料到办税服务厅代为开具个人所得税《纳税记录》:(一)委托人及受托人有效身份证件原件;(二)委托人书面授权资料。

5. 下列情形中,属于《无欠税证明》规定的存在应缴未缴的税款的有(   )。

A. 企业甲办理纳税申报后,未在税款缴纳期限内缴纳税款

B. 企业乙在经批准延期缴纳税款的期限内,存在未缴纳的税款

C. 企业丙未缴纳税务机关检查已查定纳税人的应补税额

D. 企业丁未缴纳税务机关依法核定的应纳税额

答案：ACD

解析：根据规定，经批准延期缴纳的税款期限已满，纳税人未在税款缴纳期限内缴纳的，才属于《无欠税证明》规定的存在应缴未缴的税款，而选项 B 是在经批准延期缴纳税款的期限内的。

6. 未办理实名办税的单位纳税人到主管税务机关申请开具《无欠税证明》，需要提交的资料包括(　　)。

A. 登记证照副本或税务登记证副本　　B. 经办人有效身份证件

C. 当期申报缴税记录　　D. 委托人及受托人有效身份证件

答案：AB

解析：根据《国家税务总局关于开具〈无欠税证明〉有关事项的公告》(国家税务总局公告 2019 年第 47 号)第四条的规定，已实行实名办税的纳税人到主管税务机关申请开具《无欠税证明》的，办税人员持有效身份证件直接申请开具，无须提供登记证照副本或税务登记证副本。

未办理实名办税的纳税人到主管税务机关申请开具《无欠税证明》的，区分以下情况提供相关有效证件：

(一)单位纳税人和个体工商户，提供市场监管部门或其他登记机关发放的登记证照副本或税务登记证副本，以及经办人有效身份证件；

(二)自然人纳税人，提供本人有效身份证件；委托他人代为申请开具的，还需一并提供委托书、委托人及受托人有效身份证件。

7. 2022 年 7 月，某出口企业财务人员前往办税服务厅办理来料加工出口货物免税核销手续，需要报送的资料有(　　)。

A. 海关签发的核销结案通知书

B. 来料加工免税证明

C. 《来料加工出口货物免税证明核销申请表》

D. 加工企业开具的加工费普通发票原件和复印件

答案：ABC

解析：根据《国家税务总局关于进一步便利出口退税办理促进外贸平稳发展有关事项的公告》(国家税务总局公告 2022 年第 9 号)第四条第三项的规定，纳税人办理来料加工委托加工出口货物的免税核销手续时，停止报送加工企业开具的加工费普通发票原件及复印件。

8. Lisa 在中国境内无住所，2022 年 1 月至 8 月一直在中国境内居住，现向主管其所得税的县税务局开具《中国税收居民身份证明》，需要提交的资料有(　　)。

A.《中国税收居民身份证明》申请表

B. 1—8 月个人所得税纳税记录

C. 与拟享受税收协定待遇收入有关的证明资料

D. 在中国境内实际居住时间的证明材料

答案：ACD

解析：根据《国家税务总局关于调整〈中国税收居民身份证明〉有关事项的公告》（国家税务总局公告 2019 年第 17 号）第二条的规定，申请人申请开具《税收居民证明》应向主管税务机关提交以下资料：

（1）《中国税收居民身份证明》申请表；

（2）与拟享受税收协定待遇收入有关的合同、协议、董事会或者股东会决议、相关支付凭证等证明资料；

（3）申请人为个人且在中国境内有住所的，提供因户籍、家庭、经济利益关系而在中国境内习惯性居住的证明材料，包括申请人身份信息、住所情况说明等资料；

（4）申请人为个人且在中国境内无住所，而一个纳税年度内在中国境内居住累计满 183 天的，提供在中国境内实际居住时间的证明材料，包括出入境信息等资料；

（5）境内、境外分支机构通过其总机构提出申请时，还需提供总分机构的登记注册情况；

（6）合伙企业的中国居民合伙人作为申请人提出申请时，还需提供合伙企业登记注册情况。

三、判断题

1. 税收证明办理，是指税务机关依法为纳税人出具对其资产、行为、收入征（免）税情况的非要式证明，供纳税人提交第三方使用。（　　）

答案：错误

解析：税收证明办理，是指税务机关依法为纳税人出具对其资产、行为、收入征（免）税情况的要式证明，供纳税人提交第三方使用。

2. 纳税人 2019 年 1 月 1 日以后取得个人所得税应税所得并由扣缴义务人向税务机关办理了全员全额扣缴申报，或根据税法规定自行向税务机关办理纳税申报的，且实际已缴纳税款的，均可以申请开具个人所得税《纳税记录》。（　　）

答案：错误

解析：根据《国家税务总局关于将个人所得税〈税收完税证明〉（文书式）调整为〈纳税记录〉有关事项的公告》（国家税务总局公告 2018 年第 55 号）第二条的规定，纳税人 2019 年 1 月 1 日以后取得应税所得并由扣缴义务人向税务机关办理了全员全额扣缴申报，或根据税法规定自行向税务机关办理纳税申报的，不论是否实际缴纳税款，均可以申请开具

《纳税记录》。

3. 纳税人应境外上市、境外投标等需要,确需开具《无欠税证明》的,可以向主管税务机关申请办理。(   )

答案:正确

解析:根据《国家税务总局关于开具〈无欠税证明〉有关事项的公告》(国家税务总局公告2019年第47号)第三条的规定,纳税人因境外投标、企业上市等需要,确需开具《无欠税证明》的,可以向主管税务机关申请办理。

4. 已实行实名办税的纳税人到主管税务机关申请开具《无欠税证明》的,办税人员持有效身份证件直接申请开具,无须提供登记证照副本或税务登记证副本。(   )

答案:正确

解析:根据《国家税务总局关于开具〈无欠税证明〉有关事项的公告》(国家税务总局公告2019年第47号)第四条的规定,已实行实名办税的纳税人到主管税务机关申请开具《无欠税证明》的,办税人员持有效身份证件直接申请开具,无须提供登记证照副本或税务登记证副本。

5. 委托出口货物属于国家取消出口退税的,委托方应自货物报关出口之日起至次年4月15日前,凭委托代理出口协议(复印件)向主管税务机关申请开具《委托出口货物证明》。(   )

答案:错误

解析:根据《国家税务总局关于出口货物劳务增值税和消费税有关问题的公告》(国家税务总局公告2013年第65号)第十一条的规定,委托出口的货物,委托方应自货物报关出口之日起至次年3月15日前,凭委托代理出口协议(复印件)向主管税务机关报送《委托出口货物证明》及其电子数据。

6. 出口企业应在加工费的普通发票开具之日起至次月的增值税纳税申报期内,向主管税务机关退税部门申请出具《来料加工免税证明》,并将其转交给加工企业。(   )

答案:正确

解析:根据《国家税务总局关于发布〈出口货物劳务增值税和消费税管理办法〉的公告》(国家税务总局公告2012年第24号)第九条第四项第2目:"来料加工委托加工出口的货物免税证明及核销办理:(1)从事来料加工委托加工业务的出口企业,在取得加工企业开具的加工费的普通发票后,应在加工费的普通发票开具之日起至次月的增值税纳税申报期内,填报《来料加工免税证明申请表》,提供正式申报电子数据,及下列资料向主管税务机关办理《来料加工免税证明》:①进口货物报关单原件及复印件;②加工企业开具的加工费的普通发票原件及复印件;③主管税务机关要求提供的其他资料。"

7. 出口企业应当在海关办结核销手续的次年3月15日前,向主管税务机关办理来料加工出口货物免税核销手续。(   )

答案：错误

解析：根据《国家税务总局关于出口退（免）税有关问题的公告》（国家税务总局公告2015年第29号）第五条规定，出口企业从事来料加工委托加工业务的，应当在海关办结核销手续的次年5月15日前，办理来料加工出口货物免税核销手续；未按规定办理来料加工出口货物免税核销手续或者不符合办理免税核销规定的，委托方应按规定补缴增值税、消费税。

8. 已实施通关一体化的地区，自本地区通关一体化实施之日起，从任意海关报关出口的免税卷烟，均可按规定办理免税核销手续。（　　）

答案：正确

解析：根据《国家税务总局关于优化整合出口退税信息系统 更好服务纳税人有关事项的公告》（国家税务总局公告2021年第15号）第三条第三项，已实施通关一体化的地区，自本地区通关一体化实施之日起，从任意海关报关出口的免税卷烟，均可按规定办理免税核销手续。

第七章

税务注销

第一节　税务注销概述

知识点:税务注销概述

税务注销,是指纳税人、扣缴义务人由于法定的原因终止纳税义务、扣缴义务时,持有关证件和资料向主管税务机关申报办理税务注销手续。

第二节　清税申报

◆ 一照一码户清税申报

知识点 1:一照一码户清税申报概述

已实行"多证合一、一照一码"登记模式的纳税人向市场监督管理等部门申请办理注销登记前,须先向税务机关申报清税。清税完毕后,税务机关向纳税人出具《清税证明》,纳税人持《清税证明》到原登记机关办理注销。

缴费单位发生解散、破产、撤销及其他依法终止情形的,应当自终止之日起 30 日内,填写《注销社会保险缴费登记表》,向主管税务机关申请办理社会保险缴费登记注销手续。

缴费单位被工商行政管理机关吊销营业执照或者被其他机关予以撤销登记的,应当自营业执照被吊销或者被撤销登记之后,在向原税务登记机关申报办理注销税务登记的同时,填写《注销社会保险缴费登记表》,向主管税务机关申请办理社会保险缴费登记注销。

知识点 2:一照一码户清税申报相关规定

(1)纳税人发生以下情形,应当向税务机关申请清税申报或注销税务登记,具体包括:

①因解散、破产、撤销等情形,依法终止纳税义务的。

②按规定不需要在市场监督管理机关或者其他机关办理注销登记的,但经有关机关批准或者宣告终止的(包括经人民法院裁定宣告破产的)。

③被市场监督管理机关吊销营业执照或者被其他机关予以撤销登记的。

④因住所、经营地点变动,涉及改变税务登记机关的。

⑤外国企业常驻代表机构驻在期届满、提前终止业务活动的。

⑥境外企业在中华人民共和国境内承包建筑、安装、装配、勘探工程和提供劳务,项目完工、离开中国的。

⑦非境内注册居民企业经国家税务总局确认终止居民身份的。

(2)未办理过涉税事宜的纳税人,办理过涉税事宜但没领用过发票(含代开发票)、没有欠税和没有其他未办结事项的纳税人,查询时已办结缴销发票、结清应纳税款等清税手续的纳税人,可免予到税务机关办理清税证明,直接向市场监管部门申请办理注销登记。

(3)纳税人办理一照一码户清税申报,应结清应纳税款、多退(免)税款、滞纳金和罚款,缴销发票和其他税务证件,其中:

①企业所得税纳税人办理一照一码户清税申报,就其清算所得向税务机关申报并依法缴纳企业所得税。

②纳税人未办理土地增值税清算手续的,应在办理一照一码户清税申报前进行土地增值税清算。

③出口企业应在结清出口退(免)税款后,办理一照一码户清税申报。

(4)处于非正常状态纳税人在办理一照一码户清税申报前,需先解除非正常状态,补办申报纳税手续。

(5)被调查企业在税务机关实施特别纳税调查调整期间申请注销税务登记的,税务机关在调查结案前原则上不予办理注销手续。

(6)纳税人办理一照一码户清税申报,无须向税务机关提出终止银税三方(委托)划缴协议。税务机关办结一照一码户清税申报后,银税三方(委托)划缴协议自动终止。

◆ 两证整合个体工商户清税申报

知识点 1:两证整合个体工商户清税申报概述

已实行"两证整合"登记模式的个体工商户向市场监督管理部门申请办理注销登

记前,先向税务机关申报清税。清税完毕后,税务机关向纳税人出具《清税证明》,纳税人持《清税证明》到原登记机关办理注销。

缴费单位发生解散、破产、撤销及其他依法终止情形的,应当自终止之日起 30 日内,填写《注销社会保险缴费登记表》,向主管税务机关申请办理社会保险缴费登记注销手续。

缴费单位被工商行政管理机关吊销营业执照或者被其他机关予以撤销登记的,应当自营业执照被吊销或者被撤销登记之后,在向原税务登记机关申报办理注销税务登记的同时,填写《注销社会保险缴费登记表》,向主管税务机关申请办理社会保险缴费登记注销。

知识点 2:两证整合个体工商户清税申报相关规定

(1)处于非正常状态纳税人在办理两证整合个体工商户清税申报前,须先解除非正常状态,补办申报纳税手续。

(2)纳税人通过电子税务局"清税注销税(费)申报及缴纳套餐"办理两证整合个体工商户清税申报的,可一并办理以下涉税事项:增值税及附加税费申报、消费税及附加税费申报、其他申报、综合申报、税费缴纳等业务。

(3)纳税人办理两证整合个体工商户清税申报,无须向税务机关提出终止银税三方(委托)划缴协议。税务机关办结两证整合个体工商户清税申报后,银税三方(委托)划缴协议自动终止。

第三节　注销税务登记

知识点 1:注销税务登记概述(适用于"一照一码""两证整合"以外的纳税人)

"一照一码""两证整合"以外的纳税人发生以下情形的,向主管税务机关办理注销税务登记:

(1)因解散、破产、撤销等情形,依法终止纳税义务的。

(2)按规定不需要在市场监督管理机关或者其他机关办理注销登记的,但经有关机关批准或者宣告终止的。

(3)被市场监督管理机关吊销营业执照或者被其他机关予以撤销登记的。

(4)境外企业在中华人民共和国境内承包建筑、安装、装配、勘探工程和提供劳务,项目完工、离开中国的。

(5)外国企业常驻代表机构驻在期届满、提前终止业务活动的。

(6)非境内注册居民企业经国家税务总局确认终止居民身份的。

知识点2:注销税务登记(适用于"一照一码""两证整合"以外的纳税人)相关规定

(1)纳税人申报办理注销税务登记,应结清应纳税款、多退(免)税款、滞纳金和罚款,缴销发票和其他税务证件,其中:

①企业所得税纳税人办理注销税务登记,就其清算所得向税务机关申报并依法缴纳企业所得税。

②纳税人未办理土地增值税清算手续的,应在办理注销税务登记前进行土地增值税清算。

③出口企业应在结清出口退(免)税款后,办理注销税务登记。

(2)处于非正常状态纳税人在办理注销税务登记前,须先解除非正常状态,补办申报纳税手续。

(3)被调查企业在税务机关实施特别纳税调查调整期间申请注销税务登记的,税务机关在调查结案前原则上不予办理注销手续。

(4)纳税人办理注销税务登记,无须向税务机关提出终止银税三方(委托)划缴协议。税务机关办结一照一码户清税申报后,银税三方(委托)划缴协议自动终止。

第四节　税务注销即时办理

知识点1:税务注销即时办理的情形

(1)未办理过涉税事宜的纳税人,主动到税务机关办理清税的,税务机关可根据纳税人提供的营业执照即时出具清税文书。

(2)经人民法院裁定宣告破产的纳税人,持人民法院终结破产程序裁定书向税务机关申请税务注销的,税务机关即时出具清税文书。

(3)未处于税务检查状态、无欠税(滞纳金)及罚款、已缴销发票和税控专用设备的企业分支机构,若由总机构汇总缴纳增值税、企业所得税,并且不就地预缴或分配缴纳增值税、企业所得税的,税务机关即时出具清税文书。

(4)符合下列条件的纳税人在办理税务注销时,税务机关提供即时办结服务,采取"承诺制"容缺办理,即时出具清税文书:

①办理过涉税事宜但未领用发票、无欠税(滞纳金)及罚款的纳税人,主动到税务机关办理清税。

②对未处于税务检查状态、无欠税(滞纳金)及罚款、已缴销增值税专用发票及税

控专用设备,且符合下列情形之一的纳税人:

A. 纳税信用级别为 A 级和 B 级的纳税人;

B. 控股母公司纳税信用级别为 A 级的 M 级纳税人;

C. 省级人民政府引进人才或经省级以上行业协会等机构认定的行业领军人才等创办的企业;

D. 未纳入纳税信用级别评价的定期定额个体工商户;

E. 未达到增值税纳税起征点的纳税人。

知识点 2:免于办理清税证明的情形

未办理过涉税事宜的纳税人,办理过涉税事宜但没领用过发票(含代开发票)、没有欠税和没有其他未办结事项的纳税人,查询时已办结缴销发票、结清应纳税款等清税手续的纳税人,可免予到税务机关办理清税证明,直接向市场监管部门申请办理注销登记。

知识点 3:税务注销即时办理相关规定

(1)缴费单位发生解散、破产、撤销及其他依法终止情形的,应当自终止之日起 30 日内,填写《注销社会保险缴费登记表》,向主管税务机关申请办理社会保险缴费登记注销手续。

(2)缴费单位被工商行政管理机关吊销营业执照或者被其他机关予以撤销登记的,应当自营业执照被吊销或者被撤销登记之后,在向原税务登记机关申报办理注销税务登记的同时,填写《注销社会保险缴费登记表》,向主管税务机关申请办理社会保险缴费登记注销。

(3)对适用税务注销即办流程的纳税人,资料不齐的,税务机关可在纳税人作出承诺后,采取"承诺制"容缺办理,即时出具清税文书。纳税人应按承诺的时限补齐资料,并办结相关事项。若未履行承诺的,税务机关将对其法定代表人、财务负责人纳入纳税信用 D 级管理。

第五节　注销扣缴税款登记

知识点:注销扣缴税款登记办理

(1)未办理信息报告的扣缴义务人发生解散、破产、撤销以及其他情形,依法终止扣缴义务的,或者已办理信息报告的扣缴义务人未发生解散、破产、撤销以及其他情形,未依法终止纳税义务,仅依法终止扣缴义务的,应当持有关证件和资料向税务机关申报办理注销扣缴税款登记。

(2)已办理信息报告的扣缴义务人发生解散、破产、撤销以及其他情形,依法终止纳税义务的,申请终止扣缴义务时,无须单独提出注销扣缴税款登记申请,税务机关在注销扣缴义务人税务登记同时注销扣缴义务人扣缴税款登记。

本章习题

一、单项选择题

1. 缴费单位发生解散、破产、撤销及其他依法终止情形的,应当自终止之日起(　　),填写《注销社会保险缴费登记表》,向主管税务机关申请办理社会保险缴费登记注销手续。

A. 10 日内
B. 15 日内
C. 20 日内
D. 30 日内

答案:D

解析:根据《浙江省社会保险缴费登记管理暂行办法》第十八条的规定,缴费单位发生解散、破产、撤销及其他依法终止情形的,应当自终止之日起 30 日内,填写《注销社会保险缴费登记表》,向主管地方税务机关申请办理社会保险缴费登记注销手续。

2. 关于清税注销的程序,下列说法正确的是(　　)。

A. 办理清税证明是纳税人向市场监管部门申请注销的必经程序

B. 对控股母公司纳税信用级别为 B 级的 M 级纳税人,符合即时办结其他条件的应即时办结

C. 处于非正常状态纳税人在出具书面承诺书并经主管机务机关审核同意后可以办理税务注销

D. 经过实名办税信息验证的办税人员,不再提供登记证件、身份证件复印件等资料

答案:D

解析:符合规定条件的纳税人在向市场监管部门申请注销前可免予办理清税证明;处于非正常状态纳税人在申报办理税务注销前,须先解除非正常状态,补办申报纳税手续;对控股母公司纳税信用级别为 A 级的 M 级纳税人,符合即时办结其他条件的应即时办结。

3. 关于已实行"两证整合"登记模式个体工商户的清税注销,下列说法错误的是(　　)。

A. 已实行"两证整合"登记模式的个体工商户通过简易程序办理注销登记的仅需提交承诺书,无须公示

B. 已实行"两证整合"登记模式的个体工商户清税完毕后持税务机关开具的《清税证

明》到原登记机关办理注销

C. 已实行"两证整合"登记模式的个体工商户向税务机关办结一照一码户清税申报后,银税三方(委托)划缴协议自动终止

D. 未纳入纳税信用级别评价的定期定额个体工商户,在适用税务注销即办流程时,资料不齐的,可在作出承诺后,采取"承诺制"容缺办理,即时出具清税文书

答案：A

解析：根据规定,营业执照和税务登记证"两证整合"改革实施后设立登记的个体工商户通过简易程序办理注销登记的,无须提交承诺书,也无须公示。

4. 关于税务注销即时办理,以下表述错误的是(　　)。

A. 未办理过涉税事宜的纳税人,主动到税务机关办理清税的,税务机关可根据纳税人提供的营业执照即时出具清税文书

B. 经人民法院裁定宣告破产的纳税人,持人民法院终结破产程序裁定书向税务机关申请税务注销的,税务机关即时出具清税文书

C. 办理过涉税事宜、领用过发票但没有欠税(滞纳金)及罚款的纳税人,可免予到税务机关办理清税证明,直接向市场监管部门申请办理注销登记

D. 未处于税务检查状态、无欠税(滞纳金)及罚款、已缴销发票和税控专用设备的企业分支机构,若由总机构汇总缴纳增值税、企业所得税,并且不就地预缴或分配缴纳增值税、企业所得税的,税务机关即时出具清税文书

答案：C

解析：根据《企业注销指引(2021年修订)》第四条第二项第一条规定,符合市场监管部门简易注销条件,未办理过涉税事宜,办理过涉税事宜但未领用发票(含代开发票)、无欠税(滞纳金)及罚款且没有其他未办结涉税事项的纳税人,免予到税务部门办理清税证明,可直接向市场监管部门申请简易注销。

5. 个体工商户在提交简易注销登记申请后,市场监管部门应当在(　　)将个体工商户拟申请简易注销登记的相关信息推送给同级税务部门,税务部门于(　　)反馈是否同意简易注销。

A. 1个工作日内;10日内　　　　　　B. 3个工作日内;10日内

C. 1个工作日内;15日内　　　　　　D. 3个工作日内;15日内

答案：A

解析：根据《企业注销指引(2021年修订)》第四条第二项第三条规定,营业执照和税务登记证"两证整合"改革实施后设立登记的个体工商户通过简易程序办理注销登记的,无须提交承诺书,也无须公示。个体工商户在提交简易注销登记申请后,市场监管部门应当在1个工作日内将个体工商户拟申请简易注销登记的相关信息通过省级统一的信用信息共享交换平台、政务信息平台、部门间的数据接口(统称信息共享交换平台)推送给同级

税务等部门,税务等部门于 10 日内反馈是否同意简易注销。

二、多项选择题

1. 纳税人发生以下情形,应当向税务机关申请清税申报或注销税务登记的有(   )。

A. 因解散、破产、撤销等情形,依法终止纳税义务的

B. 被市场监督管理机关吊销营业执照的

C. 非境内注册居民企业经国家税务总局确认终止居民身份的

D. 外国企业常驻代表机构驻在期届满、提前终止业务活动的

答案:ABCD

解析:纳税人发生以下情形,应当向税务机关申请清税申报或注销税务登记。具体包括:

(1)因解散、破产、撤销等情形,依法终止纳税义务的。

(2)按规定不需要在市场监督管理机关或者其他机关办理注销登记的,但经有关机关批准或者宣告终止的(包括经人民法院裁定宣告破产的)。

(3)被市场监督管理机关吊销营业执照或者被其他机关予以撤销登记的。

(4)因住所、经营地点变动,涉及改变税务登记机关的。

(5)外国企业常驻代表机构驻在期届满、提前终止业务活动的。

(6)境外企业在中华人民共和国境内承包建筑、安装、装配、勘探工程和提供劳务,项目完工、离开中国的。

(7)非境内注册居民企业经国家税务总局确认终止居民身份的。

2. 自 2019 年 7 月 1 日起,容缺办理税务注销的纳税人应按承诺的时限补齐资料,并办结相关事项。若未履行承诺的,税务机关将纳入纳税信用 D 级管理的人员包括(   )。

A. 法定代表人   B. 财务负责人

C. 办税人员   D. 股东

答案:AB

解析:根据规定,自 2019 年 7 月 1 日起,容缺办理税务注销的纳税人应按承诺的时限补齐资料,并办结相关事项。若未履行承诺的,税务机关将对其法定代表人、财务负责人纳入纳税信用 D 级管理。

3. 对未处于税务检查状态、无欠税(滞纳金)及罚款、已缴销增值税专用发票及税控专用设备,在办理税务注销时税务机关可提供即时办结服务的情形包括(   )。

A. 纳税信用级别为 M 级的纳税人

B. 控股母公司纳税信用级别为 B 级的 M 级纳税人

C. 未纳入纳税信用级别评价的定期定额个体工商户

D. 未达到增值税纳税起征点的纳税人

答案：CD

解析：根据规定,对未处于税务检查状态、无欠税(滞纳金)及罚款、已缴销增值税专用发票及税控专用设备,且符合下列情形之一的纳税人在办理税务注销时,税务机关提供即时办结服务:①纳税信用级别为 A 级和 B 级的纳税人;②控股母公司纳税信用级别为 A 级的 M 级纳税人;③省级人民政府引进人才或经省级以上行业协会等机构认定的行业领军人才等创办的企业;④未纳入纳税信用级别评价的定期定额个体工商户;⑤未达到增值税纳税起征点的纳税人。

4.向市场监管部门申请简易注销的纳税人,可免予到税务机关办理清税证明的情形包括(　　)。

A. 未办理过涉税事宜的

B. 近三年纳税信用级别均为 A 级的

C. 办理过涉税事宜但未领用发票、无欠税(滞纳金)及罚款的

D. 经人民法院裁定宣告破产的

答案：AC

解析：根据规定,向市场监管部门申请简易注销的纳税人,符合下列情形之一的,可免予到税务机关办理清税证明:①未办理过涉税事宜的;②办理过涉税事宜但未领用发票、无欠税(滞纳金)及罚款的。

5.纳税人在办理一照一码户清税申报前,应办结的涉税事项包括(　　)。

A. 企业所得税纳税人就其清算所得向税务机关申报并依法缴纳企业所得税

B. 纳税人未办理土地增值税清算手续的,应进行土地增值税清算

C. 出口企业结清出口退(免)税款

D. 向税务机关终止银税三方(委托)划缴协议

答案：ABC

解析：根据规定,纳税人办理一照一码户清税申报,应结清应纳税款、多退(免)税款、滞纳金和罚款,缴销发票和其他税务证件,其中:

(1)企业所得税纳税人办理一照一码户清税申报,就其清算所得向税务机关申报并依法缴纳企业所得税。

(2)纳税人未办理土地增值税清算手续的,应在办理一照一码户清税申报前进行土地增值税清算。

(3)出口企业应在结清出口退(免)税款后,办理一照一码户清税申报。

纳税人办理一照一码户清税申报,无须向税务机关提出终止银税三方(委托)划缴协议。税务机关办结一照一码户清税申报后,银税三方(委托)划缴协议自动终止。

三、判断题

1. 被调查企业在税务机关实施特别纳税调查调整期间申请注销税务登记的,在出具书面承诺书并经主管机务机关审核同意后办理注销手续。( )

答案：错误

解析：根据《国家税务总局关于发布〈特别纳税调查调整及相互协商程序管理办法〉的公告》(国家税务总局公告 2017 年第 6 号)第四十六条的规定,被调查企业在税务机关实施特别纳税调查调整期间申请变更经营地址或者注销税务登记的,税务机关在调查结案前原则上不予办理税务变更、注销手续。

2. 纳税人在办理一照一码户清税申报前,须向税务机关提出终止银税三方(委托)划缴协议申请。( )

答案：错误

解析：纳税人办理一照一码户清税申报,无须向税务机关提出终止银税三方(委托)划缴协议。税务机关办结一照一码户清税申报后,银税三方(委托)划缴协议自动终止。

3. 纳税人在申报办理注销税务登记前,应结清应纳税款、多退(免)税款、滞纳金和罚款,缴销发票和其他税务证件。( )

答案：正确

解析：根据《税务登记管理办法》第二十九条的规定,纳税人办理注销税务登记前,应当向税务机关提交相关证明文件和资料,结清应纳税款、多退(免)税款、滞纳金和罚款,缴销发票、税务登记证件和其他税务证件,经税务机关核准后,办理注销税务登记手续。

4. 扣缴义务人(已办理信息报告)因破产申请终止扣缴义务时,无须单独提出注销扣缴税款登记申请,税务机关会在注销扣缴义务人税务登记的同时注销扣缴义务人扣缴税款登记。( )

答案：正确

解析：已办理信息报告的扣缴义务人发生解散、破产、撤销以及其他情形,依法终止纳税义务的,申请终止扣缴义务时,无须单独提出注销扣缴税款登记申请,税务机关在注销扣缴义务人税务登记同时注销扣缴义务人扣缴税款登记。

5. 境外企业在中国境内承包建筑安装工程的,应当在项目完工后 15 日内,持有关证件和资料,向原税务登记机关申报办理注销税务登记。( )

答案：错误

解析：根据《税务登记管理办法》第二十八条的规定,境外企业在中国境内承包建筑、安装、装配、勘探工程和提供劳务的,应当在项目完工、离开中国前 15 日内,持有关证件和资料,向原税务登记机关申报办理注销税务登记。

第八章

纳税人权益保护

第一节　纳税人权益保护概述

知识点1:纳税人权益保护的概念

纳税人权益是指纳税人依法行使的权利和享受的利益。纳税人权益是国家通过宪法和法律法规予以保障的。纳税人既可以行使权利,也可以选择放弃权利。纳税人在行使权利时要遵守宪法和法律的规定,不能侵害国家、社会、集体的利益,也不能损害其他公民或法人的合法权利和自由。

知识点2:纳税人权益保护的意义

深刻理解保护纳税人权益的重要性,切实做好纳税人权益保护工作,具有重要的现实意义:一是保护纳税人合法权益有利于促进依法行政,加快建设法治政府;二是保护纳税人合法权益有利于激发经济发展的内生动力;三是保护纳税人合法权益有利于提高纳税人税法遵从度。

知识点3:纳税人的权利与义务

根据《国家税务总局关于纳税人权利与义务的公告》(国家税务总局公告2009年第1号),纳税人享有14项权利和10项义务。

14项权利为:①知情权;②保密权;③税收监督权;④纳税申报方式选择权;⑤申请延期申报权;⑥申请延期缴纳税款权;⑦申请退还多缴税款权;⑧依法享受税收优惠权;⑨委托税务代理权;⑩陈述与申辩权;⑪对未出示税务检查证和税务检查通知书的拒绝检查权;⑫税收法律救济权;⑬依法要求听证的权利;⑭索取有关税收凭证的权利。

10项义务为:①依法进行税务登记的义务;②依法设置账簿、保管账簿和有关资料以及依法开具、使用、取得和保管发票的义务;③财务会计制度和会计核算软件备案的义务;④按照规定安装、使用税控装置的义务;⑤按时、如实申报的义务;⑥按时缴纳税款的义务;⑦代扣、代收税款的义务;⑧接受依法检查的义务;⑨及时提供信息的义务;⑩报告其他涉税信息的义务。

知识点 4:纳税人权益保护方式

1. 立法保护

现阶段,我国立法上对纳税人权利的保护主要集中在《税收征收管理法》及其实施细则中。

2. 行政保护

行政保护纳税人权益的方式包括:依法处理纳税人投诉和举报、税务听证、税务行政复议、税务行政赔偿。

3. 司法保护

纳税人对税务机关除征税行为外的其他具体行政行为不服的,可以直接向人民法院提起行政诉讼;对税务行政复议决定不服的,可以继续向法院提起税务行政诉讼。

知识点 5:纳税人权益保护措施

做好纳税人权益保护需要采取以下措施:一是推进办税公开;二是规范执法行为;三是完善税收征纳沟通机制;四是建立税收风险防范机制;五是深化行政审批制度改革;六是加强涉税信息保密;七是畅通侵权救济渠道;八是构建纳税人维权平台;九是强化涉税信息服务和中介机构监管。

第二节　税费服务需求管理

知识点 1:税费服务需求管理概述

(1)税费服务需求是指纳税人缴费人(以下简称"纳税人")在纳税缴费过程中依法行使权利或履行义务所提出或产生的涉及税费相关法律法规、政策、程序、权益等方面的诉求、意见建议。

(2)税费服务需求管理遵循"依法服务、精准科学、统筹协同、自愿参与"的工作原则。

知识点 2:税费服务需求管理职责分工

(1)各级税务机关纳税服务部门统筹纳税人需求管理工作。主要职责:①纳税人需求管理制度建设。②提出纳税人需求管理系统建设的业务需求。③组织实施纳税人需求征集。④纳税人需求管理的组织、协调、监督考核及机制建设。⑤归集分析纳税人需求,并提出改进建议。

(2)各级税务机关相关业务部门是纳税人需求的办理部门。主要职责为:在本部门职责范围内,配合征集、整理纳税人需求,具体办理纳税人的服务需求,做好针对性的分析,提出改进建议。

知识点3:税费服务需求归集

(1)税费服务需求来源包括:①纳税人通过网站、局长信箱、"互联网＋税务督查"、热线、微信、微博及办税服务厅等线上线下渠道,采取口头、书面等方式向税务机关提出的各类税费服务需求。②税务机关以问卷调查、座谈调研、上门走访等适当方式,主动向纳税人征集的各类税费服务需求。③涉税专业服务机构等第三方机构及社会团体收集的税费服务需求。④国务院相关部门、地方政府及其相关部门交办、转办的纳税人税费服务需求。

(2)税务机关运用大数据、云服务、人工智能等前沿信息技术,采用智能归集、主动征集、共享获取等手段,逐步实现渠道归集自动化、分类筛选智能化、需求数据标签化。包括:①自动识别、筛选纳税人基础信息、办税习惯、行为偏好等各类涉税平台数据。②主动开展纳税人需求征集活动。③日常收集纳税人意见建议。④共享获取相关部门及机构收集的需求数据。⑤其他方式。

(3)税务机关可以按地域、规模、行业等要素选择有代表性的纳税人开展定向征集,也可以根据工作需要向全体纳税人开展非定向征集。

知识点4:税费服务需求识别

(1)税务机关借助信息化手段,以系统智能处理方式为主、人工案头处理方式为辅,对归集的各类需求数据进行分类,并标签化处理。

(2)税务机关依据已定义标签的需求数据,分类生成需求任务。

(3)税务机关依据需求任务的响应层级、需求分类和需求标签等要素,科学合理确定需求响应部门、响应时限等,并及时分派需求。

知识点5:税费服务需求响应

(1)税务机关应充分利用多元渠道,分类采取不同响应策略:①对不同类型、行业纳税人普遍反映的共性需求,通过门户网站、微信公众号、电子税务局等渠道启动线上响应。②对个别纳税人提出的个性需求,通过电子税务局、邮件、电话等渠道启动点对点响应,或者依照征纳双方约定方式进行响应。③对党中央、国务院交办或可能引发负面涉税舆情的重大特殊需求,通过现场办理、预约等方式启动面对面响应。

(2)各级税务机关应当及时有效响应纳税人需求事项:①对纳税人提出的合理合法需求,在规定时限内处理反馈。暂不能响应的,建立专项台账,并联系纳税人说明情况理由,待条件具备时,主动采取措施予以响应。②对违反法律、法规、规章有关规定等非合理合法需求,税务机关不予响应,并向纳税人做好沟通解释。③对超出本级职责范围的纳税人需求,报上级税务机关协调办理。不属于税务机关工作范围的,及时告知、引导纳税人通过其他渠道反映。上级税务机关认为下级税务机关应当办理而未办理的,可以责令其办理。上级税务机关认为有必要的,可以直接办理应当由下级税务机关办理的纳税人需求。④对通过税收大数据应用分析获取的需求,研究提出切实可行的改进工作意见。

(3)各级税务机关应当在规定时限内,按照需求响应策略,将处理情况反馈给纳税人:①对涉及税收政策、征管流程明确的一般涉税需求,需求响应部门应当在收到需求后的 15 个工作日内办结。②对涉及事项需跨区域、多部门协同办理的复杂涉税需求,需求响应部门应当在收到需求后的 30 个工作日内办结。③对纳税人提出的涉及完善制度和政策措施的,需求响应部门经研究确需修订的,应当纳入部门工作计划安排,并通过适当方式向纳税人说明情况。④确因情况复杂不能按期办结的,经纳税服务部门或者牵头办理部门负责人批准,可以适当延长办理期限,并向纳税人说明原因。⑤涉及涉税事项办理、投诉、咨询等有明确时限规定的,按照有关规定执行。

知识点6:税费服务需求分析应用

(1)税务机关归集相关渠道的纳税人需求,建立纳税人需求数据库,实行分类标识管理,为开展深入分析、科学研判、精准应对以及全过程跟踪管理提供数据保障和应用支撑。

(2)税务机关依托税收征管信息系统,按照"一户式""一人式"工作要求,归集纳税人基础信息、办税行为轨迹等信息数据,形成纳税人需求画像,为税务机关完善税收征管和税收政策提供参考。

(3)税务机关积极运用文本分析、案例分析、模型分析、数据分析等方式,把握纳税人税费服务需求的变化规律、趋势走向,探索运用数据模型开展综合分析、智能比对。

(4)税务机关依托需求数据库,运用多种分析方法,探索建立纳税人税费服务需求分析模型,开展多维度交叉式分析,深入分析纳税人的税费服务需求,提出具有预判性和前瞻性的工作建议。

(5)各级税务机关对归集的纳税人需求定期整理、分析研究,采取不同的服务改进策略:立即改进重要性高、满意度低的项目,持续关注重要性和满意度"双低"的项目,稳定发展重要性低、满意度高的项目,继续保持重要性和满意度"双高"的项目,形成税收工作持续改进机制。

第三节　纳税人满意度调查

知识点1:满意度调查基本原则

纳税人满意度调查的基本原则:①科学精准,智慧高效;②突出重点,权责明晰;③过程监督,客观公正;④闭环管理,持续提升。

知识点2:满意度调查类型

(1)全面调查。全面调查是围绕税收工作重点,覆盖总局、省、市、县四级税务机关,涉及多项调查指标的常态化调查。全面调查由税务总局、省税务机关组织开展,原则上两年开展一次。省级以下税务机关不得开展。税务总局开展全面调查年度,省税务机关不再开展全面调查。

(2)日常调查。日常调查是各级税务机关针对具体税收管理、服务行为及纳税人办税体验的实时调查。日常调查包括政务服务"好差评"中的"一次一评""一事一评"等。

(3)专项调查。专项调查是各级税务机关针对重点税收工作,纳税人普遍关切的税收政策、服务措施,以及全面调查、日常调查反映的突出问题开展的专门性调查。

知识点3:满意度调查方式

(1)交互式。调查实施方向调查对象发放问卷、与调查对象面谈交流等收集整理反馈信息、分析结果,通过双方信息交互完成调查。

(2)无感式。调查实施方建立满意度调查分析模型,应用大数据开展分析,形成调查结果,全程无需与调查对象进行交互。

知识点4:满意度调查指标

税务总局建立多维标签的满意度调查指标库,形成基础类指标为主,动态类指标为辅,主观感受类与客观判断类相结合,层次清晰、责任明确的指标体系。省税务机关可以税务总局相应的指标库为基础,结合工作实际,拓展建立省级满意度调查指标库。

标签可按以下维度设置：

(1)调查内容。分为政策落实、规范执法、便捷服务、信息化建设、廉洁自律五类指标。

(2)内容属性。分为基础类、动态类两类指标。基础类指标是指反映税收工作根本要求，具有一定的连贯性、可对比性的指标，属于调查常用指标；动态类指标是指反映一段时期税收工作重点和社会热点的指标。

(3)调查对象。分为适用法定代表人、财务负责人、办税人员、涉税中介从业人员、自然人纳税人五类指标。

(4)评价层级。分为适用税务总局、省税务机关、市税务机关、县(区)税务机关四类指标。

(5)评价部门。按照满意度调查指标涉及税收工作的承接职能部门设置。

(6)评价方式。分为量表类、判断类、开放类指标。

量表类指标评价选项中设置"非常满意""满意""基本满意""不满意""非常不满意"等选项，由调查对象根据主观感受选择；判断类指标评价选项中设置"是否"、"有无"、数值等选项，由调查对象根据客观事实选择；开放类指标采用文字描述方式展现调查内容和结果。

(7)其他。根据税收工作发展和调查需要，设置相应标签类型。

知识点 5：满意度调查计分标准

采用赋值评分或非评分方式进行统计。赋值评分一般采用百分制，量表类指标对不同评价项赋以不同分值，根据所选评价项确定得分；判断类指标按照所选评价项的比例折算得分；开放类指标不计分。

知识点 6：满意度调查的实施

1. 调查准备

①制订调查方案，包括调查目的、类型、指标、方式、时间、区域、样本类型、样本数量、调查要求和职责分工等内容。②开展培训，使调查人员了解熟悉调查指标和调查方法。③预调查，在正式调查前开展，主要用于检验调查方案的可行性、科学性，保证调查质量。

2. 调查实施

交互式调查：税务机关自行或委托第三方专业机构，采用问卷形式开展。调查优先运用互联网、移动端或电话，不具备条件的地区也可采用信函、走访、窗口等纸质问卷方式进行。

无感式调查:税务机关自行或委托第三方专业机构,根据调查指标直接抽取相应数据,通过整理计算得出评价结果。数据来源包括电子税务局、征纳互动平台、征管信息系统、政务服务"好差评"、办税服务厅综合管理系统、12366 纳税服务平台等方面。

3. 统计分析

①统计汇总。数据征集结束后进行计算、汇总和复核,确保调查结果准确归集到对应调查指标和评价对象。②数据分析。按照调查对象、调查层级、调查部门等口径开展数据分类分析、同比分析、趋势分析等,归纳梳理共性问题。

4. 形成报告

调查报告包括纳税人满意度总体情况、成效、存在的问题、整改要求以及工作预判与建议等内容。

5. 其他

①对委托第三方专业机构开展调查的,税务机关须与第三方专业机构签署协议,确保纳税人信息安全,调查资料、获取数据及成果所有权归属税务机关。②调查费用达到政府采购限额标准的,按照财务管理规定和政府采购相关规定执行。③按照档案管理规定,对纳税人满意度调查资料归档保存,保存期限为 5 年。有条件的单位要建立电子档案。

知识点 7:满意度调查的结果运用

纳税人满意度调查的结果可用于工作提升、辅助决策、考核考评以及外部反馈。

第四节　涉税信息查询

知识点 1:涉税信息查询类型

涉税信息查询包括:社会公众涉税公开信息查询、纳税人自身涉税信息查询和第三方涉税保密信息查询。

知识点 2:社会公众涉税公开信息查询

(1)社会公众涉税公开信息查询是指税务机关按照办税公开要求的范围、程序和时限,公开相关涉税事项和具体规定,并向社会公众提供查询服务。社会公众可以通过报刊、网站、信息公告栏等公开渠道查询税收政策、重大税收违法案件信息、非正常户认定信息等依法公开的涉税信息。

(2)税务机关应当对公开涉税信息的查询途径及时公告,方便社会公众查询。省税务机关应当推进实现涉税信息统一归集,充实查询内容,加强查询平台建设,提供多元化查询渠道,探索主动推送信息等创新服务方式。

知识点3:纳税人自身涉税信息查询

(1)纳税人自身涉税信息查询是指税务机关依照法律法规的规定,向纳税人提供自身涉税信息查询服务。纳税人可以通过网站、客户端软件、自助办税终端等渠道,经过有效身份认证和识别,自行查询税费缴纳情况、纳税信用评价结果、涉税事项办理进度等自身涉税信息。

(2)对于纳税人无法自行获取所需涉税信息的,可以向税务机关提出书面申请,税务机关应当在20个工作日内办结。书面申请查询的,应当提交的资料有:①《涉税信息查询申请表》;②纳税人本人(法定代表人或主要负责人)有效身份证件原件及复印件。纳税人本人(法定代表人或主要负责人)授权其他人员代为书面申请查询,还应补充提交资料:①经办人员有效身份证件原件及复印件;②由纳税人本人(法定代表人或主要负责人)签章的授权委托书。

纳税人书面申请查询,要求税务机关出具书面查询结果的,税务机关应当出具《涉税信息查询结果告知书》。涉税信息查询结果不作为涉税证明使用。

纳税人对查询结果有异议,可以向税务机关申请核实,并提交以下资料:①涉税信息查询结果核实申请表;②原涉税信息查询结果;③相关证明材料。税务机关应当将核实结果告知纳税人。税务机关确认涉税信息存在错误,应当及时进行信息更正。

知识点4:第三方涉税保密信息查询

(1)纳税人涉税保密信息是指税务机关在税收征收管理工作中依法制作或者采集的,以一定形式记录、保存的涉及纳税人商业秘密和个人隐私的信息。主要包括纳税人的技术信息、经营信息和纳税人、主要投资人以及经营者不愿公开的个人事项。

(2)第三方涉税保密信息查询是指税务机关根据法律法规规定,依申请向人民法院、人民检察院、公安机关、审计机关、抵押权人、质权人等单位和个人提供的涉税保密信息查询服务。人民法院、人民检察院和公安机关依法查询纳税人涉税保密信息的,应有两名以上工作人员向被查询纳税人所在地的县级或县级以上税务机关提出查询申请。本事项为限时办结事项,法定办结时限为20个工作日。

(3)税务机关在本单位职责权限内,按照法律法规规定向查询申请单位或个人提供有关纳税人的涉税保密信息。

人民法院、人民检察院、公安机关和审计机关向税务机关提出查询申请时须提交以下资料:①《纳税人、扣缴义务人涉税保密信息查询申请表》;②单位介绍信;③有效身份证件原件。

抵押权人、质权人申请查询纳税人欠税有关情况的,须提交:①《纳税人、扣缴义务人涉税保密信息查询申请表》;②合法有效的抵押合同或者质押合同的原件;③查询人本人有效身份证明原件。授权其他人员代为查询的,还需要提交委托人本人签字的委托授权书及代理人的有效身份证明原件。

第五节 纳税服务投诉处理

知识点1:纳税服务投诉管理工作原则

纳税服务投诉管理工作遵循依法公正、规范高效、属地管理、分级负责的原则。

知识点2:纳税服务投诉管理相关要求

(1)纳税人进行纳税服务投诉须遵从税收法律、法规、规章、规范性文件,并客观、真实地反映相关情况,不得隐瞒、捏造、歪曲事实,不得侵害他人合法权益。

(2)税务机关及其工作人员在办理纳税服务投诉事项时,不得徇私、偏袒,不得打击、报复,并应当对投诉人信息保密。

(3)各级税务机关的纳税服务部门是纳税服务投诉的主管部门,负责纳税服务投诉的接收、受理、调查、处理、反馈等事项。需要其他部门配合的,由纳税服务部门进行统筹协调。

(4)各级税务机关应当配备专职人员从事纳税服务投诉管理工作,保障纳税服务投诉工作的顺利开展。

知识点3:纳税服务投诉范围

(1)纳税服务投诉包括:
①纳税人对税务机关工作人员服务言行进行的投诉;
②纳税人对税务机关及其工作人员服务质效进行的投诉;
③纳税人对税务机关及其工作人员在履行纳税服务职责过程中侵害其合法权益的行为进行的其他投诉。

(2)对服务言行的投诉,是指纳税人认为税务机关工作人员在履行纳税服务职责过程中服务言行不符合文明服务规范要求而进行的投诉。具体包括:
①税务机关工作人员服务用语不符合文明服务规范要求的;
②税务机关工作人员行为举止不符合文明服务规范要求的。

(3)对服务质效的投诉,是指纳税人认为税务机关及其工作人员在履行纳税服务职责过程中未能提供优质便捷的服务而进行的投诉。具体包括:

①税务机关及其工作人员未准确掌握税收法律法规等相关规定,导致纳税人应享受未享受税收优惠政策的;

②税务机关及其工作人员未按规定落实首问责任、一次性告知、限时办结、办税公开等纳税服务制度的;

③税务机关及其工作人员未按办税事项"最多跑一次"服务承诺办理涉税业务的;

④税务机关未能向纳税人提供便利化办税渠道的;

⑤税务机关及其工作人员擅自要求纳税人提供规定以外资料的;

⑥税务机关及其工作人员违反规定强制要求纳税人出具涉税鉴证报告,违背纳税人意愿强制代理、指定代理的。

(4)侵害纳税人合法权益的其他投诉,是指纳税人认为税务机关及其工作人员在履行纳税服务职责过程中未依法执行税收法律法规等相关规定,侵害纳税人的合法权益而进行的其他投诉。

(5)投诉内容存在以下情形的,不属于本办法所称纳税服务投诉的范围:

①违反法律、法规、规章有关规定的;

②针对法律、法规、规章和规范性文件规定进行投诉的;

③超出税务机关法定职责和权限的;

④不属于本办法投诉范围的其他情形。

知识点4:纳税服务投诉的提交与受理

(1)纳税人可以通过网络、电话、信函或者当面等方式提出投诉。

(2)纳税人可以向本级税务机关提交纳税服务投诉,也可以向其上级税务机关提交。

(3)纳税人进行纳税服务投诉原则上以实名提出。纳税人进行实名投诉,应当列明下列事项:①投诉人的姓名(名称)、有效联系方式;②被投诉单位名称或者被投诉个人的相关信息及所属单位;③投诉请求、主要事实、理由。

纳税人通过电话或者当面方式提出投诉的,税务机关在告知纳税人的情况下可以对投诉内容进行录音或者录像。

(4)已就具体行政行为申请税务行政复议或者提起税务行政诉讼,但具体行政行为存在不符合文明规范言行问题的,可就该问题单独向税务机关进行投诉。

(5)纳税服务投诉符合本办法规定的投诉范围且属于下列情形的,税务机关应当受理:①纳税人进行实名投诉,且投诉材料符合要求;②纳税人虽进行匿名投诉,但投诉的事实清楚、理由充分,有明确的被投诉人,投诉内容具有典型性。

(6)属于下列情形的,税务机关不予受理:①对税务机关已经处理完毕且经上级税务机关复核的相同投诉事项再次投诉的;②对税务机关依法、依规受理,且正在办理的服务投诉再次投诉的;③不属于本办法投诉范围的其他情形。

(7)税务机关收到投诉后的相关处理要求:

①税务机关收到投诉后应于1个工作日内决定是否受理,并按照"谁主管、谁负责"的原则办理或转办。

②对于不予受理的实名投诉,税务机关应当以适当形式告知投诉人,并说明理由。逾期未告知的,视同自收到投诉后1个工作日内受理。

③上级税务机关认为下级税务机关应当受理投诉而不受理或者不予受理的理由不成立的,可以责令其受理。

④上级税务机关认为有必要的,可以直接受理应由下级税务机关受理的纳税服务投诉。

⑤纳税人的同一投诉事项涉及两个以上税务机关的,应当由首诉税务机关牵头协调处理。首诉税务机关协调不成功的,应当向上级税务机关申请协调处理。

⑥纳税人就同一事项通过不同渠道分别投诉的,税务机关接收后可合并办理。

⑦税务机关应当建立纳税服务投诉事项登记制度,记录投诉时间、投诉人、被投诉人、联系方式、投诉内容、受理情况以及办理结果等有关内容。

⑧各级税务机关应当向纳税人公开负责纳税服务投诉机构的通信地址、投诉电话、税务网站和其他便利投诉的事项。

知识点5:纳税服务投诉的调查与处理

(1)税务机关调查处理投诉事项,应依法依规、实事求是、注重调解,化解征纳争议。

(2)税务机关调查人员与投诉事项或者投诉人、被投诉人有利害关系的,应当回避。

(3)调查纳税服务投诉事项,应当由两名以上工作人员参加。一般流程为:①核实情况。查阅文件资料,调取证据,听取双方陈述事实和理由,必要时可向其他组织和人员调查或实地核查。②沟通调解。与投诉人、被投诉人确认基本事实,强化沟通,化解矛盾,促进双方就处理意见达成共识。③提出意见。依照有关法律、法规、规章及其他有关规定提出处理意见。

(4)税务机关对各类服务投诉应限期办结。对服务言行类投诉,自受理之日起5个工作日内办结;服务质效类、其他侵害纳税人合法权益类投诉,自受理之日起10个工作日内办结。

(5)属于下列情形的,税务机关应快速处理,自受理之日起 3 个工作日内办结。

①税务机关及其工作人员未准确掌握税收法律法规等相关规定,导致纳税人应享受未享受税收优惠政策的;

②自然人纳税人提出的个人所得税服务投诉;

③自然人缴费人提出的社会保险费和非税收入征缴服务投诉;

④涉及其他重大政策落实的服务投诉。

(6)服务投诉因情况复杂不能按期办结的,经受理税务机关纳税服务部门负责人批准,可适当延长办理期限,最长不得超过 10 个工作日,同时向转办部门进行说明并向投诉人做好解释。

(7)属于下列情形的,税务机关可即时处理:①纳税人当场提出投诉,事实简单、清楚,不需要进行调查的;②一定时期内集中发生的同一投诉事项且已有明确处理意见的。

(8)纳税人当场投诉事实成立的,被投诉人应当立即停止或者改正被投诉的行为,并向纳税人赔礼道歉,税务机关应当视情节轻重给予被投诉人相应处理;投诉事实不成立的,处理投诉事项的税务机关工作人员应当向纳税人说明理由。

(9)调查过程中发生下列情形之一的,应当终结调查,并向纳税人说明理由:

①投诉事实经查不属于纳税服务投诉事项的;

②投诉内容不具体,无法联系投诉人或者投诉人拒不配合调查,导致无法调查核实的;

③投诉人自行撤销投诉,经核实确实不需要进一步调查的;

④已经处理反馈的投诉事项,投诉人就同一事项再次投诉,没有提供新证据的;

⑤调查过程中发现不属于税务机关职责范围的。

(10)税务机关根据调查核实的情况,对纳税人投诉的事项分别作出如下处理:①投诉情况属实的,责令被投诉人限期改正,并视情节轻重分别给予被投诉人相应的处理;②投诉情况不属实的,向投诉人说明理由。

(11)税务机关应在规定时限内将处理结果以适当形式向投诉人反馈。反馈时应告知投诉人投诉是否属实,对投诉人权益造成损害的行为是否终止或改正;不属实的投诉应说明理由。

(12)投诉人对税务机关反馈的处理情况有异议的,税务机关应当决定是否开展补充调查以及是否重新做出处理结果。

(13)投诉人认为处理结果显失公正的,可向上级税务机关提出复核申请。上级税务机关自受理之日起,10 个工作日内作出复核意见。

(14)税务机关及其工作人员阻拦、限制投诉人投诉或者打击报复投诉人的,由其上级机关依法依规追究责任。

(15)投诉人捏造事实、恶意投诉,或者干扰和影响正常工作秩序,对税务机关、税务人员造成负面影响的,投诉人应依法承担相应责任。

知识点6:纳税服务投诉的指导与监督

(1)上级税务机关应当加强对下级税务机关纳税服务投诉工作的指导与监督,督促及时、规范处理。

(2)各级税务机关对办理纳税服务投诉过程中发现的有关税收制度或者行政执法中存在的普遍性问题,应当向有关部门提出合理化建议。

(3)各级税务机关应当积极依托信息化手段,规范流程、强化监督,不断提高纳税服务投诉处理质效。

第六节　纳税人法律救济

知识点1:申请行政复议

1. 税务行政复议受理范围

(1)征税行为,包括确认纳税主体、征税对象、征税范围、减税、免税、退税、抵扣税款、适用税率、计税依据、纳税环节、纳税期限、纳税地点和税款征收方式等具体行政行为,征收税款、加收滞纳金,扣缴义务人、受税务机关委托的单位和个人做出的代扣代缴、代收代缴、代征行为等。

(2)行政许可、行政审批行为。

(3)发票管理行为,包括发售、收缴、代开发票等。

(4)税收保全措施、强制执行措施。

(5)行政处罚行为,包括罚款、没收财物和违法所得、停止出口退税权。

(6)不依法履行职责的行为,包括颁发税务登记,开具、出具完税凭证、外出经营活动税收管理证明,行政赔偿,行政奖励,其他不依法履行职责的行为。

(7)资格认定行为。

(8)不依法确认纳税担保行为。

(9)政府信息公开工作中的具体行政行为。

(10)纳税信用等级评定行为。

(11)通知出入境管理机关阻止出境行为。

(12)其他具体行政行为。

2. 税务行政复议管辖

对各级税务局的具体行政行为不服的,向其上一级税务局申请行政复议。对计划单列市税务局的具体行政行为不服的,向国家税务总局申请行政复议。对税务所(分局)、各级税务局的稽查局的具体行政行为不服的,向其所属税务局申请行政复议。对国家税务总局的具体行政行为不服的,向国家税务总局申请行政复议。对行政复议决定不服,申请人可以向人民法院提起行政诉讼,也可以向国务院申请裁决。国务院的裁决为最终裁决。

3. 税务行政复议基本流程

税务行政复议基本流程:税务行政复议申请,税务行政复议受理,税务行政复议证据,税务行政复议审查和决定,税务行政复议和解与调解。

知识点2:提起行政诉讼

1. 涉税行政诉讼受理范围

与税务机关工作关联性较强的行政诉讼受案范围有:

(1)对暂扣或者吊销许可证和执照、责令停产停业、没收违法所得、没收非法财物、罚款、警告等刑侦处罚不服的;

(2)对限制人身自由或者对财产的查封、扣押、冻结等行政强制措施和行政强制执行不服的;

(3)申请行政许可,行政机关拒绝或者在法定期限内不予答复,或者对行政机关作出的有关行政许可的其他决定不服的;

(4)对征收、征用决定及其补偿决定不服的;

(5)申请行政机关履行保护人身权、财产权等合法权益的法定职责,行政机关拒绝履行或者不予答复的;

(6)认为行政机关违法集资、摊派费用或者违法要求履行其他义务的;

(7)认为行政机关侵犯其他人身权、财产权等合法权益的。

此外,公民、法人或者其他组织认为行政行为所依据的国务院部门和地方人民政府及其部门制定的规章以外的规范性文件不合法,在对行政行为提起诉讼时,可以一并请求对该规范性文件进行审查。人民法院在审理行政案件中,发现上述规范性文件不合法的,不作为认定行政行为合法的依据,向指定机关提出处理建议。

2. 涉税行政诉讼的管理

当事人起诉必须符合以下几个条件:一是原告必须是行政行为的相对人以及其他与行政行为有利害关系的公民、法人或者其他组织;二是有明确的被告;三是有具体的诉讼请求、事实和理由;四是属于人民法院受理案件的范围且受诉人民法院有权管辖。

知识点3:请求国家赔偿

1. 涉税国家赔偿受理范围

行政机关及其工作人员在行使行政职权时有下列侵犯人身权情形之一的,受害人有取得赔偿的权利:①违法拘留或者违法采取限制公民人身自由的行政强制措施的;②非法拘禁或者以其他方法非法剥夺公民人身自由的;③以殴打、虐待等行为或者唆使、放纵他人以殴打、虐待等行为造成公民身体伤害或者死亡的;④违法使用武器、警械造成公民身体伤害或者死亡的;⑤造成公民身体伤害或者死亡的其他违法行为。

行政机关及其工作人员在行使行政职权时有下列侵犯财产权情形之一的,受害人有取得赔偿的权利:①违法实施罚款、吊销许可证和执照、责令停产停业、没收财物等行政处罚的;②违法对财产采取查封、扣押、冻结等行政强制措施的;③违法征收、征用财产的;④造成财产损害的其他违法行为。

属于下列情形之一的,税务机关不承担赔偿责任:①行政机关工作人员与行使职权无关的个人行为;②因公民、法人和其他组织自己的行为致使损害发生的;③法律规定的其他情形。

2. 涉税国家赔偿的管理

要求赔偿应当递交申请书,申请书应当载明下列事项:①受害人的姓名、性别、年龄、工作单位和住所,法人或者其他组织的名称、住所和法定代表人或者主要负责人的姓名、职务;②具体的要求、事实根据和理由;③申请的年、月、日。赔偿请求人书写申请书确有困难的,可以委托他人代书;也可以口头申请,由赔偿义务机关记入笔录。赔偿请求人不是受害人本人的,应当说明与受害人的关系,并提供相应证明。赔偿请求人当面递交申请书的,赔偿义务机关应当当场出具加盖本行政机关专用印章并注明收讫日期的书面凭证。申请材料不齐全的,赔偿义务机关应当当场或者在5日内一次性告知赔偿请求人需要补正的全部内容。

赔偿义务机关应当自收到申请之日起2个月内,作出是否赔偿的决定。赔偿义务机关作出赔偿决定,应当充分听取赔偿请求人的意见,并可以与赔偿请求人就赔偿方式、赔偿项目和赔偿数额依照《中华人民共和国国家赔偿法》的规定进行协商。赔偿义务机关决定赔偿的,应当制作赔偿决定书,并自作出决定之日起10日内送达赔偿请求人。赔偿义务机关决定不予赔偿的,应当自作出决定之日起10日内书面通知赔偿请求人,并说明不予赔偿的理由。赔偿义务机关在规定期限内未作出是否赔偿的决定,赔偿请求人可以自期限届满之日起3个月内,向人民法院提起诉讼。

本章习题

一、单项选择题

1. 纳税人采取邮寄方式办理纳税申报的,应当以( )为实际申报日期。

A. 交寄日期
B. 寄出的邮戳日期
C. 税务机关收到申报表的日期
D. 税务机关审核通过申报表的日期

答案：B

解析：《国家税务总局关于纳税人权利与义务的公告》(国家税务总局公告2009年第1号)第四条规定："四、纳税申报方式选择权。您如采取邮寄方式办理纳税申报,应当使用统一的纳税申报专用信封,并以邮政部门收据作为申报凭据。邮寄申报以寄出的邮戳日期为实际申报日期。"

2. 纳税人因有特殊困难,不能按期缴纳税款的,经省、自治区、直辖市税务局批准,可以延期缴纳税款,但是最长不得超过( )。

A. 1个月
B. 3个月
C. 5个月
D. 6个月

答案：B

解析：《国家税务总局关于纳税人权利与义务的公告》(国家税务总局公告2009年第1号)第六条规定："六、申请延期缴纳税款权。如您因有特殊困难,不能按期缴纳税款的,经省、自治区、直辖市税务局批准,可以延期缴纳税款,但是最长不得超过3个月。计划单列市税务局可以参照省税务机关的批准权限,审批您的延期缴纳税款申请。"

3. 税务机关应当将举行听证的时间、地点、主持人的情况等事项书面通知当事人的时限是( )。

A. 在举行听证的3日前
B. 在举行听证的5日前
C. 在举行听证的7日前
D. 在举行听证的15日前

答案：C

解析：根据《国家税务总局关于税务行政许可若干问题的公告》(国家税务总局公告2016年第11号)第六条的规定,税务机关应当于举行听证的7日前将举行听证的时间、地点通知申请人、利害关系人,必要时予以公告。

4. 对受甲税务局委托的乙单位实施的代征税款行为不服,纳税人申请行政复议的,复议机关是( )。

A. 甲税务局
B. 甲税务局的上一级税务机关
C. 乙单位
D. 乙单位的上级单位

答案：B

解析：根据《税务行政复议规则》第十六条的规定,对各级税务局的具体行政行为不服的,向其上一级税务局申请行政复议。对计划单列市税务局的具体行政行为不服的,向国家税务总局申请行政复议。

5. 税务行政复议中不可以进行调解的是(　　)。

A. 核定税额　　　　　　　　　B. 行政处罚

C. 税务机关办事流程　　　　　D. 确定应税所得率

答案: C

解析: 根据《税务行政复议规则》第八十六条的规定,对下列行政复议事项,按照自愿、合法的原则,申请人和被申请人在行政复议机关作出行政复议决定以前可以达成和解,行政复议机关也可以调解:(一)行使自由裁量权做出的具体行政行为,如行政处罚、核定税额、确定应税所得率等。(二)行政赔偿。(三)行政奖励。(四)存在其他合理性问题的具体行政行为。行政复议审理期限在和解、调解期间中止计算。

6. 对涉及税收政策、征管流程明确的一般涉税需求,税务机关办理的时限是(　　)。

A. 5个工作日内　　　　　　　B. 10个工作日内

C. 15个工作日内　　　　　　　D. 30个工作日内

答案: C

解析: 根据《纳税人缴费人税费服务需求管理办法(试行)》(税总函〔2021〕20号),对涉及税收政策、征管流程明确的一般涉税需求,需求响应部门应当在收到需求后的15个工作日内办结。对涉及事项需跨区域、多部门协同办理的复杂涉税需求,需求响应部门应当在收到需求后的30个工作日内办结。

7. 对涉及事项需跨区域、多部门协同办理的复杂涉税需求,税务机关办理的时限是(　　)。

A. 5个工作日内　　　　　　　B. 10个工作日内

C. 15个工作日内　　　　　　　D. 30个工作日内

答案: D

解析: 根据《纳税人缴费人税费服务需求管理办法(试行)》(税总函〔2021〕20号),对涉及税收政策、征管流程明确的一般涉税需求,需求响应部门应当在收到需求后的15个工作日内办结。对涉及事项需跨区域、多部门协同办理的复杂涉税需求,需求响应部门应当在收到需求后的30个工作日内办结。

8. 满意度调查的评价方式分为(　　)三项指标。

A. 相对性评价、绝对性评价、个体内差异评价

B. 诊断性评价、形成性评价、终极性评价

C. 量表类、判断类、开放类

D. 定性类、定量类、综合类

答案: C

解析：根据《国家税务总局关于纳税人、缴费人满意度调查工作的指导意见》（税总发〔2021〕10号）的规定，满意度评价方式分为量表类、判断类、开放类指标。

9. 满意度调查采用赋值评分或非评分方式进行统计。对此，以下表述错误的是（   ）。

A. 赋值评分一般采用百分制

B. 量表类指标对不同评价项赋以不同分值，根据所选评价项确定得分

C. 判断类指标按照所选评价项的比例折算得分

D. 开放类指标采用固定计分方式

答案：D

解析：根据《国家税务总局关于纳税人、缴费人满意度调查工作的指导意见》（税总发〔2021〕10号）的规定，赋值评分一般采用百分制，量表类指标对不同评价项赋以不同分值，根据所选评价项确定得分；判断类指标按照所选评价项的比例折算得分；开放类指标不计分。

10. 对于纳税人无法自行获取所需涉税信息的，可以向税务机关提出书面申请，税务机关应当在（   ）办结。

A. 7 个工作日内　　　　　　　　　　B. 10 个工作日内

C. 15 个工作日内　　　　　　　　　　D. 20 个工作日内

答案：D

解析：根据最多跑一次办事指南，对于纳税人无法自行获取所需涉税信息的，可以向税务机关提出书面申请，税务机关应当在 20 个工作日内办结。

11. 缴费人李女士在手机 APP 上缴纳城乡居民基本医疗保险费时，因系统原因导致缴费不成功，投诉至 12345 服务热线。税务机关应自（   ）办结该投诉事项。

A. 受理之日起 3 个工作日内　　　　B. 受理之日起 5 个工作日内

C. 接到投诉之日起 3 个工作日内　　D. 接到投诉之日起 5 个工作日内

答案：A

解析：根据《纳税服务投诉管理办法》第三十二条的规定，属于下列情形的，税务机关应快速处理，自受理之日起 3 个工作日内办结：

（一）本办法第十一条第一项所规定的情形；

（二）自然人纳税人提出的个人所得税服务投诉；

（三）自然人缴费人提出的社会保险费和非税收入征缴服务投诉；

（四）涉及其他重大政策落实的服务投诉。

12. 各级税务机关应当及时对纳税服务投诉情况进行统计分析，并（   ）向上级税务机关提交情况报告。

A. 每周　　　　　　　　　　　　　　B. 每月

C. 每季度 D. 每半年

答案：B

解析：根据《国家税务总局关于完善纳税服务投诉管理制度有关问题的通知》(税总函〔2016〕57号),各级税务机关应当及时对纳税服务投诉情况进行统计分析,并按月度向上级税务机关提交情况报告。

13. 关于税务机关收到投诉后的相关处理要求,以下表述错误的是(　　)。

A. 税务机关收到投诉后应于1个工作日内决定是否受理

B. 税务机关应按照"谁主管、谁负责"的原则办理或转办

C. 对于不予受理的实名投诉,税务机关应书面告知投诉人,并说明理由

D. 纳税人就同一事项通过不同渠道分别投诉的,税务机关接收后可合并办理

答案：C

解析：根据《纳税服务投诉管理办法》第二十一条的规定,税务机关收到投诉后应于1个工作日内决定是否受理,并按照"谁主管、谁负责"的原则办理或转办。第二十二条：对于不予受理的实名投诉,税务机关应当以适当形式告知投诉人,并说明理由。逾期未告知的,视同自收到投诉后1个工作日内受理。第二十五条：纳税人就同一事项通过不同渠道分别投诉的,税务机关接收后可合并办理。

14. 纳税人的同一投诉事项涉及两个以上税务机关的,应当由(　　)牵头协调处理。

A. 首诉税务机关 B. 任一税务机关

C. 上级税务机关 D. 本级人民政府

答案：A

解析：根据《纳税服务投诉管理办法》第二十四条的规定,纳税人的同一投诉事项涉及两个以上税务机关的,应当由首诉税务机关牵头协调处理。首诉税务机关协调不成功的,应当向上级税务机关申请协调处理。

15. 对服务言行类投诉,税务机关应(　　)办结。

A. 自受理之日起5个工作日内 B. 自受理之日起10个工作日内

C. 接到投诉之日起5个工作日内 D. 接到投诉之日起10个工作日内

答案：A

解析：根据《纳税服务投诉管理办法》第三十一条的规定,税务机关对各类服务投诉应限期办结。对服务言行类投诉,自受理之日起5个工作日内办结;服务质效类、其他侵害纳税人合法权益类投诉,自受理之日起10个工作日内办结。

16. 纳税服务投诉不包括(　　)。

A. 纳税人对税务机关工作人员服务言行进行的投诉

B. 纳税人对税务机关工作人员服务态度进行的投诉

C. 纳税人对税务机关及其工作人员服务质效进行的投诉

D. 纳税人对税务机关及其工作人员侵害其合法权益的行为进行的其他投诉

答案：B

解析：根据《纳税服务投诉管理办法》第九条的规定,本办法所称纳税服务投诉包括:(1)纳税人对税务机关工作人员服务言行进行的投诉;(2)纳税人对税务机关及其工作人员服务质效进行的投诉;(3)纳税人对税务机关及其工作人员在履行纳税服务职责过程中侵害其合法权益的行为进行的其他投诉。

二、多项选择题

1. 税务机关将依法为纳税人的商业秘密和个人隐私保密,主要包括( )。

A. 单位名称、组织机构代码、法定代表人生产地址等基础信息

B. 设计、程序、产品配方、制作工艺等技术信息

C. 管理诀窍、客户名单、货源情报等经营信息

D. 主要投资人以及经营者不愿公开的个人事项

答案：BCD

解析：《国家税务总局关于纳税人权利与义务的公告》(国家税务总局公告 2009 年第 1 号)第二条规定:"二、保密权。您有权要求我们为您的情况保密。我们将依法为您的商业秘密和个人隐私保密,主要包括您的技术信息、经营信息和您、主要投资人以及经营者不愿公开的个人事项。"

2. 税收监督权,是指纳税人对税务机关和工作人员违反税收法律、行政法规的行为,有权进行( )。

A. 保密   B. 检举

C. 投诉   D. 控告

答案：BD

解析：《国家税务总局关于纳税人权利与义务的公告》(国家税务总局公告 2009 年第 1 号)第三条规定:"三、税收监督权。您对我们违反税收法律、行政法规的行为,如税务人员索贿受贿、徇私舞弊、玩忽职守,不征或者少征应征税款,滥用职权多征税款或者故意刁难等,可以进行检举和控告。同时,您对其他纳税人的税收违法行为也有权进行检举。"

3. 关于纳税人申请退还多缴税款权,以下表述正确的有( )。

A. 纳税人申请退还多缴税款应当走税务行政许可审批流程,经省级税务机关核准后才能享受该项权利

B. 对纳税人超过应纳税额缴纳的税款,税务机关发现后,应自发现之日起 10 日内办理退还手续

C. 纳税人自结算缴纳税款之日起 5 年内发现的,可以向税务机关要求退还多缴的税款并加算银行同期存款利息

D. 税务机关应自接到纳税人退还申请之日起30日内查实并办理退还手续

答案：BD

解析：《国家税务总局关于纳税人权利与义务的公告》（国家税务总局公告2009年第1号）第七条规定："七、申请退还多缴税款权。对您超过应纳税额缴纳的税款，我们发现后，将自发现之日起10日内办理退还手续；如您自结算缴纳税款之日起3年内发现的，可以向我们要求退还多缴的税款并加算银行同期存款利息。我们将自接到您退还申请之日起30日内查实并办理退还手续，涉及从国库中退库的，依照法律、行政法规有关国库管理的规定退还。"

4. 纳税人权益保护方式主要包括(　　)。

A. 立法保护　　　　　　　　B. 行政保护

C. 司法保护　　　　　　　　D. 社会保护

答案：ABC

解析：纳税人权益保护方式包括立法保护、行政保护和司法保护。

5. 行政保护纳税人权益的方式包括(　　)。

A. 依法处理纳税人投诉和举报　　B. 税务听证

C. 税务行政复议　　　　　　　D. 税务行政赔偿

答案：ABCD

解析：行政保护纳税人权益的方式包括：依法处理纳税人投诉和举报、税务听证、税务行政复议、税务行政赔偿。

6. 税费服务需求管理遵循(　　)的工作原则。

A. 依法服务　　　　　　　　B. 精准科学

C. 统筹协同　　　　　　　　D. 自愿参与

答案：ABCD

解析：根据《纳税人缴费人税费服务需求管理办法（试行）》第三条的规定，税费服务需求管理遵循"依法服务、精准科学、统筹协同、自愿参与"的工作原则。

7. 各级税务机关纳税服务部门统筹纳税人需求管理工作，主要职责包括(　　)。

A. 纳税人需求管理制度建设

B. 提出纳税人需求管理系统建设的业务需求

C. 组织实施纳税人需求征集

D. 纳税人需求管理的组织、协调、监督考核及机制建设

答案：ABCD

解析：根据《纳税人缴费人税费服务需求管理办法（试行）》第五条的规定，各级税务机关纳税服务部门统筹纳税人需求管理工作。主要职责：

(1)纳税人需求管理制度建设。

(2)提出纳税人需求管理系统建设的业务需求。

(3)组织实施纳税人需求征集。

(4)纳税人需求管理的组织、协调、监督考核及机制建设。

(5)归集分析纳税人需求,并提出改进建议。

8. 关于2021年全国纳税人满意度调查计分等级,以下表述正确的有( )。

A. 首次采用五级量表设计

B. 分为非常满意、满意、基本满意、不满意、非常不满意五级

C. 仍采用非常满意、满意、基本满意、不满意四级

D. 与政务服务"好差评"保持一致

答案:BD

解析:2020年全国纳税人满意度调查是首次采取五级量表设计,因此A选项错误;2021年全国纳税人满意度调查计分等级为非常满意、满意、基本满意、不满意、非常不满意五级,因此C选项错误。

9. 关于纳税人满意度全面调查,以下表述正确的有( )。

A. 覆盖总局、省、市、县四级税务机关,涉及多项调查指标

B. 由税务总局、省税务机关组织开展,原则上每年开展一次

C. 税务总局开展全面调查年度,省税务机关不再开展全面调查

D. 涵盖政务服务"好差评"中的"一次一评""一事一评"等

答案:AC

解析:根据《国家税务总局关于纳税人、缴费人满意度调查工作的指导意见》(税总发〔2021〕10号)的规定,全面调查是围绕税收工作重点,覆盖总局、省、市、县四级税务机关,涉及多项调查指标的常态化调查。全面调查由税务总局、省税务机关组织开展,原则上两年开展一次。省级以下税务机关不得开展。税务总局开展全面调查年度,省税务机关不再开展全面调查。

10. 税务总局建立多维标签的满意度调查指标库,其中内容属性这一标签可以分为( )两类指标。

A. 基础类   B. 动态类

C. 专项类   D. 增量类

答案:AB

解析:根据《国家税务总局关于纳税人、缴费人满意度调查工作的指导意见》(税总发〔2021〕10号)的规定,内容属性标签分为基础类、动态类两类指标。

11. 关于涉税保密信息查询,以下表述正确的有( )。

A. 本事项为依申请事项   B. 本事项为依职权事项

C. 本事项为即办事项   D. 本事项为限时办结事项

答案：AD

解析：税务机关根据法律法规规定,依申请向人民法院、人民检察院、公安机关、审计机关、抵押权人、质权人等单位和个人提供涉税保密信息查询服务。本事项为限时办结事项,法定办结时限为 20 个工作日。

12. 纳税人书面查询本企业涉税信息应提供(　　)。

　　A.《涉税信息查询申请表》

　　B. 纳税人本人(法定代表人或主要负责人)有效身份证明

　　C. 工商营业执照副本

　　D. 税务登记证副本

答案：AB

解析：根据最多跑一次办事指南,纳税人书面申请查询自身涉税信息时,须提供《涉税信息查询申请表》和纳税人本人(法定代表人或主要负责人)有效身份证明。

13. 人民法院、人民检察院、公安机关和审计机关向被查询纳税人所在地税务机关提出查询申请时,须提交(　　)等资料。

　　A. 纳税人、扣缴义务人涉税保密信息查询申请表

　　B. 单位介绍信

　　C. 有效身份证件原件

　　D. 纳税人税务登记证件

答案：ABC

解析：人民法院、人民检察院、公安机关和审计机关向被查询纳税人所在地税务机关提出查询申请时,须提交以下资料:(1)《纳税人、扣缴义务人涉税保密信息查询申请表》;(2)单位介绍信;(3)有效身份证件原件。

14. 纳税人进行实名投诉需要列明(　　)。

　　A. 投诉人的姓名(名称)、有效联系方式

　　B. 被投诉单位名称或者被投诉个人的相关信息及其所属单位

　　C. 投诉请求、主要事实、理由

　　D. 投诉事项依据的法律法规

答案：ABC

解析：根据《纳税服务投诉管理办法》第十七条的规定,纳税人进行实名投诉,应当列明下列事项:(1)投诉人的姓名(名称)、有效联系方式;(2)被投诉单位名称或者被投诉个人的相关信息及其所属单位;(3)投诉请求、主要事实、理由。纳税人通过电话或者当面方式提出投诉的,税务机关在告知纳税人的情况下可以对投诉内容进行录音或者录像。

15. 纳税服务投诉调查过程中发生下列(　　)情形之一的,应当终结调查,并向纳税人说明理由。

A. 投诉事实经查不属于纳税服务投诉事项的

B. 已经处理反馈的投诉事项,投诉人就同一事项再次投诉且提供新证据的

C. 投诉人自行撤销投诉的

D. 调查过程中发现不属于税务机关职责范围的

答案:AD

解析:根据《纳税服务投诉管理办法》第三十六条的规定,调查过程中发生下列情形之一的,应当终结调查,并向纳税人说明理由:(1)投诉事实经查不属于纳税服务投诉事项的;(2)投诉内容不具体,无法联系投诉人或者投诉人拒不配合调查,导致无法调查核实的;(3)投诉人自行撤销投诉,经核实确实不需要进一步调查的;(4)已经处理反馈的投诉事项,投诉人就同一事项再次投诉,没有提供新证据的;(5)调查过程中发现不属于税务机关职责范围的。

三、判断题

1. 纳税人既可以行使权利,也可以选择放弃权利。(　　)

答案:正确

解析:纳税人的权利既可以行使,也可以放弃。比如纳税人对税务机关作出的决定,享有陈述权、申辩权,但是纳税人可以选择放弃陈述和申辩。

2. 纳税人可以自行决定采取上门、邮寄、数据电文或者其他方式办理纳税申报,无须经得主管税务机关同意。(　　)

答案:错误

解析:《国家税务总局关于纳税人权利与义务的公告》(国家税务总局公告2009年第1号)第四条规定:"四、纳税申报方式选择权。您可以直接到办税服务厅办理纳税申报或者报送代扣代缴、代收代缴税款报告表,也可以按照规定采取邮寄、数据电文或者其他方式办理上述申报、报送事项。但采取邮寄或数据电文方式办理上述申报、报送事项的,须经您的主管税务机关批准。"

3. 纳税人应向县区税务机关申请延期缴纳税款,核准后才能享受延期缴纳税款的权利。(　　)

答案:错误

解析:《国家税务总局关于纳税人权利与义务的公告》(国家税务总局公告2009年第1号)第六条规定:"六、申请延期缴纳税款权。如您因有特殊困难,不能按期缴纳税款的,经省、自治区、直辖市税务局批准,可以延期缴纳税款,但是最长不得超过3个月。计划单列市税务局可以参照省税务机关的批准权限,审批您的延期缴纳税款申请。"

4. 税务机关可借助信息化手段,以人工案头处理方式为主、系统智能处理方式为辅,对归集的各类需求数据进行分类,并标签化处理。(　　)

答案：错误

解析：根据《纳税人缴费人税费服务需求管理办法(试行)》第十一条的规定,税务机关借助信息化手段,以系统智能处理方式为主、人工案头处理方式为辅,对归集的各类需求数据进行分类,并标签化处理。

5. 对违反法律、法规、规章有关规定等非合理合法需求,税务机关不予响应,无须向纳税人做好沟通解释。( )

答案：错误

解析：根据《纳税人缴费人税费服务需求管理办法(试行)》第十五条第二点,对违反法律、法规、规章有关规定等非合理合法需求,税务机关不予响应,并向纳税人做好沟通解释。

6. 交互式调查是指税务机关自行或委托第三方专业机构,根据调查指标直接抽取相应数据,通过整理计算得出评价结果。( )

答案：错误

解析：根据《国家税务总局关于纳税人、缴费人满意度调查工作的指导意见》(税总发〔2021〕10号)的规定,交互式调查是指税务机关自行或委托第三方专业机构,采用问卷形式开展;无感式调查是指税务机关自行或委托第三方专业机构,根据调查指标直接抽取相应数据,通过整理计算得出评价结果。

7. 纳税人对纳税服务的投诉,应向本级税务机关提交,不能越级向其上级税务机关提交。( )

答案：错误

解析：根据《纳税服务投诉管理办法》第十五条的规定,纳税人对纳税服务的投诉,可以向本级税务机关提交,也可以向其上级税务机关提交。

8. 自然人纳税人提出的个人所得税服务投诉,税务机关应快速处理,自受理之日起3个工作日内办结。( )

答案：正确

解析：根据《纳税服务投诉管理办法》第三十二条的规定,属于下列情形的,税务机关应快速处理,自受理之日起3个工作日内办结:(1)本办法第十一条第一项所规定的情形;(2)自然人纳税人提出的个人所得税服务投诉;(3)自然人缴费人提出的社会保险费和非税收入征缴服务投诉;(4)涉及其他重大政策落实的服务投诉。

9. 服务投诉因情况复杂不能按期办结的,经受理税务机关纳税服务部门负责人批准,可适当延长办理期限,最长不得超过10个工作日。( )

答案：正确

解析：根据《纳税服务投诉管理办法》第三十三条的规定,服务投诉因情况复杂不能按期办结的,经受理税务机关纳税服务部门负责人批准,可适当延长办理期限,最长不得超过 10 个工作日,同时向转办部门进行说明并向投诉人做好解释。

10. 投诉人认为处理结果显失公正的,可向上级税务机关提出复核申请。上级税务机关自受理之日起,7 个工作日内作出复核意见。(   )

答案:错误

解析:根据《纳税服务投诉管理办法》第四十条的规定,投诉人认为处理结果显失公正的,可向上级税务机关提出复核申请。上级税务机关自受理之日起,10 个工作日内作出复核意见。

第九章

纳税信用管理

第一节　纳税信用评价

知识点1:纳税信用管理工作原则

纳税信用管理遵循客观公正、标准统一、分级分类、动态调整的原则。

知识点2:纳税信用管理对象

(1)《纳税信用管理办法(试行)》适用于已办理税务登记(含临时登记),从事生产、经营并适用查账征收的独立核算企业、个人独资企业和个人合伙企业。查账征收是指企业所得税征收方式为查账征收,个人独资企业和个人合伙企业的个人所得税征收方式为查账征收。扣缴义务人、自然人纳税信用管理办法由国家税务总局另行规定。个体工商户和其他类型纳税人的纳税信用管理办法由省税务机关制定。

(2)自2018年4月1日起,新增下列企业参与纳税信用评价:

①从首次在税务机关办理涉税事宜之日起时间不满一个评价年度的企业(以下简称"新设立企业")。评价年度是指公历年度,即1月1日至12月31日。

②评价年度内无生产经营业务收入的企业。

③适用企业所得税核定征收办法的企业。

(3)自2020年11月1日起,非独立核算分支机构可自愿参与纳税信用评价。所称非独立核算分支机构,是指由企业纳税人设立,已在税务机关完成登记信息确认且核算方式为非独立核算的分支机构。非独立核算分支机构参评后,2019年度之前的纳税信用级别不再评价,在机构存续期间适用国家税务总局纳税信用管理相关规定。

(4)适用增值税一般计税方法的个体工商户,可自2022年3月22日起,自愿向主管税务机关申请参照企业纳税信用评价指标和评价方式参加评价,并在以后的存续期内适用国家税务总局纳税信用管理相关规定。对于已按照省税务机关公布的纳税信用管理办法参加纳税信用评价的,也可选择沿用原纳税信用级别,符合条件的可申请办理留抵退税。

知识点3:纳税信用信息采集

(1)纳税信用信息采集是指税务机关对纳税人纳税信用信息的记录和收集。纳税信用信息采集工作由国家税务总局和省税务机关组织实施,按月采集。

(2)纳税信用信息包括纳税人信用历史信息、税务内部信息、外部信息。纳税人信用历史信息包括基本信息和评价年度之前的纳税信用记录,以及相关部门评定的优良信用记录和不良信用记录。税务内部信息包括经常性指标信息和非经常性指标信息。经常性指标信息是指涉税申报信息、税(费)款缴纳信息、发票与税控器具信息、登记与账簿信息等纳税人在评价年度内经常产生的指标信息;非经常性指标信息是指税务检查信息等纳税人在评价年度内不经常产生的指标信息。外部信息包括外部参考信息和外部评价信息。外部参考信息包括评价年度相关部门评定的优良信用记录和不良信用记录;外部评价信息是指从相关部门取得的影响纳税人纳税信用评价的指标信息。

知识点4:纳税信用评价方式

纳税信用评价采取年度评价指标得分和直接判级方式。评价指标包括税务内部信息和外部评价信息。

自开展2020年度评价时起,调整纳税信用评价计分方法中的起评分规则。近三个评价年度内存在非经常性指标信息的,从100分起评;近三个评价年度内没有非经常性指标信息的,从90分起评。非经常性指标缺失,是指在评价年度内,税务管理系统中没有纳税评估、大企业税务审计、反避税调查或税务稽查出具的决定(结论)文书的记录。直接判级适用于有严重失信行为的纳税人。

自2021年度纳税信用评价起,税务机关按照"首违不罚"相关规定对纳税人不予行政处罚的,相关记录不纳入纳税信用评价。

知识点5:纳税信用评价周期

纳税信用评价周期为一个纳税年度。所谓纳税年度为自然年度,即公历1月1日起至12月31日止。

有下列情形之一的纳税人,不参加本期的评价:

(1)因涉嫌税收违法被立案查处尚未结案的;

(2)被审计、财政部门依法查出税收违法行为,税务机关正在依法处理,尚未办

结的;

（3）已申请税务行政复议、提起行政诉讼尚未结案的;

（4）其他不应参加本期评价的情形。

知识点6：纳税信用级别确定

（1）纳税信用级别设 A、B、M、C、D 五级。A 级纳税信用为年度评价指标得分 90 分及以上的;B 级纳税信用为年度评价指标得分 70 分及以上不满 90 分的;C 级纳税信用为年度评价指标得分 40 分及以上不满 70 分的;D 级纳税信用为年度评价指标得分不满 40 分或者直接判级确定的。

（2）未发生《纳税信用管理办法（试行）》第二十条所列失信行为的下列企业适用 M 级纳税信用:①新设立企业;②评价年度内无生产经营业务收入且年度评价指标得分 70 分以上的企业。

（3）不能评为 A 级的情形。

有下列 5 种情形之一的纳税人，本评价年度不能评为 A 级:

①实际生产经营期不满 3 年的。

②上一评价年度纳税信用评价结果为 D 级的。

③非正常原因一个评价年度内，增值税连续 3 个月或者累计 6 个月零申报、负申报的。

④不能按照国家统一的会计制度规定设置账簿，并根据合法、有效凭证核算，向税务机关提供准确税务资料的。

⑤其他不得被评为 A 级的情形。

（4）直接判为 D 级的情形。

有下列 10 种情形之一的纳税人，本评价年度直接判为 D 级:

①存在逃避缴纳税款、逃避追缴欠税、骗取出口退税、虚开增值税专用发票等行为，经判决构成涉税犯罪的。

②存在前项所列行为，未构成犯罪，但偷税（逃避缴纳税款）金额 10 万元以上且占各税种应纳税总额 10% 以上，或者存在逃避追缴欠税、骗取出口退税、虚开增值税专用发票等税收违法行为，已缴纳税款、滞纳金、罚款的。

③在规定期限内未按税务机关处理结论缴纳或者足额缴纳税款、滞纳金和罚款的。以该情形在税务管理系统中的记录日期确定判为 D 级的年度。

④以暴力、威胁方法拒不缴纳税款或者拒绝、阻挠税务机关依法实施税务稽查执法行为的。

⑤存在违反增值税发票管理规定或者违反其他发票管理规定的行为，导致其他单

位或者个人未缴、少缴或者骗取税款的。

⑥提供虚假申报材料享受税收优惠政策的。

⑦骗取国家出口退税款,被停止出口退(免)税资格未到期的。

⑧有非正常户记录或者由非正常户直接责任人员注册登记或者负责经营的。

⑨由 D 级纳税人的直接责任人员注册登记或者负责经营的。

⑩存在税务机关依法认定的其他严重失信情形的。

(5)纳税人有下列情形的,不影响其纳税信用评价:

①由于税务机关原因或者不可抗力,造成纳税人未能及时履行纳税义务的。

②非主观故意的计算公式运用错误以及明显的笔误造成未缴或者少缴税款的。

③国家税务总局认定的其他不影响纳税信用评价的情形。

知识点 7:纳税信用评价结果的确定、发布

(1)纳税信用评价结果的确定和发布遵循谁评价、谁确定、谁发布的原则。

(2)税务机关每年 4 月确定上一年度纳税信用评价结果,并为纳税人提供自我查询服务。

(3)税务机关对纳税信用评价结果,按分级分类原则,依法有序开放:①主动公开 A 级纳税人名单及相关信息;②根据社会信用体系建设需要,以及与相关部门信用信息共建共享合作备忘录、协议等规定,逐步开放 B、M、C、D 级纳税人名单及相关信息;③定期或者不定期公布重大税收违法案件信息,具体办法按照《国家税务总局关于发布〈重大税收违法失信案件信息公布办法〉的公告》(国家税务总局公告 2018 年第 54 号)执行。

(4)在评价结果公布前(每年 1—4 月),发现评价为 A 级的纳税人已注销或被税务机关认定为非正常户的,其评价结果不予公布。

(5)纳税信用年度评价结果发布前,主管税务机关发现纳税人在评价年度存在动态调整情形的,应调整后再发布评价结果。

知识点 8:纳税信用评价结果的动态调整

(1)因税务检查等发现纳税人以前评价年度存在直接判为 D 级情形的,主管税务机关应调整其相应评价年度纳税信用级别为 D 级,并记录动态调整信息,该 D 级评价不保留至下一年度。对税务检查等发现纳税人以前评价年度存在需扣减纳税信用评价指标得分情形的,主管税务机关暂不调整其相应年度纳税信用评价结果和记录。

(2)主管税务机关按月开展纳税信用级别动态调整工作,并为纳税人提供动态调整信息的自我查询服务。

（3）主管税务机关完成动态调整工作后，于次月初 5 个工作日内将动态调整情况层报至省税务机关备案，并发布 A 级纳税人变动情况通告。省税务机关据此更新税务网站公布的纳税信用评价信息，于每月上旬将 A 级纳税人变动情况汇总报送税务总局。

知识点 9：纳税信用评价结果的应用

税务机关按照守信激励、失信惩戒的原则，对不同信用级别的纳税人实施分类服务和管理。

对纳税信用评价为 A 级的纳税人，税务机关予以下列激励措施：①主动向社会公告年度 A 级纳税人名单；②一般纳税人可单次领取 3 个月的增值税发票用量，需要调整增值税发票用量时即时办理；③普通发票按需领用；④连续 3 年被评为 A 级信用级别（简称 3 连 A）的纳税人，除享受以上措施外，还可以由税务机关提供绿色通道或专门人员帮助办理涉税事项；⑤税务机关与相关部门实施的联合激励措施，以及结合当地实际情况采取的其他激励措施。

对纳税信用评价为 B 级的纳税人，税务机关实施正常管理，适时进行税收政策和管理规定的辅导，并视信用评价状态变化趋势，选择性地采用对纳税信用评价为 A 级纳税人的激励措施。在国家税务总局《出口退（免）税企业分类管理办法》中，出口企业评定为一类企业均要求纳税信用等级为 A 级或 B 级。

对纳税信用评价为 M 级的企业，税务机关适时进行税收政策和管理规定的辅导。

对纳税信用评价为 C 级的纳税人，税务机关应依法从严管理和提供及时的提示、警示和辅导，并视信用评价状态变化趋势，选择性地采用对纳税信用评价为 D 级纳税人采取的管理措施。在国家税务总局《出口退（免）税企业分类管理办法》中，出口企业评定时纳税信用级别为 C 级或尚未评价纳税信用级别的，其出口企业管理类别应评定为三类。

对纳税信用评价为 D 级的纳税人，税务机关应采取以下 8 项措施：①按规定公开 D 级纳税人及其直接责任人员名单，对直接责任人员注册登记或者负责经营的其他纳税人纳税信用直接判为 D 级。D 级企业直接责任人员在被评价为 D 级之后注册登记或者负责经营的其他企业评价为 D 级。关联 D 级只保留 1 年，下一年度根据《纳税信用管理办法（试行）》重新评价但不得评为 A 级。②增值税专用发票领用按辅导期一般纳税人政策办理，普通发票的领用实行交（验）旧供新、严格限量供应。③加强出口退税审核。④加强纳税评估，严格审核其报送的各种资料。⑤列入重点监控对象，提高监督检查频次，发现税收违法违规行为的，不得适用规定处罚幅度内的最低标准。⑥将纳税信用评价结果通报相关部门，建议在经营、投融资、取得政府供应土地、进出口、出入境、注册新公司、工程招投标、政府采购、获得荣誉、安全许可、生产许可、从业任职资格、资质审核等方面予以限制或禁止。⑦自开展 2019 年度评价时起,对于因评价指标得分评为 D 级的纳税人,次年由直接保留 D 级评价调整为评价时加扣 11 分;对于因直接判级评为 D 级的纳税人,维持 D 级评价保留 2 年,第三年纳税信用不得评价为 A 级。⑧税务机关与相关部门实施的联合惩戒措施,以及结合实际情况依法采取的其他严格管理措施。

第二节　纳税信用补评、复评和修复

知识点 1:纳税信用补评

纳税人因涉嫌税收违法被立案查处尚未结案;被审计、财政部门依法查出税收违法行为,税务机关正在依法处理,尚未办结;已申请税务行政复议、提起行政诉讼尚未结案等原因未予纳税信用评价,可待上述情形解除后,在纳税信用评价结果公布后的任意时间向主管税务机关申请补充该年度纳税信用评价。纳税人对未予纳税信用评价的原因有异议,也可向主管税务机关申请补充评价。

主管税务机关按照《纳税信用管理办法(试行)》第三章的规定开展纳税信用补评工作。主管税务机关应自受理申请之日起 15 个工作日内完成补评工作,并向纳税人反馈纳税信用评价信息或提供评价结果的自我查询服务。

知识点 2:纳税信用复评

纳税人对已产生的纳税信用评价结果有异议,可在纳税信用评价结果确定的当年内向主管税务机关申请复核。

作出评价的税务机关应按《纳税信用管理办法(试行)》第三章规定对评价结果进行复核。主管税务机关应自受理申请之日起 15 个工作日内完成复评工作,并向纳税人反馈纳税信用复评信息或提供复评结果的自我查询服务。

知识点 3:纳税信用补评、复评管理

主管税务机关应于每月前 5 个工作日内将纳税信用补评、复评情况层报至省税务机关备案,并发布 A 级纳税人变动情况通告。省税务机关应及时更新税务网站公布的纳税信用评价信息,并于每月前 10 个工作日内将 A 级纳税人变动情况报送税务总局(纳税服务司)。

知识点 4：纳税信用修复

(1)纳入纳税信用管理的企业纳税人，符合下列条件之一的，可在规定期限内向主管税务机关申请纳税信用修复：

①纳税人发生未按法定期限办理纳税申报、税款缴纳、资料备案等事项且已补办的。

②未按税务机关处理结论缴纳或者足额缴纳税款、滞纳金和罚款，未构成犯罪，纳税信用级别被直接判为 D 级的纳税人，在税务机关处理结论明确的期限期满后 60 日内足额缴纳、补缴的。

③纳税人履行相应法律义务并由税务机关依法解除非正常户状态的。

④破产企业或其管理人在重整或和解程序中，已依法缴纳税款、滞纳金、罚款，并纠正相关纳税信用失信行为的。

⑤因确定为重大税收违法失信主体，纳税信用直接判为 D 级的纳税人，失信主体信息已按照国家税务总局相关规定不予公布或停止公布，申请前连续 12 个月没有新增纳税信用失信行为记录的。

⑥由纳税信用 D 级纳税人的直接责任人员注册登记或者负责经营，纳税信用关联评价为 D 级的纳税人，申请前连续 6 个月没有新增纳税信用失信行为记录的。

⑦因其他失信行为纳税信用直接判为 D 级的纳税人，已纠正纳税信用失信行为、履行税收法律责任，申请前连续 12 个月没有新增纳税信用失信行为记录的。

⑧因上一年度纳税信用直接判为 D 级，本年度纳税信用保留为 D 级的纳税人，已纠正纳税信用失信行为、履行税收法律责任或失信主体信息已按照国家税务总局相关规定不予公布或停止公布，申请前连续 12 个月没有新增纳税信用失信行为记录的。

(2)符合纳税信用修复条件的纳税人可填写《纳税信用修复申请表》，对当前的纳税信用评价结果向主管税务机关申请纳税信用修复，并对纠正失信行为的真实性作出承诺。税务机关发现纳税人虚假承诺的，撤销相应的纳税信用修复，并按照《纳税信用评价指标和评价方式(试行)调整表》予以扣分。税务机关核实纳税人纳税信用状况，按照《纳税信用修复范围及标准》调整相应纳税信用评价指标状态，根据纳税信用评价相关规定，重新评价纳税人的纳税信用级别。

申请破产重整企业纳税信用修复的，应同步提供人民法院批准的重整计划或认可的和解协议，其破产重整前发生的相关失信行为，可按照《纳税信用修复范围及标准》中破产重整企业适用的修复标准开展修复。

(3)主管税务机关自受理纳税信用修复申请之日起 15 个工作日内完成审核，并向纳税人反馈信用修复结果。纳税信用修复完成后，纳税人按照修复后的纳税信用级别适用相应的税收政策和管理服务措施,之前已适用的税收政策和管理服务措施不作追溯调整。

(4)非正常户失信行为纳税信用修复在一个纳税年度内只能申请一次。纳税年度自公历1月1日起至12月31日止。

纳税信用修复后纳税信用级别不再为D级的纳税人,其直接责任人注册登记或者负责经营的其他纳税人之前被关联为D级的,可向主管税务机关申请解除纳税信用D级关联。

本章习题

一、单项选择题

1.《"十四五"时期浙江税收改革发展规划》指出,完善纳税信用评价体系,构建(　　)闭环信用管理机制。

A. 评价—完善—修复—监管　　　B. 评价—修复—完善—监管

C. 评价—监管—修复—守护　　　D. 评价—修复—监管—守护

答案:C

解析:《"十四五"时期浙江税收改革发展规划》指出,健全纳税信用管理制度,建立纳税信用预警和提醒机制。完善纳税信用评价体系,构建"评价—监管—修复—守护"闭环信用管理机制。

2. 国家税务总局指出,要切实防范发票服务风险,按规定将涉税专业服务信用等级在(　　)的涉税专业服务机构列为重点监管对象,限制其在线上报送业务委托协议信息。

A. TSC1级及以下　　　　　　B. TSC2级及以下

C. TSC3级及以下　　　　　　D. TSC4级及以下

答案:B

解析:《国家税务总局关于进一步加强涉税专业服务行业自律和行政监管的通知》(税总纳服函〔2021〕254号)指出,要切实防范发票服务风险,按规定将涉税专业服务信用等级在TSC2级及以下(纳入监管不满一个评价年度而信用积分在200分及以下)的涉税专业服务机构列为重点监管对象,限制其在线上报送业务委托协议信息。

3. 下列主体中适用国家税务总局发布的《纳税信用管理办法(试行)》的是(　　)。

A. 纳税人　　　　　　　　　　B. 扣缴义务人

C. 个体工商户　　　　　　　　D. 企业纳税人

答案:D

解析:根据《纳税信用管理办法(试行)》第三条的规定,本办法适用于已办理税务登记,从事生产、经营并适用查账征收的企业纳税人(以下简称纳税人)。扣缴义务人、自然人纳税信用管理办法由国家税务总局另行规定。个体工商户和其他类型纳税人的纳税信用管理办法由省税务机关制定。

4. 纳税人故意隐瞒真实情况、提供虚假承诺办理申报纳税有关事项的,纳税信用扣分标准是(　　)。

A. 按次计算,每次扣 3 分 　　　　　B. 按次计算,每次扣 5 分

C. 按次计算,每次扣 11 分 　　　　D. 直接判定为 D 级

答案:B

解析:根据《国家税务总局关于纳税信用修复有关事项的公告》(国家税务总局公告 2019 年第 37 号)的规定,税务机关发现纳税人虚假承诺的,撤销相应的纳税信用修复,并按照《纳税信用评价指标和评价方式(试行)调整表》予以扣分,即按次计算,每次扣 5 分。

5. 对纳税信用评价为 A 级的纳税人,税务机关予以的激励措施不包括(　　)。

A. 主动向社会公告年度 A 级纳税人名单

B. 普通发票按需领用

C. 一般纳税人可单次领取 6 个月的增值税发票用量,需要调整增值税发票用量时即时办理

D. 连续 3 年被评为 A 级信用级别的纳税人,由税务机关提供绿色通道或专门人员帮助办理涉税事项

答案:C

解析:根据《纳税信用管理办法(试行)》第二十九条的规定,对纳税信用评价为 A 级的纳税人,税务机关予以下列激励措施:(1)主动向社会公告年度 A 级纳税人名单;(2)一般纳税人可单次领取 3 个月的增值税发票用量,需要调整增值税发票用量时即时办理;(3)普通发票按需领用;(4)连续 3 年被评为 A 级信用级别(简称 3 连 A)的纳税人,除享受以上措施外,还可以由税务机关提供绿色通道或专门人员帮助办理涉税事项;(5)税务机关与相关部门实施的联合激励措施,以及结合当地实际情况采取的其他激励措施。

6. 以下属于对信用评价为 D 级纳税人应采取的措施是(　　)。

A. 普通发票按需领用

B. 加强出口退税审核

C. 一般纳税人可单次领取 2 个月的增值税发票用量

D. D 级评价保留 1 年,第二年不得评为 A 级

答案:B

解析:根据《纳税信用管理办法(试行)》第三十二条的规定,对纳税信用评价为 D 级的纳税人,税务机关应采取以下措施:增值税专用发票领用按辅导期一般纳税人政策办理,普通发票的领用实行交(验)旧供新、严格限量供应;D 级评价保留 2 年,第三年纳税信用不得评价为 A 级。

7. 自开展 2020 年度评价时起,调整纳税信用评价计分方法中的起评分规则。近( )个评价年度内存在非经常性指标信息的,从 100 分起评。

A. 二   B. 三

C. 四   D. 五

答案:B

解析:根据《国家税务总局关于纳税信用管理有关事项的公告》(国家税务总局公告 2020 年第 15 号)的规定,自开展 2020 年度评价时起,调整纳税信用评价计分方法中的起评分规则。近三个评价年度内存在非经常性指标信息的,从 100 分起评;近三个评价年度内没有非经常性指标信息的,从 90 分起评。

8. 自开展 2020 年度评价时起,调整纳税信用评价计分方法中的起评分规则。近三个评价年度内没有非经常性指标信息的,从( )起评。

A. 100 分   B. 90 分

C. 80 分   D. 70 分

答案:B

解析:根据《国家税务总局关于纳税信用管理有关事项的公告》(国家税务总局公告 2020 年第 15 号)的规定,自开展 2020 年度评价时起,调整纳税信用评价计分方法中的起评分规则。近三个评价年度内存在非经常性指标信息的,从 100 分起评;近三个评价年度内没有非经常性指标信息的,从 90 分起评。

9. 自开展 2019 年度评价时起,对于因直接判级评为 D 级的纳税人,维持 D 级评价保留( )。

A. 一年   B. 两年

C. 三年   D. 五年

答案:B

解析:根据《国家税务总局关于纳税信用管理有关事项的公告》(国家税务总局公告 2020 年第 15 号)的规定,自开展 2019 年度评价时起,调整税务机关对 D 级纳税人采取的信用管理措施。对于因直接判级评为 D 级的纳税人,维持 D 级评价保留 2 年,第三年纳税信用不得评价为 A 级。

10. 自 2020 年 11 月 1 日起,纳税人对指标评价情况有异议的,可在评价年度次年 3 月份填写( ),向主管税务机关提出复核,主管税务机关在开展年度评价时审核调整,并随评价结果向纳税人提供复核情况的自我查询服务。

A.《纳税信用复评(核)申请表》   B.《纳税信用复评申请表》

C.《纳税信用补评(核)申请表》   D.《纳税信用补评申请表》

答案:A

解析:根据《国家税务总局关于纳税信用管理有关事项的公告》(国家税务总局公告

2020年第15号)的规定,纳税人对指标评价情况有异议的,可在评价年度次年3月份填写《纳税信用复评(核)申请表》,向主管税务机关提出复核,主管税务机关在开展年度评价时审核调整,并随评价结果向纳税人提供复核情况的自我查询服务。

11. B级纳税信用为年度评价指标得分为（　　）。

A. 60分以上不满90分 　　　　　B. 70分及以上不满90分

C. 70分以上不满80分 　　　　　D. 60分及以上不满80分

答案：B

解析：根据《纳税信用管理办法(试行)》第十八条的规定,B级纳税信用为年度评价指标得分70分及以上不满90分的。

12. 根据《国家税务总局浙江省税务局关于个体工商户和其他类型纳税人纳税信用修复有关事项的公告》(国家税务总局浙江省税务局公告2019年第19号)规定,非正常户失信行为纳税信用修复在一个纳税年度内只能申请（　　）次。

A. 一 　　　　　B. 二

C. 三 　　　　　D. 四

答案：A

解析：非正常户失信行为纳税信用修复在一个纳税年度内只能申请一次。纳税年度自公历1月1日起至12月31日止。

13. 主管税务机关于（　　）按照税务总局统一规定的时间分别以通告的形式对外发布A级纳税人信息。

A. 每年3月 　　　　　B. 每年4月

C. 每年1—3月 　　　　　D. 每年1—4月

答案：B

解析：根据《国家税务总局关于明确纳税信用管理若干业务口径的公告》(国家税务总局公告2015年第85号)的规定,主管税务机关于每年4月按照税务总局统一规定的时间分别以通告的形式对外发布A级纳税人信息,发布内容包括纳税人识别号、纳税人名称、评价年度、纳税人主管税务机关。

14. 符合纳税信用补评条件的纳税人,可在纳税信用评价结果公布后的（　　）向主管税务机关申请补充该年度纳税信用评价。

A. 30日内 　　　　　B. 60日内

C. 90日内 　　　　　D. 任意时间

答案：D

解析：根据国家税务总局发布的《关于〈国家税务总局关于明确纳税信用补评和复评事项的公告〉的解读》的规定,纳税人可在纳税信用评价结果公布后的任意时间申请补充该年度纳税信用评价,但只能在纳税信用评价结果公布后的当年内申请该年度纳税信用复评。

15. 纳税人对已产生的纳税信用评价结果有异议,可在纳税信用评价结果确定的( )向主管税务机关申请复核。

A. 30 日内　　　　　　　　　　B. 60 日内

C. 当年内　　　　　　　　　　D. 次年 4 月份前

答案: C

解析: 根据《国家税务总局关于明确纳税信用补评和复评事项的公告》(国家税务总局公告 2015 年第 46 号)的规定,纳税人对纳税信用评价结果有异议的,可在纳税信用评价结果确定的当年内,填写《纳税信用复评申请表》,向主管税务机关申请复评。

二、多项选择题

1. 纳税信用管理遵循( )原则。

A. 客观公正　　　　　　　　　　B. 标准统一

C. 分级分类　　　　　　　　　　D. 动态调整

答案: ABCD

解析: 根据《纳税信用管理办法(试行)》第五条的规定,纳税信用管理遵循客观公正、标准统一、分级分类、动态调整的原则。

2. 纳税信用信息包括( )。

A. 财务负责人银行存款信息　　　B. 纳税人信用历史信息

C. 税务内部信息　　　　　　　　D. 外部信息

答案: BCD

解析: 根据《纳税信用管理办法(试行)》第十条的规定,纳税信用信息包括纳税人信用历史信息、税务内部信息、外部信息。

3. 纳税人信用历史信息包括( )。

A. 基本信息　　　　　　　　　　B. 评价年度之前优良信用记录

C. 评价年度之前不良信用记录　　D. 行政处罚信息

答案: ABC

解析: 根据《纳税信用管理办法(试行)》第十条的规定,纳税人信用历史信息包括基本信息和评价年度之前的纳税信用记录,以及相关部门评定的优良信用记录和不良信用记录。

4. 以下属于经常性指标信息的有( )。

A. 税(费)款缴纳信息　　　　　B. 登记与账簿信息

C. 税务稽查信息　　　　　　　　D. 发票与税控器具信息

答案: ABD

解析：根据《纳税信用管理办法（试行）》第十条的规定，经常性指标信息是指涉税申报信息、税（费）款缴纳信息、发票与税控器具信息、登记与账簿信息等纳税人在评价年度内经常产生的指标信息；非经常性指标信息是指税务检查信息等纳税人在评价年度内不经常产生的指标信息。

5. 纳税人发生以下情形，纳税信用评价按税种按次计算，扣分标准为 5 分的有（　　）。

A. 未按规定期限纳税申报

B. 未按规定期限代扣代缴

C. 未按规定期限填报财务报表

D. 未在规定期限内办理出口退（免）税资格认定的

答案：AB

解析：根据《国家税务总局关于发布〈纳税信用评价指标和评价方式（试行）〉的公告》（国家税务总局公告 2014 年第 48 号）附件的规定，未按规定期限填报财务报表按次计算，每次扣 3 分；未在规定期限内办理出口退（免）税资格认定的按次计算，每次扣 3 分。

6. 纳税人有下列（　　）情形的，不参加本期的纳税信用评价。

A. 首次在税务机关办理涉税事宜之日起不满一个评价年度

B. 本评价年度内无生产经营业务收入

C. 因涉嫌税收违法被立案查处尚未结案

D. 已申请税务行政复议、提起行政诉讼尚未结案

答案：CD

解析：根据《国家税务总局关于纳税信用评价有关事项的公告》（国家税务总局公告 2018 年第 8 号）的规定，新增下列企业参与纳税信用评价：（一）从首次在税务机关办理涉税事宜之日起时间不满一个评价年度的企业（以下简称"新设立企业"）。评价年度是指公历年度，即 1 月 1 日至 12 月 31 日。（二）评价年度内无生产经营业务收入的企业。（三）适用企业所得税核定征收办法的企业。

7. 以下纳税人，本评价年度不能评为 A 级的有（　　）。

A. 实际生产经营期不满 3 年的

B. 上一评价年度纳税信用评价结果为 D 级的

C. 一个评价年度内增值税连续 3 个月零申报的

D. 不能按照规定设置账簿，并根据合法、有效凭证核算，向税务机关提供准确税务资料的

答案：ABD

解析：根据《纳税信用管理办法（试行）》第十九条的规定，有下列情形之一的纳税人，本评价年度不能评为 A 级：（一）实际生产经营期不满 3 年的；（二）上一评价年度纳税信用

评价结果为 D 级的;(三)非正常原因一个评价年度内增值税连续 3 个月或者累计 6 个月零申报、负申报的;(四)不能按照国家统一的会计制度规定设置账簿,并根据合法、有效凭证核算,向税务机关提供准确税务资料的。

8. 下列企业如未发生失信行为,则适用 M 级纳税信用等级的有(　　)。

A. 非独立核算企业

B. 新设立企业

C. 评价年度内无生产经营业务收入且年度评价指标得分 70 分以上的企业

D. 适用企业所得税核定征收办法的企业

答案:BC

解析:根据《国家税务总局关于纳税信用评价有关事项的公告》(国家税务总局公告 2018 年第 8 号)第三条的规定,未发生《信用管理办法》第二十条所列失信行为的下列企业适用 M 级纳税信用:(一)新设立企业。(二)评价年度内无生产经营业务收入且年度评价指标得分 70 分以上的企业。

9. 对 D 级纳税人应采取的措施,以下表述错误的有(　　)。

A. 普通发票按需领用

B. 加强出口退税审核

C. 一般纳税人可单次领取 6 个月的增值税发票用量

D. 次年由直接保留 D 级评价调整为评价时加扣 11 分

答案:ACD

解析:根据《纳税信用管理办法(试行)》第三十二条的规定,增值税专用发票领用按辅导期一般纳税人政策办理,普通发票的领用实行交(验)旧供新、严格限量供应;加强出口退税审核;根据《国家税务总局关于纳税信用管理有关事项的公告》(国家税务总局公告 2020 年第 15 号),对于因评价指标得分评为 D 级的纳税人,次年由直接保留 D 级评价调整为评价时加扣 11 分;对于因直接判级评为 D 级的纳税人,维持 D 级评价保留 2 年,第三年纳税信用不得评价为 A 级。

10. 下列纳税人,可向主管税务机关申请纳税信用修复的有(　　)。

A. 破产企业在重整过程中,已依法缴纳税款、滞纳金、罚款,并纠正相关纳税信用失信行为的

B. 由纳税信用 D 级纳税人的直接责任人员注册登记,纳税信用关联评价为 D 级的纳税人,申请前连续 6 个月没有新增纳税信用失信行为记录的

C. 纳税信用直接判为 D 级的纳税人,已纠正纳税信用失信行为,申请前连续 6 个月没有新增纳税信用失信行为记录的

D. 因确定为重大税收违法失信主体,纳税信用直接判为 D 级的纳税人,失信主体信息已按照规定停止公布,申请前连续 12 个月没有新增纳税信用失信行为记录的

答案：ABD

解析：根据《国家税务总局关于纳税信用评价与修复有关事项的公告》(国家税务总局公告 2021 年第 31 号)和《国家税务总局关于纳税信用修复有关事项的公告》(国家税务总局公告 2019 年第 37 号)的规定,符合下列条件之一的纳税人,可向主管税务机关申请纳税信用修复:

(1)纳税人发生未按法定期限办理纳税申报、税款缴纳、资料备案等事项且已补办的。

(2)未按税务机关处理结论缴纳或者足额缴纳税款、滞纳金和罚款,未构成犯罪,纳税信用级别被直接判为 D 级的纳税人,在税务机关处理结论明确的期限期满后 60 日内足额缴纳、补缴的。

(3)纳税人履行相应法律义务并由税务机关依法解除非正常户状态的。

(4)破产企业或其管理人在重整或和解程序中,已依法缴纳税款、滞纳金、罚款,并纠正相关纳税信用失信行为的。

(5)因确定为重大税收违法失信主体,纳税信用直接判为 D 级的纳税人,失信主体信息已按照国家税务总局相关规定不予公布或停止公布,申请前连续 12 个月没有新增纳税信用失信行为记录的。

(6)由纳税信用 D 级纳税人的直接责任人员注册登记或者负责经营,纳税信用关联评价为 D 级的纳税人,申请前连续 6 个月没有新增纳税信用失信行为记录的。

(7)因其他失信行为纳税信用直接判为 D 级的纳税人,已纠正纳税信用失信行为、履行税收法律责任,申请前连续 12 个月没有新增纳税信用失信行为记录的。

(8)因上一年度纳税信用直接判为 D 级,本年度纳税信用保留为 D 级的纳税人,已纠正纳税信用失信行为、履行税收法律责任或失信主体信息已按照国家税务总局相关规定不予公布或停止公布,申请前连续 12 个月没有新增纳税信用失信行为记录的。

11. 主管税务机关应定期对外发布 A 级纳税人信息,发布内容包括(　　)。

A. 纳税人识别号　　　　　　　　　B. 纳税人名称

C. 评价年度　　　　　　　　　　　D. 纳税人主管税务机关

答案：ABCD

解析：根据《国家税务总局关于明确纳税信用管理若干业务口径的公告》(国家税务总局公告 2015 年第 85 号)的规定,主管税务机关于每年 4 月按照税务总局统一规定的时间分别以通告的形式对外发布 A 级纳税人信息,发布内容包括纳税人识别号、纳税人名称、评价年度、纳税人主管税务机关。

12. 纳税人的下列情形,不影响其纳税信用评价的有(　　)。

A. 由于税务机关原因,造成纳税人未能及时履行纳税义务的

B. 由于不可抗力,造成纳税人未能及时履行纳税义务的

C. 非主观故意的计算公式运用错误造成未缴或者少缴税款的

D. 明显的笔误造成未缴或者少缴税款的

答案：ABCD

解析：根据《纳税信用管理办法（试行）》第二十一条，纳税人有下列情形的，不影响其纳税信用评价：

（1）由于税务机关原因或者不可抗力，造成纳税人未能及时履行纳税义务的；

（2）非主观故意的计算公式运用错误以及明显的笔误造成未缴或者少缴税款的；

（3）国家税务总局认定的其他不影响纳税信用评价的情形。

13. 在评价结果公布前，发现评价为 A 级的纳税人有以下（　　）情形的，其评价结果不予公布。

A. 申请补评的 　　　　　　　　B. 已注销的

C. 认定为非正常户的 　　　　　　D. 有动态调整情形的

答案：BC

解析：根据《国家税务总局关于明确纳税信用管理若干业务口径的公告》（国家税务总局公告 2015 年第 85 号）的规定，在评价结果公布前（每年 1 月至 4 月），发现评价为 A 级的纳税人已注销或被税务机关认定为非正常户的，其评价结果不予发布。根据《国家税务总局关于完善纳税信用管理有关事项的公告》（国家税务总局公告 2016 年第 9 号）的规定，纳税信用年度评价结果发布前，主管税务机关发现纳税人在评价年度存在动态调整情形的，应调整后再发布评价结果。

三、判断题

1. 个体工商户和其他类型纳税人的纳税信用管理办法由国家税务总局另行规定。（　　）

答案：错误

解析：根据《纳税信用管理办法（试行）》第三条的规定，本办法适用于已办理税务登记，从事生产、经营并适用查账征收的企业纳税人（以下简称纳税人）。扣缴义务人、自然人纳税信用管理办法由国家税务总局另行规定。个体工商户和其他类型纳税人的纳税信用管理办法由省税务机关制定。

2. 纳税信用信息采集工作由国家税务总局和省税务机关组织实施，按季度采集。（　　）

答案：错误

解析：根据《纳税信用管理办法（试行）》第十一条的规定，纳税信用信息采集工作由国家税务总局和省税务机关组织实施，按月采集。

3. 纳税信用评价周期为一个纳税年度。所谓纳税年度为自然年度，即公历 1 月 1 日起至 12 月 31 日止。（　　）

答案： 正确

解析： 根据《纳税信用管理办法（试行）》第十七条的规定，纳税信用评价周期为一个纳税年度。

4. 纳税人有非正常户记录或者由非正常户直接责任人员注册登记或者负责经营的，则本评价年度直接判为 D 级。（　　　）

答案： 正确

解析： 根据《纳税信用管理办法（试行）》第二十条的规定，有非正常户记录或者由非正常户直接责任人员注册登记或者负责经营的，则本评价年度直接判为 D 级。

5. 主管税务机关完成动态调整工作后，于次月初 7 个工作日内将动态调整情况层报至省税务机关备案，并发布 A 级纳税人变动情况通告。（　　　）

答案： 错误

解析： 根据《国家税务总局关于完善纳税信用管理有关事项的公告》（国家税务总局公告 2016 年第 9 号）的规定，主管税务机关完成动态调整工作后，于次月初 5 个工作日内将动态调整情况层报至省税务机关备案，并发布 A 级纳税人变动情况通告。

6. 主管税务机关按年开展纳税信用级别动态调整工作，并为纳税人提供动态调整信息的自我查询服务。（　　　）

答案： 错误

解析： 根据《国家税务总局关于完善纳税信用管理有关事项的公告》（国家税务总局公告 2016 年第 9 号）的规定，主管税务机关按月开展纳税信用级别动态调整工作，并为纳税人提供动态调整信息的自我查询服务。

7. 主管税务机关完成动态调整工作后，应于次月初 5 个工作日内将动态调整情况层报至上一级税务机关备案，并发布 A 级纳税人变动情况通告。（　　　）

答案： 错误

解析： 根据《国家税务总局关于完善纳税信用管理有关事项的公告》（国家税务总局公告 2016 年第 9 号）的规定，主管税务机关完成动态调整工作后，于次月初 5 个工作日内将动态调整情况层报至省税务机关备案，并发布 A 级纳税人变动情况通告。

8. 自 2021 年度纳税信用评价起，税务机关按照"首违不罚"相关规定对纳税人不予行政处罚的，相关记录不纳入纳税信用评价。（　　　）

答案： 正确

解析： 根据《国家税务总局关于纳税信用评价与修复有关事项的公告》（国家税务总局公告 2021 年第 31 号）的规定，自 2021 年度纳税信用评价起，税务机关按照"首违不罚"相关规定对纳税人不予行政处罚的，相关记录不纳入纳税信用评价。

9. 主管税务机关自受理纳税信用修复申请之日起 10 个工作日内完成审核，并向纳税人反馈信用修复结果。（　　　）

答案：错误

解析：根据《国家税务总局关于纳税信用修复有关事项的公告》（国家税务总局公告2019年第37号）的规定，主管税务机关自受理纳税信用修复申请之日起15个工作日内完成审核，并向纳税人反馈信用修复结果。

10. 对纳税信用评价为B级的纳税人，税务机关应依法从严管理和提供及时的提示、警示和辅导，并视信用评价状态变化趋势，选择性地采用对纳税信用评价为C级纳税人采取的管理措施。（　　）

答案：错误

解析：根据《纳税信用管理办法（试行）》第三十条的规定，对纳税信用评价为B级的纳税人，税务机关实施正常管理，适时进行税收政策和管理规定的辅导，并视信用评价状态变化趋势选择性地提供本办法第二十九条的激励措施。根据《纳税信用管理办法（试行）》第三十一条的规定，对纳税信用评价为C级的纳税人，税务机关应依法从严管理，并视信用评价状态变化趋势选择性地采取本办法第三十二条的管理措施。

第十章

涉税专业服务

第一节 税务师事务所行政登记

知识点 1:税务师事务所行政登记

(1)在商事登记名称中含有"税务师事务所"字样的行政相对人,应当向省税务机关申请办理行政登记。

(2)税务师事务所采取合伙制或者有限责任制组织形式的,除国家税务总局另有规定外,应当具备下列条件:

①合伙人或者股东由税务师、注册会计师、律师担任,其中税务师占比应高于百分之五十;

②有限责任制税务师事务所的法定代表人由股东担任;

③税务师、注册会计师、律师不能同时在两家以上的税务师事务所担任合伙人、股东或者从业;

④税务师事务所字号不得与已经行政登记的税务师事务所字号重复。

(3)机构担任税务师事务所的合伙人或者股东的情形:

①符合以下条件的税务师事务所,可以担任税务师事务所的合伙人或者股东:执行事务合伙人或者法定代表人由税务师担任;前3年内未因涉税专业服务行为受到税务行政处罚;法律行政法规和国家税务总局规定的其他条件。

②符合以下条件的从事涉税专业服务的科技、咨询公司,可以担任税务师事务所的合伙人或者股东:由税务师或者税务师事务所的合伙人(股东)发起设立,法定代表人由税务师担任;前3年内未因涉税专业服务行为受到税务行政处罚;法律行政法规和国家税务总局规定的其他条件。

(4)税务师事务所分所的负责人应当由总所的合伙人或者股东担任。税务师事务所分所的行政登记参照本事项办理。

(5)从事涉税专业服务的会计师事务所和律师事务所,依法取得会计师事务所执业证书或律师事务所执业许可证,视同行政登记。

知识点 2:税务师事务所行政登记变更

税务师事务所的名称、组织形式、经营场所、合伙人或者股东、执行事务合伙人或者法定代表人等事项发生变更的,应当自办理工商变更之日起 20 个工作日内办理变更行政登记。税务师事务所分所的行政登记变更参照本事项办理。

知识点 3:税务师事务所行政登记终止

税务师事务所在向市场监管部门办理注销登记前,应当向所在地省税务机关提交材料办理终止行政登记。税务师事务所分所的行政登记终止参照本事项办理。

第二节　涉税专业服务信息报送

知识点 1:涉税专业服务机构(人员)基本信息报送

涉税专业服务机构首次报送基本信息的应当于首次提供涉税专业服务前、基本信息发生变更的应当自变更之日起 30 日内、暂时停止提供涉税专业服务的应当于完成或终止全部涉税专业服务协议后、恢复提供涉税专业服务的应当于恢复后首次提供涉税专业服务前办理涉税专业服务机构(人员)基本信息报送。

知识点 2:涉税专业服务协议要素信息报送

涉税专业服务机构应当于首次为委托人提供业务委托协议约定的涉税服务前、业务委托协议发生变更或者终止的应当自变更或者终止之日起 30 日内办理涉税专业服务协议要素信息报送。

涉税专业服务机构仅报送业务委托协议的要素信息,业务委托协议原件由涉税专业服务机构和委托人双方留存备查。

知识点 3:涉税专业服务年度报告报送

涉税专业服务机构应当于每年 3 月 31 日前,以年度报告形式向税务机关报送上一年度从事涉税专业服务的总体情况。

知识点 4:涉税专业服务专项报告报送

(1)税务师事务所、会计师事务所、律师事务所从事专业税务顾问、税收策划、涉税鉴证、纳税情况审查业务,应当在完成业务的次年3月31日前向主管税务机关单独报送相关业务信息。

(2)《专项业务报告要素信息采集表》仅采集专项业务报告要素信息,专项业务报告的原件由涉税专业服务机构和委托人双方留存备查,除税收法律、法规及国家税务总局规定报送的外,无须向税务机关报送。

(3)税务师事务所、会计师事务所、律师事务所从事专业税务顾问、税收策划、涉税鉴证、纳税情况审查业务的完成时间,以税务师、注册会计师、律师在相关文书上签字的时间为准。

第三节 涉税专业服务机构(人员)信用管理

知识点1:涉税专业服务机构(人员)信用信息查询

纳税人可以查询涉税专业服务机构的涉税专业服务信用等级和从事涉税服务人员的信用积分;涉税专业服务机构可以查询本机构的涉税专业服务信用等级及积分明细和所属从事涉税服务人员的信用积分;从事涉税服务人员可以查询本人的信用积分明细。

知识点2:涉税专业服务机构(人员)信用复核

涉税专业服务机构和从事涉税服务人员对信用积分、信用等级和执业负面记录有异议的,以及对税务机关拟将其列入涉税服务失信名录有异议的,可以书面向主管税务机关或通过电子税务局提供相关资料或者证明材料,申请复核。

 本章习题

一、单项选择题

1. 税务师事务所应当( ),向所在地省税务机关提交材料办理终止行政登记。

A. 自市场监管部门办理注销登记之日起15个工作日内

B. 自市场监管部门办理注销登记之日起20个工作日内

C. 自市场监管部门办理注销登记之日起30个工作日内

D. 在向市场监管部门办理注销登记前

答案:D

解析:根据《"最多跑一次"办税指南》的规定。

2. 关于涉税专业服务机构办理涉税专业服务协议要素信息报送的时间,下列表述正确的是(　　)。

A. 应当于首次为委托人提供业务委托协议约定的涉税服务前

B. 应当于首次为委托人提供业务委托协议约定的涉税服务之日起 15 日内

C. 应当于业务委托协议发生变更之日起 45 日内

D. 应当于业务委托协议终止前

答案：A

解析：根据《"最多跑一次"办税指南》的规定。

二、多项选择题

1. 税务师事务所、会计师事务所、律师事务所从事(　　)业务,应当在完成业务的次年 3 月 31 日前向主管税务机关单独报送相关业务信息。

A. 专业税务顾问

B. 税收策划

C. 涉税鉴证

D. 纳税情况审查

答案：ABCD

解析：根据《"最多跑一次"办税指南》的规定。

2. 税务师事务所采取合伙制或者有限责任制组织形式的,除国家税务总局另有规定外,应当具备下列(　　)条件。

A. 合伙人或者股东由税务师、注册会计师、律师担任,其中税务师占比应高于百分之三十五

B. 有限责任制税务师事务所的法定代表人由股东担任

C. 税务师、注册会计师、律师不能同时在两家以上的税务师事务所担任合伙人、股东或者从业

D. 税务师事务所字号不得与已经行政登记的税务师事务所字号重复

答案：BCD

解析：根据《国家税务总局关于发布〈涉税专业服务监管办法(试行)〉的公告》(国家税务总局公告 2017 年第 13 号)的规定,税务师事务所采取合伙制或者有限责任制组织形式的,合伙人或者股东由税务师、注册会计师、律师担任,其中税务师占比应高于百分之五十。

三、判断题

1. 涉税专业服务机构应当于每年 3 月 31 日前,以年度报告形式向税务机关报送上一年度从事涉税专业服务的总体情况。(　　)

答案：对

解析：根据《"最多跑一次"办税指南》的规定。

2. 涉税专业服务机构和从事涉税服务人员对税务机关拟将其列入涉税服务失信名录有异议的，不得申请复核。（　　　）

答案：错

解析：根据《"最多跑一次"办税指南》的规定，涉税专业服务机构和从事涉税服务人员对信用积分、信用等级和执业负面记录有异议的，以及对税务机关拟将其列入涉税服务失信名录有异议的，可以书面向主管税务机关或通过电子税务局提供相关资料或者证明材料，申请复核。

第十一章

宣传咨询

第一节　税收宣传

知识点 1：税收宣传概述

按照《中华人民共和国税收征收管理法》的规定，税务机关应当广泛宣传税收法律、行政法规，普及纳税知识，无偿地为纳税人提供纳税咨询服务。因社会保险费和非税收入征管职责划转，目前税收宣传的具体内容涵盖了税费政策宣传、办税缴费流程宣传、热点问题宣传、重点专题宣传和税收宣传月宣传等内容。

知识点 2：税费政策宣传

1. 概念

税费政策宣传是指税务机关对税费政策及其解读进行的宣传。税费政策包括税收和社保费法律、行政法规、税务部门规章、税收规范性文件等。政策解读是为便于对税费文件的理解、执行和宣传，与文件同步起草、同步报批、同步发布的解释性说明。

2. 工作要求

（1）省、市税务机关通过税务网站，县税务机关通过办税服务厅公告栏、电子显示屏等渠道发布税费政策文件及解读，并及时更新维护。

（2）省、市税务机关纳税服务部门根据实际情况制作宣传资料，并及时将本级制作和上级下发的宣传资料发放至下一级税务机关，县税务机关 1 个工作日内将接收的宣传资料通过办税服务厅发放。

（3）有条件的地方，可以通过网上办税服务厅、网络纳税人学堂、电子邮箱、微信、手机 App、短信等多种方式发布，也可根据纳税人需求提供不同行业、不同纳税人类型的分类宣传资料。

知识点3:办税缴费流程宣传

1. 概念

办税缴费流程宣传,是指税务机关对税费事项的办理渠道、报送资料、办理程序、办理方法等进行宣传。

2. 相关工作要求

(1)纳税服务部门接收业务主管部门或上级纳税服务部门提供的办税流程相关资料。无须补充说明的,于接收当日进入对外发布核准环节;需要补充说明的,由纳税服务部门的业务主管部门确定。

(2)纳税服务部门于接收后1个工作日内完成对外发布核准。

(3)收到经发布核准的资料后1个工作日内,省、市税务机关通过税务网站,县税务机关通过办税服务厅公告栏、电子显示屏等渠道发布办税流程宣传资料,并及时更新维护。

(4)省、市税务机关纳税服务部门根据实际情况制作宣传资料,并及时将本级制作和上级下发的宣传资料发放至下一级税务机关,县税务机关1个工作日内将接收的宣传资料通过办税服务厅发放。

知识点4:热点问题宣传

1. 概念

热点问题宣传,是指税务机关对纳税人咨询频率较高的问题进行宣传。

2. 工作要求

(1)纳税服务部门于每月初的5个工作日内收集、筛选上月咨询频率较高的热点问题,整理答案并提交业务主管部门审核。

(2)业务主管部门在5个工作日内完成热点问题答案的审核并传递给纳税服务部门。

(3)纳税服务部门于接收后的1个工作日内完成对外发布核准。

(4)收到经发布核准的资料后1个工作日内,省、税务机关通过税务网站,县税务机关通过办税服务厅公告栏、电子显示屏等渠道发布热点问题并及时更新维护。

(5)省、市税务机关纳税服务部门根据实际情况制作宣传资料,并及时将本级制作和上级下发的宣传资料发放至下一级税务机关,县税务机关1个工作日内将接收的宣传资料通过办税服务厅发放。

知识点5:重点专题宣传

1. 概念

重点专题宣传,是指税务机关根据工作计划、税收政策和管理制度(体制)变化及纳税人需求情况,组织实施特定主题的税法宣传活动。

2. 工作要求

(1)税务机关根据工作计划或制度变动、纳税人需求情况启动特定主题的税法宣传工作,制订重点专题宣传工作方案,明确宣传任务、目标、渠道、方式、步骤和分工等事项。

(2)税务机关通过办税服务厅、纳税人缴费人学堂、互联网、媒体等渠道,以教学讲座、税企座谈会、媒体通气会、在线访谈等多种形式开展多方位宣传,并进行效果评估,持续改进。

知识点6:税收宣传月宣传

1. 概念

从1992年开始,税务系统每年定于4月份集中开展税收宣传,称为"税收宣传月",由国家税务总局制定指导思想、宣传主题,各地税务机关制订实施方案,根据"税收宣传月主题"明确时间、任务、目标、方式、渠道、步骤和分工等事项。

2022年举办的是第31个税收宣传月。税收宣传月的主题往往与当年的税收工作重点相关,近五年税收宣传月主题如表11—1所示。

表11—1　　　　　　　　　　2018—2022年税收宣传月主题

年　　度	税收宣传月主题
2022	税收优惠促发展 惠企利民向未来
2021	税收惠民办实事 深化改革开新局
2020	减税费优服务 助复产促发展
2019	落实减税降费 促进经济高质量发展
2018	优化税收营商环境 助力经济高质量发展

2. 工作要求

(1)税务机关制订实施方案,根据"税收宣传月主题"明确时间、任务、目标、方式、渠道、步骤和分工等事项。

(2)税务机关按照实施方案组织实施,注重面向社会公众,加强公众参与和交流互动,增进公众对税务部门和税务工作的理解和支持。

第二节　税费咨询

知识点 1:税费咨询概述

为满足纳税人缴费人的各项涉税费服务需求,税务机关应当通过对外公开的咨询服务电话、互联网渠道解答公众和纳税人缴费人提出的涉税费问题,同时应当强化面对面咨询服务的相关管理。税费咨询的形式主要包括电话咨询、网络咨询和面对面咨询三种形式。

知识点 2:电话咨询

1. 概念

电话咨询,是指税务机关通过对外公开的咨询服务电话解答公众和纳税人缴费人提出的涉税费问题。

2. 基本工作要求

(1)县税务机关对外公开咨询电话,在工作时间内提供涉税费咨询服务。

(2)提供咨询服务时应使用规范用语。

(3)不能即时答复的涉税费问题,5个工作日内回复;不能按期回复,应在回复期限内向咨询人说明。

(4)咨询电话出现故障,短时间内不能恢复正常的,应及时向社会公告,并采取应急措施。

(5)电话咨询的答复仅供参考,具体以法律法规及相关规定为准。

知识点 3:网络咨询

1. 概念

互联网咨询,是指税务机关通过互联网络为公众和纳税人缴费人提供涉税(费)咨询服务。

2. 基本工作要求

(1)税务机关在互联网对外公开平台上设置智能咨询、在线咨询、网上留言等功能,为纳税人缴费人提供税费咨询服务。

(2)对网上留言提出的涉税费问题,1个工作日内做出响应。可以即时答复的问题,即时答复;不能即时答复的涉税问题,5个工作日内回复。

（3）不能按期回复的，应在回复期限内向咨询人说明。

（4）有条件的地区可通过手机 App、即时通信软件等方式为纳税人缴费人提供税费咨询服务。

（5）网络咨询的答复仅供参考，具体以法律法规及相关规定为准。

知识点 4：面对面咨询

1. 概念

面对面咨询，是指税务机关为公众和纳税人缴费人提供面对面咨询服务。

2. 基本工作要求

（1）服务厅咨询服务提供面对面咨询服务。

（2）对不能即时答复的问题，记录后转下一环节处理，并在 5 个工作日内回复。

（3）不能按期回复的，在回复期限内向咨询人说明。

（4）面对面咨询的答复仅供参考，具体以法律法规及相关规定为准。

第三节　培训辅导

知识点 1：培训辅导概述

培训辅导是税法宣传的辅助手段，税务机关通过主动开展相关税法宣传，对纳税（缴费）人进行针对性的培训辅导，以提高纳税（缴费）人的纳税水平，进而提升税法遵从度。税务机关组织实施的培训辅导按照内容与形式区分，可以分为新办纳税人培训辅导和税收专项培训辅导。

知识点 2：新办纳税人培训辅导

1. 概念

新办纳税人培训辅导，是指税务机关组织新办纳税人开展税收基本知识相关税收政策、办税流程、软件操作、税控设备操作等方面的学习培训和互动交流，增强纳税人的纳税意识，提高其办税能力。

2. 相关工作要求

（1）在纳税人办理设立登记时，提示有关培训事项，引导纳税人积极参加纳税人学堂培训。

（2）制订新办纳税人综合培训计划，明确培训内容、培训对象、教师组成、培训时间及地点等事项。

(3)县税务机关通过实体纳税人学堂开展对新办纳税人的培训辅导。纳税人自愿报名,免费参加培训。

(4)实体纳税人学堂应根据工作计划或纳税人需求举办新办纳税人培训,培训通知应至少提前一周在网络纳税人学堂发布。

(5)实体纳税人学堂培训期间应发放培训资料并开展互动问答;网络纳税人学堂应根据政策变动及时更新课件,并提供下载服务。

(6)采取问卷调查、在线留言、课堂反馈等形式,收集纳税人意见,根据纳税人的实际需求和关注热点,编制、调整教学培训计划。

3. 纳税人学堂

(1)纳税人学堂是由税务机关主办的,有组织有计划地为纳税人提供税收法律法规及相关政策规定培训辅导的网络平台和实体场所。

(2)纳税人学堂实行省、市、县分级管理。纳税人学堂实体场所和网页均应有"纳税人学堂"标识。

(3)纳税人学堂的办学原则是:免费举办、自愿参加、课程实用和教学相长。纳税人学堂视频制作规范的基本原则是:主动公开、准确有效、通俗易懂。

知识点3:税收专项培训辅导

1. 概念

税收专项培训辅导,是指税务机关根据税收政策变化、纳税人需求、重点工作和阶段性工作,组织纳税人开展税收专题培训辅导。

2. 相关工作要求

(1)县税务机关通过实体纳税人学堂开展税收专项培训辅导。

(2)制订税收专项培训计划,明确培训内容、培训对象、教师组成、培训时间及地点等事项。

(3)通过办税服务厅、网络纳税人学堂等渠道发放培训通知,纳税人自愿报名,免费参加培训。

(4)实体纳税人学堂培训期间应发放培训资料并开展互动问答。网络纳税人学堂应根据政策变动及时更新课件,并提供下载服务。

(5)采取问卷调查、在线留言、课堂反馈等形式,收集纳税人意见,并根据纳税人的实际需求和关注热点,编制、调整教学培训计划。

第四节   12366 税费服务热线

知识点 1：12366 热线工作目标

12366 是全国税务系统统一的服务电话号码。按照相关工作定位，12366 热线的工作目标是围绕涉税（费）咨询的重要平台、宣传政策的重要阵地、办税缴费服务的重要载体、锻炼干部的重要基地、展示形象的重要窗口五个定位，建成集纳税缴费咨询、税费宣传、办税缴费服务、投诉受理、需求管理、纳税人缴费人满意度调查六项功能于一体的综合性、品牌化纳税缴费服务平台。

知识点 2：12366 热线功能定位

12366 热线的功能定位是："1 号"接入（税费业务通用 12366 一个号码），"2 级"保障（国家和省级两级中心），"3 线"互通（热线、网线、无线），"6 能"平台（能问、能查、能看、能听、能约、能办），"6 心"服务（用心倾听、耐心解答，诚心交流、真心互动，精心分析、贴心推送）。

知识点 3：12366 热线主要工作内容

12366 热线通过电话、互联网、传真等渠道为纳税人缴费人提供咨询、税费信息查询、接受纳税人投诉、接受税务机关和税务人员税收违法行政行为举报、收集意见建议等服务。

1. 咨询服务相关工作要求

12366 热线主要负责解答纳税人缴费人关于国家税收法律、行政法规、纳税程序以及社会保险费和税务机关管辖的非税收入征管有关问题并引导投诉服务。不提供税收策划、各类社会性涉税考试辅导，也不进行涉税学术研究、探讨。不属于受理范围的，咨询员应主动告知纳税人缴费人不予受理的理由。

12366 咨询员应通过 12366 税收知识库或 12366 智能咨询库查找答复依据并答复纳税人缴费人，对于经内部流转不能答复的问题，本级 12366 主管部门能够处理的，应当在 5 个工作日内处理，紧急的工单应根据实际需要在限定时限内办结。

本级 12366 主管部门不能处理的工单，属于要本级业务部门答复的疑难问题，本级业务部门应在 5 个工作日内予以答复，本级业务部门不能答复的，按"疑难问题"的要求执行。即省 12366 对疑难问题应在问题产生之日起 1 个工作日内制作工单传递给同级业务部门处理，业务承办部门应在 1 个工作日内判断是否属于职责受理范围，不属于职责受理范围的,退回 12366 主管部门,逾期不退,视为受理。属于职责受理范围的,承办部门应自形成工单之日起 5 个工作日内答复省 12366 主管部门。对于业务部门不能够解释和明确的疑难问题且未上报至国家税务总局的,省 12366 主管部门应在收到反馈意见后 1 个工作日内制作《12366 热线疑难问题提交单》提交至 12366 国家级中心。

2. 税费信息查询相关工作要求

纳税人缴费人通过电话、网络、现场、传真等方式提出查询需求,12366 热线在按规定可查询范围内为纳税人缴费人提供税费信息查询服务。税费信息查询包括人工查询和自助查询,自助查询服务是指 12366 热线预先在 IVR 系统录制语音、文本信息,纳税人缴费人利用电话机键盘输入进行选择,或利用语音识别技术在智能咨询平台自行根据语音提示获得税费信息的查询服务,以及通过 12366 纳税缴费服务平台相关栏目获得税费信息的查询服务。

3. 接受纳税服务投诉相关工作要求

接受纳税服务投诉,是指 12366 热线接受纳税人缴费人对税务机关及其工作人员在履行纳税服务职责过程中未提供规范、文明的纳税服务或者侵犯其合法权益而向税务机关进行的投诉,并转给相关部门处理。

4. 收集意见建议相关工作要求

12366 咨询员通过电话、网络、现场以及传真等渠道提供纳税(缴费)服务时,应认真登记纳税人缴费人对税收工作以及社会保险费和税务机关负责的非税收入征管工作的意见和建议。记录应确保内容完整、语言简洁、表述准确。

本章习题

一、单项选择题

1. 明确规定税法宣传咨询是税务机关法定职责的是(　　　)。

A.《国家税务总局关于加强纳税服务工作的通知》(国税发〔2003〕38 号)

B.《国家税务总局关于进一步推行办税公开工作的意见》(国税发〔2006〕172 号)

C.《国家税务总局关于印发〈纳税服务工作规范(试行)〉的通知》(国税发〔2005〕165 号)

D.《中华人民共和国税收征收管理法》(2001 年修订版)

答案:D

解析:按照《中华人民共和国税收征收管理法》第七条的规定,"税务机关应当广泛宣传税收法律、行政法规,普及纳税知识,无偿地为纳税人提供纳税咨询服务"。

2. 从（　　）开始,全国税务系统于每年4月集中开展税收宣传,称为"税收宣传月"。

A. 1990 年　　　　　　　　　　　B. 1991 年

C. 1992 年　　　　　　　　　　　D. 1993 年

答案：C

解析：从1992年开始,税务系统每年定于4月份集中开展税收宣传,称为"税收宣传月",由国家税务总局制定指导思想、宣传主题,各地国税局、地税局结合实际开展丰富多彩的税收宣传活动。

3. 县税务机关接收到上级税务机关发放的宣传资料后,通过办税服务厅发放的时限要求是（　　）。

A. 1 个工作日内　　　　　　　　B. 2 个工作日内

C. 3 个工作日内　　　　　　　　D. 5 个工作日内

答案：A

解析：县税务机关1个工作日内将接收的宣传资料通过办税服务厅发放。

4. 面对面咨询时,对不能即时答复的涉税(费)问题,应按照（　　）要求进行处理。

A. 预约服务　　　　　　　　　　B. 首问责任制

C. 一次性告知　　　　　　　　　D. 最多跑一次

答案：B

解析：根据《全国税务机关纳税服务规范(3.0版)》的规定,对不能即时答复的涉税(费)问题,按照首问责任制要求进行处理。

5. 12366纳税服务热线人工咨询,不能即时答复的涉税问题,回复期限是（　　）。

A. 1 个工作日内　　　　　　　　B. 3 个工作日内

C. 5 个工作日内　　　　　　　　D. 10 个工作日内

答案：C

解析：12366纳税服务热线人工咨询服务,不能即时答复的涉税问题,5个工作日内回复;不能按期回复的,应在回复期限内向咨询人说明。

6. 下列事项不属于纳税咨询人员职责的是（　　）。

A. 帮助纳税人解决纳税过程申报中遇到的操作问题

B. 解答纳税人有关涉税政策问题

C. 对纳税人进行税收政策宣传

D. 帮助纳税人进行纳税筹划

答案：D

解析：纳税筹划不是税务机关的工作职责。

7. 纳税人学堂是由（　　）主办的,有组织有计划地为纳税人提供税收法律法规及相关政策规定培训辅导的网络平台和实体场所。

A. 当地政府   B. 财税部门

C. 税务机关   D. 纳税人联合会

答案：C

解析：纳税人学堂由税务机关主办,实行省、市、县分级管理。

8. 关于纳税人学堂的办学方式,下列说法错误的是( )。

A. 纳税人学堂采用实体教学和网络教学相结合的方式办学

B. 实体教学通过教学讲座、座谈讨论等形式集中组织纳税人开展学习培训和互动交流

C. 网络教学通过税务机关网络教学平台开展在线学习交流

D. 网络纳税人学堂原则上每个季度应更新教学内容,实体纳税人学堂每半年应至少开展一次教学活动

答案：D

解析：实体纳税人学堂每个季度应至少开展一次教学活动。

9. 12366纳税服务热线要构建新的"六能"平台,"六能"不包括( )。

A. 能约   B. 能办

C. 能讲   D. 能查

答案：C

解析：12366纳税服务热线"六能"平台是能听、能问、能看、能查、能约、能办。

10. 12366日常监测工作按月进行,主要采用方法是( )。

A. 前台拨测   B. 后台抽测

C. 测评专家匿名测评   D. 问卷调查

答案：B

解析：12366日常监测工作按月进行,采用后台抽测为主、前台拨测为辅,测评专家匿名测评的监测方式。

二、多项选择题

1. 县级税务机关主要通过( )等渠道发布税收政策文件及解读并及时更新维护。

A. 电子显示屏   B. 微信公众号

C. 电视台、广播传媒、报纸杂志   D. 办税服务厅公告栏

答案：AD

解析：县级税务机关主要通过办税服务厅公告栏、电子显示屏来发布税收政策文件。

2. 下列属于税收宣传的形式的有( )

A. 教学讲座   B. 税企座谈会

C. 媒体通气会   D. 纳税人学堂

答案：ABC

解析：税务机关通过办税服务厅、纳税人学堂、互联网、媒体等渠道，以教学讲座、税企座谈会、媒体通气会、在线访谈等多种形式开展多方位宣传，并进行效果评估，持续改进。因此，D选项纳税人学堂属于宣传渠道，不属于宣传形式。

3. 纳税咨询的主要形式包括（　　）。

A. 面对面咨询　　　　　　　　B. 电话咨询

C. 互联网咨询　　　　　　　　D. 新媒体咨询

答案：ABC

解析：纳税咨询的形式主要包括电话咨询、网络咨询和面对面咨询三种形式。

4. 关于电话咨询相关工作要求，以下表述正确的有（　　）。

A. 县税务机关对外公开咨询电话，在工作时间内提供涉税费咨询服务

B. 提供咨询服务时应使用规范用语

C. 对于不能即时答复的涉税费问题，3个工作日内回复

D. 咨询电话出现故障，短时间内不能恢复正常的，应及时向社会公告

答案：ABD

解析：县税务机关对外公开咨询电话，在工作时间内提供涉税费咨询服务；提供咨询服务时应使用规范用语；不能即时答复的涉税费问题，5个工作日内回复；不能按期回复，应在回复期限内向咨询人说明；咨询电话出现故障，短时间内不能恢复正常的，应及时向社会公告，并采取应急措施。

5. 以下不属于12366热线咨询服务受理范围的有（　　）。

A. 税收策划　　　　　　　　　B. 执法资格考试辅导

C. 涉税学术研究　　　　　　　D. 满意度调查

答案：ABC

解析：12366热线主要负责解答纳税人关于国家税收法律、行政法规以及与纳税程序有关的问题，引导投诉服务，提供税务机关管辖基金费缴纳指引服务。不提供税收策划、各类社会性涉税考试辅导，也不进行涉税学术研究、探讨。

6. 培训辅导根据内容不同可以分为（　　）两大类。

A. 新办纳税人培训辅导　　　　B. 税收专项培训辅导

C. 自然人纳税人培训辅导　　　D. 小规模纳税人培训辅导

答案：AB

解析：培训辅导根据内容不同可以分为新办纳税人培训辅导和税收专项培训辅导两大类。

7. 以下属于12366热线咨询员服务忌语的有（　　）。

A."您听我说完行吗，让我先说，您等会儿再说"

B."对不起,您可以讲普通话吗?"

C."拜拜,OK"

D."我也不知道"

答案:ACD

解析:12366纳税服务日常用语规范。

8. 12366热线绩效测评的服务规范性测评包括( )。

A. 语言规范　　　　　　　　　　B. 着装规范

C. 服务态度　　　　　　　　　　D. 语音规范

答案:CD

解析:12366热线绩效服务规范性采用百分制,包括语音规范和服务态度两部分。

9. 现场咨询是指咨询员通过"面对面"交流的方式在12366工作区域或办税(缴费)服务厅等场所为纳税人缴费人提供的纳税(缴费)咨询服务。咨询服务的工作流程包括( )。

A. 受理　　　　　　　　　　　　B. 记录

C. 处理　　　　　　　　　　　　D. 办结

答案:ACD

解析:《国家税务总局纳税服务司关于修订〈12366纳税服务热线基本工作流程和作业标准(试行)〉的通知》规定,现场咨询的作业标准包括受理、处理、办结。

10. 下列指标中,属于12366纳税服务热线绩效测评选取指标的有( )。

A. 接通率　　　　　　　　　　　B. 满意度

C. 答复准确率　　　　　　　　　D. 服务规范性

答案:ACD

解析:12366纳税服务热线绩效测评共选取接通率、答复准确率、服务规范性三项指标,每项指标分值均为100分。

三、判断题

1. 税收宣传工作作为政务管理的一项重要内容,一般归口各级税务机关的纳税服务部门统一协调管理。( )

答案:错误

解析:税收宣传工作一般归口各级税务机关的办公室统一协调管理。

2. 2022年税收宣传月的主题是:"税收惠民办实事深化改革开新局"。( )

答案:错误

解析:2022年税收宣传月的主题是"税收优惠促发展 惠企利民向未来"。

3. 税务机关对外公开的咨询服务电话,24小时为纳税人提供人工涉税咨询服务。

( )

答案：错误

解析：根据《全国税务机关纳税服务规范(3.0版)》电话咨询基本规范的要求,税务机关对外公开的其他咨询服务电话,在工作时间内为纳税人提供人工涉税(费)咨询服务。

4. 税务机关答复网上留言咨询时,发现问题表述不清的,可不予答复。(   )

答案：错误

解析：税务机关答复网上留言咨询时,发现问题表述不清的,应告知纳税人将问题表述完整或指引其采用其他方式咨询。

5. 培训辅导是税法宣传的主要手段,税务机关通过对纳税人进行针对性的培训辅导,以提高纳税人的纳税水平,进而提升税法遵从度。(   )

答案：错误

解析：培训辅导是税法宣传的辅助手段。

6. 对查询12366知识库后不能够答复的咨询事项,咨询员可以直接将来电转至专家座席、远程座席或纳税人指定的咨询员、指定号码,转接后由被转接人进行答复和处理,咨询员结束通话。(   )

答案：正确

解析：12366热线服务的要求。

7. 法规部门应当在税收政策类文件发布当月,将文件传递至本级12366知识库管理部门。(   )

答案：错误

解析：各级税务机关业务部门应当在税收政策类文件发布当日,将文件传递至本级12366知识库管理部门。

8. 来源于新闻媒介的学术论文以及内部讨论意见等没有发布正式文件的资料,可以作为12366知识库税收法规、问题解答模块、学习园地模块的采集内容。(   )

答案：错误

解析：来源于新闻媒介的学术论文以及内部讨论意见等没有发布正式文件的资料,不得作为12366知识库税收法规、问题解答模块的采集内容。如确有学习价值,可在学习园地模块采集。

9. 办税流程宣传是税务机关对涉税事项的办理渠道、报送资料、办理程序、办理方法等进行宣传。(   )

答案：正确

解析：办税流程宣传是税务机关对涉税事项的办理渠道、报送资料、办理程序、办理方法等进行宣传。

10. 税务机关通过12366热线唯一渠道为纳税人提供电话咨询服务,解答公众和纳税人提出的涉税问题。(   )

答案：错误

解析：税务机关通过对外公开的咨询服务电话解答公众和纳税人提出的涉税问题。对外公开的咨询服务电话包括县税务机关对外公开咨询电话，在工作时间内提供涉税咨询服务，省税务机关开通12366纳税服务热线，提供涉税咨询服务。提供咨询服务时应使用规范用语，12366纳税服务热线接通人工咨询服务前，需插报免责条款和咨询服务人员工号。

11. 税务机关应在省税务网站上设置网上留言咨询栏目，提供涉税咨询服务，对网上留言提出的涉税问题，当日内做出响应。（　　）

答案：错误

解析：税务机关应在省税务网站上设置网上留言咨询栏目，提供涉税咨询服务。对网上留言提出的涉税问题，1个工作日内做出响应。

12. 面对面咨询的答复仅供参考，具体以法律法规及相关规定为准。（　　）

答案：正确

解析：根据《全国税务机关纳税服务规范(3.0版)》。

第十二章

文明服务

第一节　服务环境

知识点1：办税服务厅的基本职责

办税服务厅，是指税务机关依职责为纳税人、缴费人、扣缴义务人（以下简称纳税人缴费人）集中办理涉税事项以及社会保险费和非税收入缴纳事项，提供服务的场所。办税服务厅的基本职责如下：

（1）办理纳税缴费事项。

（2）引导、辅导纳税人缴费人办理税费事项。

（3）宣传税费法律法规和政策。

（4）收集纳税人缴费人意见建议。

（5）依照职责办理税务违法行为简易处罚事项。

（6）办理其他相关事项。

知识点2：办税服务厅内外部标识设置

1. 外部标识

办税服务厅外部标识分为横向标识、竖向标识、立式标识三种。

（1）横向标识。办税服务厅原则上应选用横向标识。横向标识位于办税服务厅正门上方醒目位置。

（2）用竖向标识。因客观原因确实无法选用横向标识的办税服务厅，可选用竖向标识。竖向标识位于办税服务厅正门侧方。

（3）立式标识。因客观原因确实无法选用横向标识的办税服务厅，经有关部门批准后，可选用于户外矗立的立式标识。

标识的字体、颜色、图案应与国家税务总局相关规定保持一致。车辆购置税办税场所、契税办税场所、自助办税场所、基层税务所(分局)、农村乡镇设置的办税服务场所,应统一使用国家税务总局规定的办税服务厅外部标识,名称为"办税服务厅"或"办税服务室"。

2. 内部标识

办税服务厅内部标识是为引导和方便纳税人办理涉税事项,在办税服务厅内部设立的具有纳税服务理念和要求的视觉识别系统。办税服务厅内部标识的内容、字体、颜色、图案等基础元素应与国家税务总局相关规定保持一致。办税服务厅内部各类标识底色统一为古蓝色,文字色为白色。办税服务厅有背景墙的,背景墙标识采用"税徽＋为国聚财为民收税"的样式。设在政务中心的办税服务场所,其内部标识以当地政务中心的要求为准。

知识点3:办税服务厅功能区域及窗口设置

1. 功能区域设置

办税服务厅一般包括办税服务区、咨询辅导区、自助办税区、等候休息区等功能区域。

(1)办税服务区,是为纳税人办理涉税事项的区域。

(2)咨询辅导区,是受理纳税人咨询、进行办税辅导的区域。咨询辅导区应设置咨询服务岗,并视纳税人数量配备专职或兼职人员。

(3)自助办税区,是纳税人通过自助办税设备、设施自行办理涉税事项的区域。

(4)等候休息区,是纳税人等候办理涉税事项的区域。上述办税功能区域结合实际情况进行布局,可合并设置。

可根据信息化建设状况、纳税人办税现状、场地规模、工作量、人流量等实际情况合理增并、适当调整,条件不允许的办税服务厅可以适当合并功能区。设在政务中心的办税服务场所,按照上述要求或当地政务服务中心的要求设置功能区域。

2. 窗口设置

办税服务区可设置综合服务、发票管理、申报纳税三类窗口或综合服务、发票管理两类窗口并明确各岗位职责,有条件的地方可以实行"一窗通办"服务。

第二节　服务制度

知识点1:首问责任制度

1. 概念

首问责任制,指纳税人到办税服务厅办理涉税事项或寻求涉税帮助时,首位接洽的工作人员为纳税人办理或有效指引纳税人完成办理涉税事项的制度。

2. 责任人

首问责任人，指纳税人到办税服务厅，或通过电话等方式办理涉税事项或寻求涉税帮助时，首位接洽的税务工作人员。首问责任人包括办税服务厅全体工作人员，以及在办税服务厅现场的其他税务工作人员。

3. 业务范围

首问责任的业务范围包括涉税业务办理、涉税业务咨询、纳税服务投诉和税收工作建议。涉及税收违法行为的检举、干部违纪违法的举报和信访的，首问责任人应将当事人引导至投诉举报等相关受理部门，或直接告知其相关部门的联系方式。

4. 基本要求

(1)首问责任人职责范围内的涉税事项，按以下规定办理：

凡资料齐全且符合法定条件者，能当场办理或答复的，应当场办理或答复；对不能当场办理或答复的，应建立登记台账和收件回执，登记内容包括接洽时间、纳税人名称、联系方式、首问事项、首问责任人、承办人和办理答复时间等相关信息，回执内容包括首问责任人姓名、联系方式、承诺办理或答复时限、监督投诉电话等。

对资料不齐全或不完全符合法定条件者，能容缺受理的，先予以受理，并应一次性告知其需补齐的资料，不能受理的应明确告知不予办理的理由、依据等。

(2)对不属于首问责任人职责范围的涉税事项，按以下规定办理：

属于本税务机关职责范围内的，首问责任人应将纳税人指引到涉税业务对应的承办部门，由承办部门指定承办人，该承办人承接首问责任。

不属于本税务机关职责范围内的，首问责任人应向纳税人详细说明，并给予必要的帮助。

知识点2:限时办结制度

1. 概念

限时办结制度是指对纳税人发起的非即办事项，税务机关应在规定的时限内办结或答复。

2. 公开办理时限

税务机关应通过税务网站、办税服务厅电子显示屏或者触摸屏、公告栏等渠道公开相关事项的办理时限。

3. 办理流程

结合全程服务制度的要求，对办税指南所确定的涉税事项，严格按照"窗口受理、内部流转、限时办结、窗口出件"的流程办理，努力实现内部流程可控、可查和可追溯。

4. 延期办理情况

因客观原因,不能按期办结需要延期的事项,应当由受理部门分管领导批准后,在办理时限到期之前告知纳税人,并明确延期办理时限。

5. 限时办理监控

税务机关应运用信息化手段,加强对非即办事项的管理和监控,对临近办理时限的涉税事项进行预警提醒。对无合理原因超时办结的事项,应明确延误环节和责任人,并进行责任追究。

知识点3:预约服务制度

1. 概念

预约服务是指基于纳税人合理的涉税需求,税务机关在与纳税人相互约定的时间为纳税人提供纳税服务。

2. 发起方式

预约服务的发起方式依据发起主体不同可分为纳税人发起和税务机关发起。

(1)纳税人发起的预约服务,是指纳税人基于自身合理需求向税务机关申请办理涉税事项的预约服务。

(2)税务机关发起的预约服务,是指税务机关根据对现有服务资源、服务现状、纳税人需求的分析,主动向纳税人提供包括涉税事项办理、纳税咨询辅导等内容的预约服务。

3. 预约服务流程

一是纳税人发起的预约服务流程:①申请预约;②确认预约;③提供服务;④效果评估。

二是税务机关发起的预约服务流程:①发起预约;②确认预约;③提供服务;④效果评估。

4. 时间要求

纳税人一般应提前1~3个工作日向税务机关申请预约服务;税务机关一般应提前1~5个工作日向纳税人发起预约服务。

5. 预约服务登记台账

税务机关在发起、实施预约服务的过程中,应实现专人管理、专人派发,与纳税人进行有效对接。要及时制作《预约服务登记台账》,详细记录预约事项、预约时段、纳税人信息、承办部门及人员等信息,定期总结预约服务情况,不断拓展预约服务内容。

知识点4：延时服务制度

1. 概念

延时服务，指对已到下班时间正在办理涉税事宜或已在办税服务厅等候办理涉税事项的纳税人提供延时办税的服务。

2. 延时服务基本规定

办税服务厅在临近下班时间，应根据办税服务厅的纳税人等候情况，预测纳税人需要等候的时间，并在纳税人等候或取号时，及时提醒纳税人预计办理时间，由纳税人自愿选择是否继续等候办理。

3. 延时服务特殊情况

办税服务厅工作人员在提供延时服务中，对短时间内无法办结的涉税事项，可在征得纳税人同意后，留存纳税人涉税资料及联系方式，待业务办理完结后，告知办理结果。

4. 延时服务其他规定

办税服务厅应建立延时服务登记台账，记录提供延时服务工作人员的工作时长。对提供延时服务累计超过一定时长的，应合理安排相关人员调休。调休时间应避开办税高峰期。

知识点5：一次性告知制度

1. 概念

一次性告知，是指办税服务厅在受理纳税人涉税事项时，对资料不齐全或不符合要求的，工作人员应一次性告知需补充的资料及内容；对不予受理的涉税事项，要说明不予受理的理由、依据等。

2. 告知方式

一次性告知应以方便纳税人办理涉税事项为原则，主要包括以下方式：

（1）对简单明了的事项可采取口头告知形式（行政许可事项除外）；

（2）因告知事项较多或内容复杂，纳税人难以理解或纳税人要求以书面形式告知的，工作人员应以书面形式告知；

（3）对实施二维码一次性告知的，应在办税服务厅的导税台、咨询台或办税窗口等显著位置摆放二维码图标，主动引导纳税人扫描相应业务二维码，帮助纳税人了解和使用二维码。

3. 基本要求

办税服务厅应按以下要求实行一次性告知：

（1）纳税人办理涉税事项，因手续、材料不完备等原因需退回补办或先予以容缺受理、后补齐材料的，应一次性告知需补办的手续、材料、办理时限等；

（2）纳税人所办事项涉及税务机关内部多个部门的，工作人员应一次性告知其所涉及的部门、程序等；

（3）对不属于税务部门权限范围内的事项，应告知纳税人非本单位服务范围无法办理，并给予必要的引导；

（4）对需先进行处罚再予办理的，应一次性告知实施处罚的部门和程序；

（5）对不符合法律、法规和其他规范性文件规定而无法办理的事项，应告知其政策依据或不能办理的原因。

知识点6：导税服务制度

1. 概念

导税服务，是指纳税人进入办税服务厅后，导税服务人员引导其在相关的服务区域或窗口办理事项，辅导填写涉税资料和自助办税，协助核对涉税资料和表单填写的完整性，解答办税咨询，宣传税收法律法规政策和维护办税秩序。

2. 基本要求

办税服务厅应设立导税台，并结合纳税人流量和业务量等因素，合理配置办税服务厅导税服务人员，有条件的在自助办税区安排导税服务人员。办税服务厅办税流量较大时，应开展流动导税服务，关注现场动态，及时缓解办税人员情绪。

导税服务人员应熟悉税收法律法规政策和管理制度、窗口职能、办税流程以及自助设备操作方法，具备较强的沟通协调能力。

导税服务人员应当积极响应进厅纳税人的办税需求，利用网上办税、自助办税、窗口办税等渠道，合理有效分流人员，减少纳税人办税排队等候时间。

3. 工作职责

（1）引导纳税人到排队叫号系统取号，无排队叫号系统或排队叫号系统故障的，引导纳税人排队等候；

（2）引导纳税人到相关的服务区域或窗口办理各类涉税事项；

（3）辅导纳税人填报涉税表单，预先审核涉税资料填报的准确性和完整性；

（4）辅导纳税人正确使用自助办税终端或办税服务厅设施；

（5）解答纳税人办税咨询，按办税服务厅首问责任制和一次性告知制度办理；

（6）保证纳税人办税所需设施、用品、涉税表单的完备和各类机器设备的正常运行；

（7）宣传税收法律法规政策，及时维护、整理公告栏和宣传展架内相关资料；

(8)维持办税服务厅办税秩序,及时发现并报告突发事件。

4. 导税服务人员工作职责

(1)设立专人负责导税,并在导税台作标识说明;

(2)工作积极主动,为纳税人正确导税,密切关注办税环境,维护办税秩序;

(3)着装规范,注意仪表,做到面容整洁、态度热情、举止端庄;

(4)文明礼貌,规范服务用语,做到言语表达清晰、内容准确规范。

知识点7:领导值班制度

1. 概念

办税服务厅实行领导值班制,值班领导由县税务机关领导和相关股(室)负责人轮流担当,并设置领导值班标识。

2. 领导值班工作职责

(1)对办税服务厅工作人员进行监督管理,维护正常办公秩序;

(2)接受纳税人咨询或投诉,指引纳税人办税;

(3)协调处理办税服务厅工作人员与纳税人的税务争议;

(4)负责处理值班期间发生的突发事件;

(5)协调解决由其他领导批办的事项;

(6)协调解决由其他有关科室承办的事项。

知识点8:24小时自助办税制度

1. 概念

24小时自助办税制度,是指税务机关通过网上办税平台、移动办税平台、12366纳税服务热线、自助办税终端等渠道向纳税人提供24小时自助办理涉税事项的制度。

2. 完善24小时自助办税功能

①完善网上办税和移动办税平台功能。②完善12366纳税服务热线功能。③完善自助办税终端功能。

3. 自助办税终端部署

自助办税终端可部署在税务机关24小时自助办税厅(点),也可配置在银行、邮政等单位的24小时自助服务区。各地可结合本地自然条件、纳税人数量、纳税人类型以及需求偏好,合理确定24小时自助办税终端的配置数量。

知识点9:办税公开制度

1. 概念

办税公开是税务机关依据国家法律、法规的规定,在税收征收、管理、检查和实施税收法律救济过程中,依照一定的程序和形式,向纳税人公开相关涉税事项和具体规定。

2. 公开的形式

办税公开采取定期和不定期两种形式。经常性工作定期公开,定期公开以按年、按季或按月为主;不定期公开坚持时效性原则,阶段性工作分段公开,临时性工作随时公开。

3. 公开的内容

(1)税收政策。按规定公开最新及常用的国家税收法律、法规、规章及规范性文件。

(2)服务事项。按规定公开办税服务厅受理的服务事项清单。

(3)办税程序。依据办税指南公开纳税人办理涉税事项程序。

(4)税务行政处罚标准。指违反税法规定的行为应受到税务行政处罚的标准。

(5)办理时限。对依法可以即时办结或限时办结的涉税事项,应作出公开承诺。

(6)其他事项。其他需要公开的事项,如办公时间、服务人员信息、工作纪律、廉政规定、咨询和投诉举报电话等事项。

4. 法律法规禁止

对于国家秘密和涉及国家安全的信息、依法受保护的商业秘密和个人隐私,以及法律法规禁止公开的事项,不得公开。

知识点10:通办制度

通办制度就是为纳税人提供不受主管税务机关区域限制的办税服务。同城通办、省内通办的区域和业务范围由省税务机关确定。

(1)同城办通过数息互通、前台后台贯通、内部外部联通,打破纳税人涉税事项属地办理的限制,根据各地办税服务厅设置、人员配备、地域特点,以业务发生频率高的涉税事项为切入点,对纳入同城通办的服务事项,执行统一的办税流程、服务标准和资料报送要求。

(2)省内通办按照税收预算级次和收入归属不变的原则,在纳税人主管税务机关不改变的前提下,通过提升税收核心征管系统等信息系统权限,利用办税服务厅、自助办税终端渠道为纳税人提供不受主管税务机关区域限制的办税服务。

(3)全国通办,是指跨省(自治区、直辖市、计划单列)经营企业,可以根据办税需要就近选择税务机关申请办理总局下发清单内的异地涉税事项。

知识点 11:免填单服务

1. 概念

免填单服务,是指办税服务厅在受理涉税事项时,根据纳税人提供的资料、证件或口述信息,依托征管信息系统或相关辅助软件,录入纳税人相关涉税申请,打印涉税表单证书,经办税人员核对、修订、补充并签字(章)确认后,按规定程序办理涉税事项。

2. 服务范围

免填单服务范围根据办税指南规定的范围确定,各地办税服务厅可结合本地实际确定免填单服务的具体内容和范围。

知识点 12:实名办税

实名办税是对纳税人的办税人员(包括税务代理人)身份确认的制度。办税人员在办理涉税事项时提供有效个人身份证明,税务机关采集、比对、确认其身份信息后,办理涉税事项。

知识点 13:新办纳税人"套餐式"服务

1. 总体要求

省税务局要按照《国家税务总局关于转变税收征管方式提高征管效能的指导意见》(税总发〔2017〕45 号)精神,在确保税收风险可控的基础上,依托网上办税服务厅,实现新办纳税人法定义务事项和首次领用发票相关办税事项一并办理,建立集中处理涉税事项的"套餐式"服务模式。

2."套餐式"服务内容

新办纳税人"套餐式"服务一般应包括以下 10 个涉税事项:网上办税服务厅开户、登记信息确认、财务会计制度及核算软件备案、纳税人存款账户账号报告、增值税一般纳税人登记、发票票种核定、增值税专用发票最高开票限额审批、实名办税、增值税税控系统专用设备初始发行、发票领用。

省税务局在防范发票虚开、风险可控的基础上,应当对享受"套餐式"服务的新办纳税人范围,以及增值税发票供票数量和开票限额、实名办税等事项作出具体规定。有条件的地方,可将授权划缴税款协议和增值税税控系统专用设备网上购买等事项纳入"套餐式"服务范围。

3."套餐式"服务流程

新办纳税人可在网上办税服务厅提交"套餐式"服务事项申请;税务机关在规定的期限内完成办理,并通过网上办税服务厅反馈办理情况;纳税人依据反馈情况到办税服务厅领取增值税税控系统专用设备、发票等办理结果。

知识点 14：办税服务厅突发事件应急处理制度

1. 办税服务厅突发事件的概念

办税服务厅突发事件是指突然发生，影响办税服务厅正常办税秩序，造成生命财产损失，危害公共安全，需要采取应急处置措施予以应对的事件。

2. 办税服务厅突发事件种类

（1）办税秩序类。由于税收政策和管理程序调整等造成的办税服务厅滞留人员激增或纳税人与办税服务厅工作人员之间发生冲突，影响正常办税秩序的突发事件。

（2）系统故障类。由于计算机软件、硬件及网络系统等升级或其他突发故障，影响工作正常运行的突发事件。

（3）其他类。因公共安全、自然灾害等造成办税服务厅无法正常办理涉税业务的各类突发事件。

3. 突发事件应急处置原则

（1）以人为本。坚持以人为本，在依法办税的基础上因情施策，把保障生命财产安全作为突发事件应急处理的首要任务，切实保护征纳双方的合法权益。

（2）预防为主。对办税服务厅可能发生的突发事件应坚持预防为主，坚持预防与处置相结合。

（3）果断处置。提高对突发事件的反应、处置和舆情控制能力，采取有效措施，综合运用调解、行政、法律等多种手段，把不良影响和损失降到最低。

4. 应急处置领导小组

（1）各级税务机关应当成立办税服务厅突发事件应急处置领导小组，由主要负责人担任组长，其他领导为应急领导小组副组长，相关部门负责人为成员，具体负责指挥、控制、协调应急事件的处理。

（2）突发事件发生时，首先发现的税务工作人员为第一知情人，办税服务厅负责人为第一处置人。

5. 突发事件发生时分类处理

突发事件发生时，应视具体情况立即启用应急预案，分类处理：

（1）办税服务厅发生拥堵时，应及时增设窗口、调整窗口职能、增辟纳税人等候区，引导或分流纳税人，并做好解释工作。

（2）征纳双方发生冲突时，办税服务厅负责人应及时将当事人引出公共场所，加强沟通，化解争议。相关业务部门应协助配合，做好政策解释工作。对有可能造成人身财产安全威胁的，办税服务厅负责人应及时向领导小组报告，并做好向 110、120、119

等相关部门求助的准备。

（3）突发网络不通、系统故障、设备故障，导致涉税业务不能正常办理时，第一处置人应第一时间上报应急工作领导小组，联系相关技术部门尽快解决。其他税务机关内部相关部门按照职责分工，共同做好故障处置工作。同时，应将预计处置时限等及时告知纳税人，做好解释工作或引导纳税人采用其他方式办理涉税事宜，待系统恢复正常后，应及时通知纳税人办理后续事宜。

（4）涉及公共安全、自然灾害等其他类突发事件发生时，第一处置人应在第一时间报告相关部门及应急工作领导小组。同时在当地政府统一领导下，按照相关应急预案积极部署应对。

（5）发现与办税服务厅有关的涉税舆情，应根据涉税舆情的特点和发展趋势，确保涉税舆情实时掌控、及时报告、有效应对、妥当处置。办税服务厅要依法依规做好信息发布，落实归口管理制度，未经许可，任何个人不得擅自发布事件相关信息。

知识点 15:容缺受理制度

1. 概念

容缺受理是指纳税人前往办税服务场所办理涉税事项时，提供的非关键性资料不齐全，且不属于不适用容缺受理范围内的纳税人的，可以提出容缺受理的要求，税务机关核对确认符合条件后，对即办事项即时办结，流转事项进入流转办理环节，纳税人事后在规定时限内补全资料的涉税事项受理制度。

2. 不适用容缺受理的纳税人

（1）未评定纳税信用等级的纳税人（无须评定的除外）；

（2）异地经营的纳税人；

（3）临时经营的纳税人；

（4）信用等级 D 级的纳税人；

（5）容缺黑名单中的纳税人；

（6）出口退（免）税企业分类管理类别为四类的纳税人（仅限于出口退（免）税事项）。

（7）存在容缺事项且有资料尚未补正的纳税人。

容缺黑名单，是指存在提出容缺要求但未在承诺期限内补齐材料的、在提出容缺要求前 6 个月内有过税收违法违规行为被处罚的、正在接受税收违法违规调查尚未结案的和提出容缺要求前 6 个月内存在其他税收不诚信行为等情形之一的纳税人名单。

除以上七类外的纳税人在符合条件的情况下可提出容缺受理要求。

3. 容缺受理流程

（1）纳税人提出容缺受理要求；

（2）窗口受理人员根据办税指南中标注的可容缺资料，对纳税人的要求进行审核确认；

（3）窗口受理人员填录《涉税资料容缺补正承诺表》并打印交由纳税人签章确认；

（4）窗口受理人员在《涉税资料容缺补正承诺表》上签字受理；

（5）窗口受理人员根据纳税人申请的业务类型进行相应处理，属于即办事项的，当场予以办结，属于非即办事项的，受理后进入流转办理环节。

（6）窗口受理人员根据后期资料补正情况对纳税人申请的涉税事项进行相应处理，并定期填写《涉税资料容缺受理情况汇总表》，及时更新容缺资料补正等后续情况，建立容缺资料台账。

4. 申请时限

申请容缺时限一般不超过5个工作日。有特殊情况的，依纳税人申请可适当延长至7个工作日。

第三节　纳税服务素养

知识点1：个人着装

对于税务工作人员的着装规范，国家税务总局是有明文规定的。具体可以参照国家税务总局关于"着装风纪"的相关规定，主要有以下七个方面：

（1）各级税务机关要重视和加强对税务着装人员着装风纪的管理工作，并将此纳入考核范围，严格管理。

（2）各级税务机关要成立专门的着装风纪管理领导小组，负责贯彻落实国家税务总局税务着装有关政策规定，指导本单位税容风纪管理工作，定期组织税容风纪的检查和抽查。

（3）税务着装人员必须严格遵守着装风纪，执行公务时必须按规定穿着统一制发的税务制服。服装穿着要整洁适体，扣好衣扣、领钩，不得披衣、敞怀、挽袖、卷裤腿；标志要完整清晰，佩戴端正，保持良好的税务执法形象。

（4）税务人员着装要统一规范。服装必须成套穿着，系税务专用领带；不准制服、便服混穿，不准不同季节的制服混穿；大檐帽和冬帽与衣服的穿戴要一致；鞋子颜色式样与衣服的搭配应协调；着冬装、春秋装时佩戴硬肩章，着夏装时佩戴软肩章，硬、软肩章不得混戴，帽徽佩戴要端正。

（5）税务人员自觉维护税务人员荣誉。着装执行公务时，不准吃零食、吸烟、酗酒；

不准勾肩搭背、嬉戏打闹。除执行公务外,严禁着税务制服进入营业性歌舞厅、夜总会等娱乐场所。

(6)税务着装人员要爱护税务服装和标志,不准任意拆改服装样式,不借给他人穿戴,更不准送人或变卖。

(7)为了着装整齐一致,各单位可根据本地区气温变化情况,确定统一的季节换装时间。

上述内容对税务制式服装应该什么时候穿、应该怎样穿等都一一作了规定。除此之外,再需补充强调以下七点:

(1)工作人员因特殊情况(如怀孕、受伤等),不便于穿着制服,经办税服务厅负责人同意着便装上岗的,应做到庄重得体。

(2)办税服务场所工作人员在非工作时间不得穿着税务制服。

(3)领带的长度。领带过长,显得拖沓;太短,显得拘谨。正常的领带长度是到腰带的 3/4 处,如果腰带上有金属扣,领带的尖端遮到金属扣下端沿即可。天气凉了,需要穿毛衣、背心时,领带一律压在毛衣、背心等里面。

还要注意毛衣、背心的下摆切不可塞进裤子里面,以免臃肿不堪。

(4)领带夹的使用。领带夹的首要功能是实用价值,起到使领带与衬衣固定起来的作用。所以,领带夹的位置一般在衬衣的第三与第四颗纽扣之间。

(5)衣襟的处理。长袖衬衣配领带敞穿时,衣襟一律收束在腰带里面。

(6)长裤的处理。长裤一般以裤脚接触脚背,达到皮鞋后帮的一半为佳。裤线要清晰、笔直。裤扣要扣好,拉链全部拉严。

(7)鞋袜的处理。穿制服一定要配皮鞋,千万不能穿凉鞋、布鞋、旅游鞋等,而且皮鞋要擦亮。黑色皮鞋可配各种颜色的服装,其他色彩的皮鞋要与制服的颜色相同或接近才能相配。配袜子也有讲究,不可忽略。袜子的色彩应采用与皮鞋相同或接近的颜色。穿制服时,不宜用白袜子配黑皮鞋,男士忌穿女士常用的肉色丝袜。

知识点 2:仪容仪表

1. 头发的修饰

头发的修饰要注意:①整洁,达到无头屑、无油垢、无异味的"三无标准";②头发宜短不宜长;③不宜留"鬓角";④发型应当规范,避免过分新潮、怪异的"个性化"发型;⑤一律不能染夸张彩发。

2. 面部的修饰

面部的修饰要注意仪容整洁干净,不要蓬头垢面,保持面部的干净,注意体毛的修剪,注意眼部的修饰。

3. 化妆原则

办税服务场所工作人员,应适度化妆,提升个人自信的同时,还能体现出对服务对象的尊重。在化妆上应恪守:①化妆要自然;②化妆要协调;③化妆要避人。

知识点 3:日常工作中的纳税服务素养

1. 站姿的规范

正确的站立姿势应是:端正、庄重,具有稳定性,做到腰不弯、背不驼、腹不挺,头正、肩平、臂垂、腿直,给人以静态美感。

要谨防不雅站姿,如:

(1)上身:歪着脖子、斜着肩或一肩高一肩低、弓背、挺着腹、撅臀或身体倚靠其他物体等。

(2)手脚:两腿弯曲、叉开很大以及在一般情境中双手叉腰、双臂平端或抱在胸前,两手插在口袋,手夹香烟或双手背在背后等。

(3)动作:搔头抓痒,摆弄衣带,发辫,咬指甲等。

2. 坐姿的规范

坐姿是办税服务场所工作人员最重要的人体姿态,接待纳税人或需要就座为纳税人提供服务时,坐姿要端正、稳重、自然、大方。就座时要选择在客人的左侧座位就座。尽量"左进左出",也即从椅子的左侧入座,左侧离座。入座时,要走到座位前面再转身,然后右脚向后退半步,轻稳地坐下,收右脚。

要避免不良坐姿,如:

(1)就座时前倾后仰,或是歪歪扭扭,脊背弯曲,头过于前倾,耸肩。

(2)两腿过于叉开长长地伸出去,萎靡不振地瘫坐在椅子上。

(3)坐下后随意挪动椅子,在正式场合跷二郎腿、抖腿。

(4)为了表示谦虚,故意坐在椅子边上,身体萎缩前倾地与人交谈。

(5)大腿并拢,小腿分开,或双手放在臀下,腿脚不停地抖动。

(6)就座时将双腿搭放到桌子、茶几等上面。

(7)就座时有趴伏桌面等懒散不雅姿势。

3. 介绍的规范

介绍顺序分别是:

(1)把职务低者介绍给职务高者;

(2)把地位低者介绍给地位高者;

(3)把年轻者介绍给年长者;

(4)把客人介绍给主人;

（5）把男士介绍给女士；

（6）把迟到者介绍给早到者。

4. 握手的规范

（1）握手的次序。握手次序应把握尊者优先和女士优先的原则，其次序是：上级、长辈、女士。具体来说，在上下级之间，一般由上级先伸手，下级再相握。长辈与晚辈之间，应是长辈主动先伸手，晚辈立即反应。在男性与女性之间，应由女士先大方地伸手，男士有礼貌地响应。在表示祝贺、慰问的特殊场合，下级、晚辈、男士也可先伸手。主客之间：迎客时，主人先伸手，以示欢迎；告别时，客人应先伸手，表示感谢，若由主人先伸手，就有逐客之意。

（2）握手的动作：对方伸手后，应迅速迎上去，但避免很多人互相交叉握手，注意力度（2公斤左右的力最佳），避免上下过分地摇动。

（3）握手的时间长度：礼节性的握手，时间一般以1～3秒为宜。

（4）握手的部位：同性之间，可以握满；异性之间，只握手掌的2/3，即握到食指的根部。

（5）握手的禁忌：不能用左手；与异性握手不可用双手；不能戴墨镜、不能戴帽子、不能戴手套；不要在与人握手时递给对方冷冰冰的指尖；不在握手时长篇大论，或过分热情地点头哈腰。此外，面对一群客人，无论男女要一视同仁地伸出洁净的右手，不能顾此失彼，冷落任何一人。

5. 引导的规范

正确的引导方法和引导姿势。

（1）在走廊的引导方法。接待人员在纳税人二三步之前，配合步调，让纳税人走在内侧。

（2）在楼梯的引导方法。当引导纳税人上楼时，应该让纳税人走在前面，接待人员走在后面；若是下楼时，应该由接待人员走在前面，纳税人在后面；上下楼梯时，接待人员应该注意客人的安全。

（3）在电梯的引导方法。引导纳税人乘坐电梯时，接待人员先进入电梯，待纳税人进入后关闭电梯门；到达时，接待人员按"开"的按钮，让纳税人先走出电梯。

6. 接递手势的规范

（1）接递手势在纳税服务工作中经常使用。我们需要把握的递交物品的三原则是：安全、便利、尊重。

（2）为纳税人提供资料或递、接有关证件、单据时动作稳妥，不得丢、投、甩、扯、抢，避免动作过快或过于迟缓等问题。若递交书本、文件，要尽量双手递上，让文字正向朝着对方，使对方一目了然，不能只顾自己方便而让他人接过书本、文件后再倒转一下才看清文字。

（3）若递刀、递笔给他人。就必须"授人以柄"，千万不要把刀尖、笔尖对着他人递过去，要令人有安全感并使对方很方便地接住，还要等对方接稳后才能松手，这就是尊重他人的表现。

（4）端茶递水最好双手递上，注意不要溅湿他人；要讲究卫生，捧茶杯的手不要触及杯口上沿，避免客人喝水时嘴唇碰到手指接触过的地方。

（5）交物时一般要求和颜悦色，不应用手敲打桌面提醒纳税人。通接的同时说"请接好""请用茶""请收好"之类的礼貌语，还要注意目光的交流，双方最好处于"平视"状态，尽量避免"俯视"时的傲慢、施舍之意或"仰视"时的畏惧、讨好之态。

7. 电话礼仪的规范

（1）接听电话遵循"铃响不过三"的原则。电话铃声响一声就去接，一则容易掉线；二则对方可能没有思想准备，容易受惊。电话铃声超过三声，有怠慢对方的嫌疑。所以，铃响两声到三声去接最合适。

（2）打电话时话筒与自己口部最规范的距离是2～3厘米。过近，声音可能会大得刺激对方的耳膜；过远，可能影响听的效果。

（3）把握"通话3分钟"原则。公务电话，简洁明了，开门见山，不要过多敷衍。

（4）拿起放下，动作要轻。幅度过大，发出的响声过大，既是对服务对象的不尊重，也可能干扰到办税服务厅其他工作人员的工作。

（5）不打无准备的电话。需要电话约谈时，拨电话前，所有必备的文件资料都放在电话旁，并准备笔记本、钢笔，随时记录重要信息。拿起听筒前，应明白通话后该说什么，思路要清晰，要点应明确。

（6）谁先挂掉电话。一般情况下，尊者优先挂掉电话。平等情况下，由主叫方先挂掉电话。作为服务一方，尽量让被服务的一方先挂掉电话。

（7）电话掉线了，由谁主动连上。一般情况，位卑的一方、主叫方主动连线。特殊情况，如信号原因、手机没电等，由责任方主动连线。

8. 纳税服务沟通技巧

（1）有效表达技巧：使用纳税人易懂、清晰准确的话语；使用简单明了的礼貌用语；使用生动得体的问候语；合理使用赞美；服务规范用语；禁用服务禁忌语言。

（2）倾听的环节。倾听在沟通中强调的是双方的互动，所以征纳沟通中，税务人员不仅要仔细听取纳税人的说话内容，还要积极努力地理解对方，并给予对方支持和鼓励，同时在适当的时候给予反馈，只有这样才能保证纳税人的积极性，保障沟通的顺利进行。完整的倾听过程包括聆听、理解、记忆、诠释、评估、回应六个环节。

（3）倾听的方法。倾听过程中，由于环境因素与个人因素造成倾听效果不好，需要采取相应的技巧来达成有效倾听,具体方法有如下五种:①充分准备,营造环境。②真诚理智,消除偏见。③适度沉默,认真听讲。④适时提问,深度挖掘信息。⑤耐心听完,再下结论。

9. 冲突处理

(1)冲突的过程

①潜在冲突。潜在冲突是指在双方关系所处特定环境中潜伏尚未凸显的冲突,大多出现在责任与权力的分配,目标控制和追求目标时的行为等方面。潜在的冲突包括沟通方面的(语义理解困难、误解、相互间缺乏沟通或沟通过于频繁,以及在沟通渠道中的噪声等都会引起冲突)和个体因素方面的(个人价值观的不同引起的冲突)。

②感知冲突。当沟通双方开始意识到差异存在的时候,就到了冲突阶段。在这一阶段,冲突的双方可能只有一方意识到了这种潜在的冲突,如当税务人员看到纳税人没做好申报工作时,问题就出现了,类似地,当税务人员认为额外的沟通没有必要时,纳税人可能认为税务人员的反馈太少了,这些感知差异主要表现在心理上,这是感知冲突阶段的特点。

③感觉冲突。与感知冲突阶段密切相关的是感觉冲突,感觉冲突是可感知的冲突对潜在冲突的参与者情感的影响,主要体现在生理层面,这一阶段发生在实际冲突行为出现之前,并对冲突行为产生影响,因为它反映了我们的感知与情感,在这个阶段,我们对实际冲突发生的可能后果加以概念化,并由此产生剧烈的情绪变化,如焦虑、紧张及挫败感等。

④公开冲突。公开冲突阶段称为冲突的"行动阶段",这一阶段包括冲突行为、解决问题、公开对抗、转换行动或者其他可能的行为。

(2)冲突的处理方式

大致有五种不同的冲突处理方式,即回避、对抗、妥协、迎合及合作。

10. 纳税服务情绪管理

(1)四种基本情绪,即快乐、愤怒、恐惧和悲哀。

(2)情绪管理的方法:暗示调节法,合理宣泄法,音乐调节法,注意力转移法,自我安慰法,心理放松法。

本章习题

一、单项选择题

1. 办税服务厅的背景墙采用的是( )样式。

A.

B.

C.

D.

答案：A

解析：《国家税务总局关于进一步统一规范办税服务场所标识的通知》（税总函〔2014〕299号）对内部标识的要求如下：办税服务场所背景墙等大型标识应统一采用"税徽＋为国聚财为民收税"的样式。

2. 办税服务厅外部标识原则上应选用（　　）。

A. 横向标识　　　　　　　　　B. 竖向标识

C. 立式标识　　　　　　　　　D. 立体标识

答案：A

解析：办税服务厅原则上应选用横向标识，横向标识位于办税服务厅正门上方醒目位置。

3. 办税服务厅内部各类标识底色统一为（　　）。

A. 白色　　　　　　　　　　　B. 古蓝色

C. 蓝色　　　　　　　　　　　D. 绿色

答案：B

解析：根据国家税务总局要求，办税服务厅内部各类标识底色统一为古蓝色。

4. 以下业务应当在申报纳税窗口办理的是（　　）。

A. 延期申报、延期缴纳税款的受理　　B. 税收票证的开具、结报缴销

C. 纳税人的税（费）种登记　　　　　D. 纳税人资格认定申请的受理

答案：B

解析：A、C、D三项业务应在综合服务窗口办理。

5. 县税务机关办税服务厅实行领导值班制，值班领导由（　　）担当。

A. 办税服务厅负责人和相关股（室）负责人轮流

B. 县税务机关领导和办税服务厅负责人轮流

C. 办税服务厅领导轮流

D. 县税务机关领导和相关股（室）负责人轮流

答案：D

解析：办税服务厅实行领导值班制，值班领导由县税务机关领导和相关股（室）负责

人轮流担当,并设置领导值班标识。

6. 办税服务厅工作人员小李的以下做法,不符合办税服务制度要求的是(   )。

A. 纳税人王女士只带了红字发票前来办理红字发票验旧,小李告知其除了带红字发票外还需带对应的蓝字发票或取得对方有效证明,并告知其办理时限

B. 纳税人黄先生申请开具丢失增值税专用发票已报税证明单,但其发票未报税,增值税未做申报,小李不告知缘由拒绝为其开具证明

C. 保险代理人丁女士申请汇总代开增值税普通发票,未在金三系统做委托代征协议,小李告知其应先做好前置环节才能汇总代开

D. 自然人纳税人曾先生前来大厅询问基本养老保险的待遇支付问题,小李告知其应向社会保险经办部门咨询该事项,并提供了社会保险经办部门的电话

答案:B

解析:纳税人黄先生申请开具丢失增值税专用发票已报税证明单,但发票未报税,增值税未做申报。小李应告知其先做好前置环节,即增值税专用发票已报税且当期增值税申报表已申报后方可申请开具证明。

7. 根据办税服务厅行为规范要求,以下不符合接待规范基本要求的是(   )。

A. 接待服务对象时应文明有礼,不得态度生硬、冷淡、烦躁

B. 与人交谈时,提倡使用普通话,也可以使用方言,只要做到语言文明、态度谦和即可

C. 对自己不熟悉的疑难问题按首问责任制要求,负责为纳税人做出正确的指引

D. 电话铃响后应尽快接听;在接听电话过程中,应专心聆听,重要内容要注意确认;通话结束后,必须等纳税人先挂断电话,不可强行挂断

答案:B

解析:办税服务厅工作时间提倡使用普通话,做到语气平和、表达清晰。

8. 关于坐姿的基本要求,下列表述错误的是(   )。

A. 入座时要轻稳,公开场合礼让尊者,由左面入座

B. 入座后应坐满椅子,脊背轻靠椅背

C. 入座后上体自然挺直,双膝自然并拢,双腿自然弯曲,双手自然下放

D. 离座时,要自然稳当,不要发出异响

答案:B

解析:入座后坐在椅子上,应坐满椅子的2/3,脊背轻靠椅背。

9. 关于办税服务厅限时办结制度,下列说法错误的是(   )。

A. 办税服务厅对非即办事项应当在规定的时限内办结或答复

B. 税务机关应通过税务网站,办税服务厅电子显示屏或者触摸屏、公告栏等渠道公开相关事项的办理时限

C. 税务人员在受理非即办事项时,应告知纳税人办理时限

D. 因客观原因,不能按期办结需要延期的事项,应当由纳税服务部门领导批准后,在办理时限到期之前告知纳税人,并明确延期办理时限

答案: D

解析: 按照国家税务总局限时办结制度要求,办税服务厅对纳税人发起的非即办事项应当在规定的时限内办结或答复。公开办理时限,税务机关应通过税务网站,办税服务厅电子显示屏或者触摸屏、公告栏等渠道公开相关事项的办理时限。税务人员在受理非即办事项时,应告知纳税人办理时限。延期办理情况,因客观原因,不能按期办结需要延期的事项,应当由受理部门分管领导批准后,在办理时限到期之前告知纳税人,并明确延期办理时限。

10. 根据《办税服务厅管理办法》,办税服务厅应当坚持办税公开,以下不属于公开内容的是(　　)。

A. 税费法律法规政策　　　　　　B. 服务事项及办理程序

C. 税务违法处罚标准　　　　　　D. 工作人员的联系方式

答案: D

解析: 根据国家税务总局《办税服务厅管理办法》,办税服务厅应当坚持办税公开,公开的内容包括税费法律法规政策、服务事项、办理程序、税务违法处罚标准、办理时限、办公时间、服务人员信息以及咨询和投诉举报电话等事项。

11. 某日,某省电子税务局发生故障,办税服务厅纳税人数量激增,临近下班仍有很多纳税人等待办理申报业务,下列做法属于延时服务的是(　　)。

A. 增加导税人员,引导分流办税人员

B. 增设办税窗口

C. 下班后继续为已取号的纳税人办理业务

D. 及时告知纳税人,提醒纳税人合理安排办税时间

答案: C

解析: 根据国家税务总局延时服务制度要求,办税服务厅对已到下班时间正在办理税费事项或已在办税服务场所等候办理税费事项的纳税人,提供延时服务。

二、多项选择题

1. 税务系统窗口单位包括(　　)等各类机构。

A. 各类办税服务厅(室)　　　　B. 政务服务中心派驻的税务窗口

C. 单独设立的税务行政许可受理窗口　D. 发票代开网点

答案: ABC

解析: 根据《国家税务总局关于建立窗口单位办税服务问题处理机制的通知》(税总函〔2018〕493),窗口单位包括设立各类办税服务厅(室)、在政务服务中心派驻税务窗口、

单独设立税务行政许可受理窗口、设立 12366 热线座席(含远程座席)的各类机构。

2. 各基层税务所(分局),农村、乡镇的办税服务室或征收点,车辆购置税办税场所,名称可视情况称为( )。

A. 办税服务厅

B. 纳税服务厅

C. 办税服务室

D. 办税服务科

答案：AC

解析：《国家税务总局关于进一步统一规范办税服务场所标识的通知》(税总函〔2014〕299 号)对外部标识的要求如下:各基层税务所(分局),农村、乡镇的办税服务室或征收点,车辆购置税办税场所,统一使用《通知》规定的标识图案和颜色,名称可视情况称为"办税服务厅"或"办税服务室"。

3. 办税服务厅设有( )等基本功能。

A. 办税服务区

B. 咨询辅导区

C. 自助办税区

D. 等候休息区

答案：ABCD

解析：办税服务厅设有办税服务区、咨询辅导区、自助办税区和等候休息区等功能区域,也可根据信息化建设状况、纳税人办税现状、场地规模、工作量、人流量等实际需求进行合理增并、适当调整。

4. 下列属于办税服务厅工作内容的有( )。

A. 办理纳税缴费事项

B. 引导、辅导纳税人办理税费事项

C. 宣传税费法律、法规和政策

D. 实施税务违法行为行政处罚

答案：ABC

解析：根据《办税服务厅管理办法》,办税服务厅的工作内容包括:办理纳税缴费事项;引导、辅导纳税人办理税费事项;宣传税费法律、法规和政策;收集纳税人意见建议;依照职责办理税务违法行为简易处罚事项;办理其他相关事项。

5. 关于办税服务厅外部标识,以下说法正确的有( )。

A. 办税服务厅外部标识分为横向标识、竖向标识、立式标识三类

B. 办税服务厅外部标识普通样式由中英文两种文字组成

C. 办税服务厅外部标识少数民族样式由少数民族文字和中英文三种文字组成

D. 外部标识具体规格根据各办税服务场所的实际因地制宜确定

答案：ABD

解析：根据国家税务总局《关于统一使用办税服务厅标识有关问题的通知》要求,办税服务厅外部标识分为横向标识、竖向标识、立式标识三种。办税服务厅外部标识普通样式由中英文两种文字组成,少数民族样式由少数民族文字和中文两种文字组成。

6. 推行办税公开,应坚持( )原则。

A. 严格依法   B. 全面真实

C. 及时便捷   D. 限时办结

答案: ABC

解析: 依申请的办税公开既有即时办结的也有限时办结的,且办税公开属于对外发布不属于内部流转,因此D选项错误。

7. 对于依申请公开事项的答复时限规定,下列说法正确的有( )。

A. 能够当场答复的,当场予以答复

B. 不能当场答复的,应当自收到申请之日起20个工作日内予以答复

C. 需要延长答复期限的,应当经本机关政府信息公开工作机构负责人同意并告知申请人

D. 需要延长答复期限的,延长的期限最长不超过30个工作日

答案: ABC

解析: 需要延长答复期限的,应当经本机关政府信息公开工作机构负责人同意并告知申请人,延长的期限最长不超过20个工作日。

8. 根据国家税务总局有关要求,税务机关在落实限时办结制度时,以下说法正确的有( )。

A. 税务机关应通过税务网站,办税服务厅电子显示屏或者触摸屏、公告栏等渠道公开相关事项的办理时限

B. 限时办结制度是纳税人发起的非即办事项应在规定的时限内办结或答复的制度

C. 对申请材料不齐全或者不符合法定形式的,应当一次性告知申请人需要补正的全部内容

D. 税务人员在受理非即办事项时,应告知纳税人办理时限

答案: ABCD

解析: 限时服务是指税务机关对纳税人发起的非即办事项,应在规定的时限内办结或答复;税务机关应通过税务网站,办税服务厅电子显示屏或者触摸屏、公告栏等渠道公开相关事项的办理时限;对申请材料不齐全或者不符合法定形式的,应当一次性告知申请人需要补正的全部内容;税务人员在受理非即办事项时,应告知纳税人办理时限,并在规定的时限内办结或回复;因客观原因,不能按期办结需要延期的事项,由受理部门分管领导批准后,在办理时限到期之前告知纳税人,并明确延期办理时限。

9. 关于办税服务厅着装规范,下列说法正确的有( )。

A. 工作时间必须按规定着装。扣好纽扣、袖扣,不得披衣、敞怀、挽袖、卷裤腿;统一佩戴工作牌

B. 制服必须按统一要求着装,不得自行拆改;不得税服、便服混穿;不得在制服外罩便服

C. 着制服应搭配深色皮鞋、皮带,女士着制服裙装时,不得搭配带有花纹或颜色鲜艳的丝袜

D. 工作人员因特殊情况(如怀孕、受伤等),不便于穿着制服,经办税服务厅负责人同意着便装上岗的,应做到庄重得体

答案:ABCD

解析:根据《国家税务总局关于加强税务系统着装管理的通知》(国税函〔1999〕903号)的要求。

10. 办税服务厅应当实行领导值班制,以下(　　)可以成为 A 县税务局值班领导。

A. 局长   B. 副局长

C. 各业务科室负责人   D. 办公室主任

答案:ABCD

解析:值班领导由设立办税服务厅的税务机关局领导和相关科(处)室负责人轮流担当,并设置领导值班标识。

11. 以下纳税人不适用容缺受理的有(　　)。

A. 未评定纳税信用等级的纳税人(无须评定的除外)

B. 异地经营的纳税人

C. 临时经营的纳税人

D. 信用等级 C 级的纳税人

答案:ABC

解析:以下纳税人不适用容缺受理:未评定纳税信用等级的纳税人(无须评定的除外);异地经营的纳税人;临时经营的纳税人;信用等级 D 级的纳税人;容缺黑名单中的纳税人;出口退(免)税企业分类管理类别为四类的纳税人(仅限于出口退(免)税事项);存在容缺事项且有资料尚未补正的纳税人。

12. 下列属于导税服务人员工作职责的有(　　)。

A. 辅导纳税人填写资料

B. 协助纳税人核对资料和表单填写的完整性

C. 使用纳税人用户名和密码通过电子税务局帮纳税人办理税费事项

D. 解答纳税人办理税费事项咨询

答案:ABD

解析:按照国家税务总局导税服务制度要求,办税服务厅应当设立导税岗位,合理配置办税服务厅导税服务人员,导税服务内容包括:引导纳税人在相关的服务区域或窗口办理税费事项;辅导纳税人填写资料和自助办理税费事项;协助纳税人核对资料和表单填写的完整性;解答纳税人办理税费事项咨询;宣传税费法律法规政策;维护办税服务厅秩序。

13. 下列属于纳税人发起的预约服务流程的有(　　)。

A. 申请预约   B. 确认预约

C. 提供服务   D. 效果评估

答案：ABCD

解析：纳税人发起的预约服务流程：申请预约，确认预约，提供服务，效果评估。

三、判断题

1. 办税服务厅受理税费事项的范围由纳税服务部门归口审核、归口管理。（　　）

答案：正确

解析：根据国家税务总局2018年12月下发的《办税服务厅管理办法》第六条的规定，办税服务厅受理税费事项的范围由纳税服务部门归口审核、归口管理。

2. 办税服务厅应当按照国家税务总局统一标准设置窗口标识，窗口名称应当简明、准确。窗口标识和名称不可采用电子显示。（　　）

答案：错误

解析：窗口标识和名称可采用电子显示。

3. 办税服务区可不设置发票管理窗口，其业务由综合服务窗口办理。（　　）

答案：错误

解析：各地办税服务厅可根据实际情况合并窗口功能，申报纳税窗口业务由综合服务窗口办理。

4. 首问责任人是指办税服务厅全体工作人员，不包括在办税服务厅现场的其他税务工作人员。（　　）

答案：错误

解析：首问责任人包括办税服务厅全体工作人员，以及在办税服务厅现场的其他税务工作人员。

5. 办税服务厅对简单明了的事项（包括税务行政许可事项）可采取口头告知形式。（　　）

答案：错误

解析：税务行政许可事项必须书面形式告知。

6. 如服务窗口需要临时关闭的，应放置"暂停服务"标示。（　　）

答案：正确

解析：因窗口工作人员临时有事需要临时关闭窗口，应放置"暂停服务"标示。

7. 办税服务厅会定期或不定期举行业务知识、基本制度、专题知识等方面的考试，根据考试成绩确定分数。（　　）

答案：正确

解析：办税服务厅业务能力测试的相关要求。

8. 请纳税人入座做"请坐"的手势时,其动作要领是:一只手由前抬起,从上向下摆动到距身体 45°处,手臂向下形成一斜线。( )

答案:正确

解析:办税服务礼仪的要求。

9. 纳税咨询电话一般应在电话铃响三遍之前拿起话筒。拿起话筒后的第一件事是自报家门,而且应使用规范的电话用语:"您好,这里是×××税务局"。( )

答案:正确

解析:电话礼仪的要求。

10. 按照国家税务总局一次性告知制度要求,办税服务厅在受理纳税人税费事项时,对资料不符合规定或前置事项未办结的,工作人员应一次性告知;办税服务厅人员一次性告知全部通过口头方式。( )

答案:错误

解析:一次性告知可通过书面或口头方式进行,行政许可事项必须书面告知。

四、实务题

1.2021 年 12 月征期某日,刚上线的电子税务局出现大规模无法登录及登录后界面无法正常显示的问题,导致纳税人回流办税服务厅。同时,信息系统发生卡顿,运行不顺畅,A 县税务局第一税务所办税服务大厅等待人数迅速上涨,造成办税拥堵。部分纳税人因大厅叫号缓慢,内心焦急,情绪不稳定。

纳税人黄女士所在企业(实行纳税辅导期管理的增值税一般纳税人)因办税人员擅自离职,未办理交接手续,导致未能按期申报抵扣增值税进项税额,前来办理"未按期申报增值税扣税凭证继续抵扣申请"业务。叫到她的号时已接近中午 12 点。在业务受理过程中,黄女士发现出门急,误将财务专用章当成公章,导致资料提交环节出现问题。

她跟窗口工作人员小李说道:"小姑娘,我今天等了两个小时才轮到,你们电子税务局又不能登录。你看,能不能先帮我办理了,回头我再把资料补一下可以吗?"

小李忙碌了半天连口水都没喝上,本就情绪不好,说道:"不行! 没带公章,我怎么给你办理? 你回去可以试试移动终端办理,浙江税务、支付宝和浙里办 APP 都可以的。你先让让,让后面的人先办理。"

黄女士解释道:"我是新手,上个月我们同事离职交接手续都没办,确实不会操作,麻烦你就帮忙办一下吧,谢谢了。"

小李不耐烦地回答:"都说了不行就是不行,你赶紧让后面的人办理业务,不要影响其他人。"

与黄女士同行的男士听到后情绪激动起来,大声说道:"你们自己系统不好害我们排队排了这么久,轮到我们办了还不给办? 你是做服务工作的,要为纳税人服务,帮个忙都不行吗?"

小李辩解道:"系统不稳定不是我的错。你自己资料不齐全,业务自然没法办。请不要在这里大声喧哗影响其他人办理业务。"

这下彻底激怒了黄女士和同行的男士,开始大声吵闹起来。办税服务厅里其他办税人员开始围观拍摄和议论,秩序一下子混乱起来。办税服务厅主任闻讯后上前询问情况,但该男士情绪激动,未起到任何效果。"你们还最多跑一次呢!系统么这么差,我看是至少跑一次吧!简直是笑话!"该男士越来越激动,不断鼓动在场围观群众拍视频,发朋友圈,吵闹了十几分钟后,两人才自行离开。

本以为此事就此结束,没想到次日下午2点左右,一段"××办税大厅工作人员态度恶劣,最多跑一次形同虚设"的视频出现在该县某网络论坛上。视频随后在微信、微博上疯传,点击量迅速飙升。

请根据以上材料,回答下列问题:

(1)(多选题)黄女士办理"未按期申报增值税扣税凭证继续抵扣申请"业务需要提交的原件资料包括(　　)。

A.《未按期申报抵扣增值税扣税凭证抵扣申请单》

B.《逾期增值税扣税凭证抵扣申请单》

C.《已认证增值税扣税凭证清单》

D. 增值税扣税凭证未按期申报抵扣情况说明及证明

答案:ACD

解析:根据《全国税务机关纳税服务规范(3.0版)》的规定,未按期申报抵扣增值税扣税凭证抵扣申请须提交:

①《未按期申报抵扣增值税扣税凭证抵扣申请单》1份

②《已认证增值税扣税凭证清单》1份

③增值税扣税凭证未按期申报抵扣情况说明及证明

④未按期申报抵扣增值税扣税凭证复印件

(2)(判断题)纳税人应在增值税扣税凭证未按期申报抵扣情况说明上详细说明未能按期申报抵扣的原因,并加盖企业印章。对企业办税人员擅自离职,未办理交接手续的,纳税人应详细说明事情经过、办税人员姓名、离职时间等,并提供解除劳动关系合同及企业内部相关处理决定。(　　)

答案:正确

解析:纳税人应在增值税扣税凭证未按期申报抵扣情况说明上详细说明未能按期申报抵扣的原因,并加盖企业印章。

对客观原因不涉及第三方的,纳税人应说明的情况具体为:发生自然灾害、社会突发事件等不可抗力原因的,纳税人应详细说明自然灾害或者社会突发事件发生的时间、影响地区、对纳税人生产经营的实际影响等；企业办税人员擅自离职，未办理交接手续的，纳税人应详细说明事情经过、办税人员姓名、离职时间等，并提供解除劳动关系合同及企业内部相关处理决定。

对客观原因涉及第三方的，应提供第三方证明或说明。具体为：企业办税人员伤亡或者突发危重疾病的，应提供公安机关、交通管理部门或者医院证明；有关司法、行政机关在办理业务或者检查中，扣押、封存纳税人账簿资料，导致纳税人未能按期办理申报手续的，应提供相关司法、行政机关证明。

对于因税务机关信息系统或者网络故障原因造成纳税人增值税扣税凭证未能按期申报抵扣的，主管税务机关予以核实。

(3)(单选题)A县税务局第一税务所办税服务大厅应自受理黄女士提交的申请之日起(　　)办结。

A. 即时

B. 10个工作日内

C. 15个工作日内

D. 20个工作日内

答案：C

解析：根据《"最多跑一次"办事指南》的规定，本事项的办结时限为15个工作日。

(4)(多选题)本案例中办税服务厅负责人存在的问题包括(　　)。

A. 报告不及时。办税服务厅发现办税系统运行不畅，了解到电子税务局也出现故障时，未及时反应并向应急管理领导小组和上级有关部门报告情况

B. 应急措施不到位。办税服务厅发生拥堵后没有采取措施有效疏导，合理分流，有效处置

C. 方法欠灵活。发现办税拥堵后未根据纳税人办理业务的类型分类处理

D. 舆情认知不到位。当纳税人鼓动围观群众拍视频发朋友圈时，没有及时制止，事后也没有认识到舆情可能发生，未采取防范措施阻断舆情

答案：ABCD

解析：都是办税服务厅负责人存在的问题。

(5)(多选题)针对出现的网络舆情，行之有效的应对措施包括(　　)。

A. 迅速反应，严控事态影响。第一时间了解事情真相，组成应急工作领导小组，启动应急预案，由相关领导参加研究应对措施

B. 建立涉税舆情收集网络，明确专门的责任人员，随时关注与本局相关的各类信息，敏锐发现和整理舆情苗头。及时向应急工作小组汇报舆情动态，以便工作小组采取相应应对措施

C. 真诚沟通，安抚好当事人的情绪。碰到网络舆情事件，在回应时不要只站在如何消除对自身单位形象的影响上，而要站在当事人或受害者的立场上表示同情和安慰，做好安抚工作，以防涉税舆情对象进一步做出损害本单位乃至政府形象的

行为

　　D. 严肃处理。针对舆情反映的问题,及时调查、掌握事实真相,研究处理方法和整改措施

　　答案:ABCD

　　解析:根据办税服务厅基本制度的相关要求。

　　2.2022 年 6 月征收期的最后一天,还未到 8 点 30 分的上班时间,L 县税务局办税服务厅门口已有 10 多位纳税人在等候。8 点 30 分,办税服务厅工作人员已着装整齐地坐在自己的工作台前。正在这时,新入职不久的小吴急匆匆地跑了进来,大声嚷道:“一大早就堵车,这下雨天真是闹心,气死我了!”说完把包往桌上一扔,急匆匆换上制服上衣,下半身仍然穿着自己的牛仔裤,披散着长长的秀发便开始准备办理业务。纳税人王女士来到小吴窗口前,而小吴一边打开电脑和打印机,一边与旁边的同事聊天,5 分钟后才开始受理王女士的申报事项。

　　业务受理完毕打印税单时,打印机发生了卡纸故障。她暗自嘀咕:“坏了,昨天下班时故障忘报修了。”在一旁焦急等待的王女士抱怨说:“怎么打印机坏了都不知道修一修,我这儿还有急事要办呢!”。小吴头也不抬随口答道:“打印机坏了,我也没办法。”眼看着维修人员修了 10 分钟都没好,刘女士越发火大,大声斥责说:“打印机坏了就到别的窗口去打,你是怎么做服务工作的,还国家干部呢!”小吴也提高了嗓门:“我不是国家干部,我就一个普通职员! 吵吵什么啊你,哪来那么多意见,这不是在修么!”

　　没想两人从吵吵演化至动手,旁边办理业务的纳税人也纷纷凑上去看热闹,有的甚至拿起手机拍起了视频,并叫嚣着要上传到微信、微博上去,办税大厅一片混乱,现场冲突已然爆发。

　　请根据以上材料,回答下列问题:

　　(1)(单选题)从突发事件的分类来看,本案例属于(　　)。

　　A. 办税秩序类　　　　　　　　　B. 系统故障类

　　C. 公共安全类　　　　　　　　　D. 自然灾害类

　　答案:A

　　解析:办税秩序类突发事件是指由于税收政策和管理程序调整等造成的办税服务厅滞留人员激增或纳税人与办税服务厅工作人员之间发生冲突,影响正常办税秩序的突发事件。

　　(2)(多选题)办税服务厅突发事件的应急处置原则包括(　　)。

　　A. 以人为本　　　　　　　　　　B. 预防为主

　　C. 高效及时　　　　　　　　　　D. 果断处置

　　答案:ABD

　　解析:突发事件应急处置原则:

①以人为本。坚持以人为本,在依法办税的基础上因情施策,把保障生命财产安全作为突发事件应急处理的首要任务,切实保护征纳双方的合法权益。

②预防为主。对办税服务厅可能发生的突发事件应坚持预防为主,坚持预防与处置相结合。

③果断处置。提高对突发事件的反应、处置和舆情控制能力,采取有效措施,综合运用调解、行政、法律等多种手段,把不良影响和损失降到最低。

(3)(多选题)小吴未遵守考勤纪律,上班迟到,违反了服务纪律。请问办税服务厅服务纪律还包括( )。

A. 保守国家秘密和纳税人、扣缴义务人的商业秘密及个人隐私

B. 严格遵守廉政规定,不得利用职务之便为自己或他人谋取不正当利益

C. 工作时间不擅离职守

D. 不串岗聊天、大声喧哗,不做与工作无关的事情

答案:ABCD

解析:办税服务厅服务纪律包括:

①保守国家秘密和纳税人、扣缴义务人的商业秘密及个人隐私;

②严格遵守廉政规定,不得利用职务之便为自己或他人谋取不正当利益;

③严格遵守考勤制度,不迟到、不早退;

④工作时间不擅离职守;

⑤不串岗聊天、大声喧哗,不做与工作无关的事情;

⑥上岗前及工作时间不饮酒或含有酒精的饮料,办公区域严禁吸烟、进食。

(4)(多选题)根据办税服务厅行为规范,小吴违反了( )。

A. 着装规范   B. 仪容仪表

C. 岗前准备   D. 接待规范

答案:ABCD

解析:小吴在办税服务过程中存在的问题:

①"不遵守考勤纪律"。小吴未遵守考勤纪律,上班迟到。

②"着装规范"不符合要求。制服与便服混穿。

③"仪容举止"不符合要求。女士长发应束发或盘起。

④"岗前准备"不充分,没有及时上岗,没有在上岗前及时启动计算机、打印机,提前检查计算机、打印机等工作设备是否正常运行。

⑤"服务用语"不规范。使用规范用语,禁用服务忌语。

⑥"服务态度"不规范。因办公设备出现故障,影响业务办理时,没有做好解释说明,赢得对方理解,而是让纳税人等待。

⑦没有启动应急机制。本窗口工作出现状况时,没有报告办税服务厅值班长或负责

人帮助协调,请纳税人到其他相应的办税窗口办理涉税事宜。

(5)(多选题)针对此情形,结合纳税服务规范中现场冲突应急处置基本规范的要求,办税服务厅应采取的应急处理措施包括(   )。

A. 办税服务厅发生人员冲突时,值班领导应第一时间介入,引导王女士及相关人员到安静场所进行沟通

B. 认真倾听,安抚王女士的情绪,并对王女士的抱怨或投诉妥善进行处理,让工作人员小吴跟王女士道歉,并进行相应的处罚,避免冲突升级

C. 对在场的拍照声称上传微信、微博的人员做好解释和网络舆情预防工作,倘若已经上传至网上,启动网络舆情应急预案进行相应处理

D. 若沟通过程中王女士情绪失控,要做好隔离和疏散工作,必要时向公安部门报案并做好现场处置

答案:ABCD

解析:纳税服务规范中现场冲突应急处置基本规范的要求。

3.纳税服务礼仪是一种行业礼仪,是税务工作人员在纳税服务岗位上应当遵守的、用以维护自身形象及税务机关形象的一种职业行为。阅读以下三则材料,回答问题。

(1)材料一:新年过后不久,作为税务工作人员的小王第一天到办税服务厅上班,只见她:披散着秀美的长发,佩戴着银色的大耳环,满是笑容的脸上最引人注目的是那鲜红的嘴唇……这时,一位纳税人前来办理涉税事宜,小王双手抱胸懒洋洋地说:"等一下,我先打个电话。"许久后,小王才开始为纳税人办理业务。

(2)材料二:小周是某税务局新录用的公务员,刚入职不久。这天,小周在办公室接待一位来访的中年女士。当他想伸手表示欢迎时,想起在学校时老师曾经说过,握手的顺序应该是尊者优先伸手,所以他没有主动伸手。正当他跟中年女士交谈时,手机响了起来,小张一看是家里的电话,心想应该是家里有事情,于是就接听了电话,并聊了好一会儿。等客人要告辞时,小张主动伸手告别以示敬意。

(3)材料三:某省税务局调研组一行人到下属L市局开展税种调研活动,L市税务局决定由办公室主任张某负责此次接待活动,张某特意安排五星级饭店豪华套间接待有关调研人员,以示接待诚意。由于省局调研组有6人前来调研,张某安排了4人陪餐。调研活动结束后进行总结汇报工作,地点安排在L局5楼会议室。张某引导省局调研组一行人至一楼电梯口后,因无专人在电梯口服务,于是让调研组一行人先行进入电梯后自己才进电梯;到达会议室楼层时,自己先走出电梯然后轻挡住电梯门让调研组一行人走出电梯。

请根据以上三则材料,回答下列问题:

(1)(多选题)办税服务厅行为规范,关于着装规范,以下表述正确的有(   )。

A. 工作时间必须按规定着装。扣好纽扣、袖扣,不得披衣、敞怀、挽袖、卷裤腿;统一

佩戴工作牌

B. 制服必须按统一要求着装,不得自行拆改;不得税服、便服混穿;不得在制服外罩便服

C. 着制服应搭配深色皮鞋、皮带,女士着制服裙装时,不得搭配带有花纹或颜色鲜艳的丝袜

D. 工作人员因特殊情况(如怀孕、受伤等),不便于穿着制服,经办税服务厅负责人同意着便装上岗的,应做到庄重得体

答案:ABCD

解析:办税服务厅着装规范包括:

①工作时间必须按规定着装。扣好纽扣、袖扣,不得披衣、敞怀、挽袖、卷裤腿;统一佩戴工作牌;

②制服必须按统一要求着装,不得自行拆改;不得税服、便服混穿;不得在制服外罩便服;

③着制服应搭配深色皮鞋、皮带,女士着制服裙装时,不得搭配带有花纹或颜色鲜艳的丝袜;

④工作人员因特殊情况(如怀孕、受伤等),不便于穿着制服,经办税服务厅负责人同意着便装上岗的,应做到庄重得体;

⑤各级税务机关根据季节、气候变化情况,确定统一换装时间。

(2)(多选题)材料一中小王违反了多项办税服务行为规范,包括(　　　　)。

A. 长发应束起或盘于脑后

B. 女士宜化淡妆

C. 在接待纳税人的时候保持微笑、精神抖擞

D. 接待服务对象时应文明有礼,不在纳税人面前双手抱胸

答案:ABCD

解析:根据办税服务厅行为规范的要求。

(3)(判断题)材料二中小周的握手礼仪不对,主客之间,迎客时,主人先伸手以示欢迎,告别时,客人应先伸手表示感谢,若由主人先伸手就有逐客之意。因此,小周的两次握手顺序有误。(　　　　)

答案:正确

解析:握手的基本礼仪要求。

(4)(单选题)材料三中办公室主任张某接待规格和陪餐人员超出标准。接待对象在10人以内的,陪餐人数不得超过(　　　　)。

A.2人 　　　　　　　　　　　　　　B.3人

C.4人 　　　　　　　　　　　　　　D.5人

答案：B

解析：按照《党政机关国内公务接待管理规定》规定。

(5)(判断题)材料三中办公室主任张某陪客人进出电梯礼节符合要求。(　　)

答案：错误

解析：办公室主任张某陪客人进出电梯礼节不符合要求。张某陪同调研组一行人至一楼电梯口等电梯时,应先进入电梯,待调研组进入后再关闭电梯门;到达时,张某按"开"的按钮让调研组先走出电梯,然后自己再出电梯。